酒店管理经典读物

酒店管理 工具箱

赵文明◎编著

【第3版】

U0650494

中国铁道出版社有限公司
CHINA RAILWAY PUBLISHING HOUSE CO., LTD.

图书在版编目（CIP）数据

酒店管理工具箱/赵文明编著. —3 版 . —北京：
中国铁道出版社，2019.3（2019.10 重印）
ISBN 978-7-113-25114-7

Ⅰ.①酒… Ⅱ.①赵… Ⅲ.①饭店-商业企业管理
Ⅳ.①F719.2

中国版本图书馆 CIP 数据核字（2018）第 255582 号

书　　名：**酒店管理工具箱（第 3 版）**
作　　者：赵文明　编著

责任编辑：吕　芰　　　电　　话：010-51873022　　　电子信箱：lvwen920@126.com
封面设计：MXK DESIGN STUDIO
责任印制：赵星辰

出版发行：中国铁道出版社有限公司（100054，北京市西城区右安门西街 8 号）
网　　址：http://www.tdpress.com
印　　刷：三河市兴达印务有限公司
版　　次：2014 年 7 月第 1 版　2019 年 3 月第 3 版　2019 年 10 月第 2 次印刷
开　　本：700 mm×1 000 mm　1/16　印张：24.5　字数：426 千
书　　号：ISBN 978-7-113-25114-7
定　　价：88.00 元

前　　言

　　酒店管理是全球十大热门行业之一,优秀的酒店管理人才一直都是很紧缺的。特别是在中国,随着国民经济的发展累积,以及人们生活水平的提高,旅游业高速发展,酒店行业也是愈发繁荣。

　　根据我国国家旅游局发布的统计数据显示,2017 年第四季度,国家旅游局星级饭店统计管理系统中有 10 962 家星级饭店,完成填报的为 10 735 家,填报率为 97.93%。其中共有 9 775 家星级饭店通过省级旅游主管部门审核,包括一星级 66 家、二星级 1 774 家、三星级 4 721 家、四星级 2 392 家、五星级 822 家。全国 9 775 家星级饭店第四季度的营业收入合计 577.70 亿元,其中客房收入为 252.51 亿元,占营业收入的 43.71%;餐饮收入为 241.65 亿元,占营业收入的 41.83%。

　　我国酒店行业的发展始于二十世纪八十年代初期,至九十年代以后发展更加迅速,但由于初始条件的限制,使中国酒店行业在经营起点与思路方面和有上百年历史的国外酒店管理集团相比有较大差距。与此同时,我国广阔的市场为酒店行业带来了丰厚的盈利,也就意味着,行业中的竞争也愈发激烈。

　　与发展形成鲜明对比的是,酒店业职业经理人才、职业化员工缺乏,酒店业的人才流失率高达 80% 以上;酒店部门职责划分不明确,缺少统一完整的规划格局;诸多不符合流程的操作造成了酒店资源的闲置、浪费以及工作效率的降低等,使得酒店的经营成本大大增高……

　　当务之急,就是如何科学、有效地进行管理及优化酒店的服务,这是稳定客源、保持良好声誉的唯一途径。可以说,酒店要想在激烈的竞争中存活下来,并崭露头角,成为行业中的佼佼者,就必须要对酒店进行科学管理。纵观世界全局,不管是鼎鼎大名的希尔顿酒店,还是奢华高档的迪拜帆船酒店,都拥有着自身的一套科学而实用的管理手段。

　　本书汇集了诸多酒店管理专家和优秀从业者的经验与心血,总结了中外著名酒店先进、成熟的管理制度与方法,列举了与酒店管理相关的最新法律法规能够从根本上解决酒店管理方面的诸多难题,使得酒店管理者学到更加科学、更加先进的管理办法,为酒店行业管理人员提供了一部简单实用、行之有效的管理典籍。

本书附赠书中酒店管理相关的制度规范与全套实用表单。与大部分图书赠送 PDF 版不同,本书赠送 WORD 版本资料,既可以随查随用,又可供使用者根据自身情况少做修改,拿来即用。

文件下载形式有两种。

第一种:建议使用手机二维码扫描进行下载。二维码在书中相关部分会有所体现。另外,本文后会给出下载二维码,即扫即下。这是首推的下载方式。

第二种:建议使用最新版本的 IE 浏览器进行 PC 电脑端的下载。具体下载网址见本文后。如下载不成功,很可能是您的浏览器版本的原因造成的,建议更新您的 IE 浏览器版本,或尝试第一种下载方式。

通过对本书知识的学习和运用,可以容易达到节约酒店运营成本、使各部门各岗位人员分工更加明确、提高员工工作积极性和部门工作效率、为酒店品牌提升形象等目的。希望读者们能够更多地学习和运用这本书中的知识,为中国酒店业的辉煌未来做出贡献。同时,受编者水平和时间原因所限,本书必定还存在一些不足之处,欢迎广大读者批评指正。

扫码下载文件
酒店管理表单与合同范本
PC 端下载网址:
http://upload. m. crphdm. com/
2018/1220/1545264826879. doc

扫码下载文件
酒店管理制度与规范
PC 端下载网址:
http://upload. m. crphdm. com/
2018/1220/1545264828256. doc

目 录
CONTENTS

第一部分　酒店部门职责及岗位说明

第二部分　酒店管理工作流程细则

第三部分　酒店部门管理制度与规范

第四部分　酒店管理表单与合同范本

第五部分 酒店管理实战典型案例分析

第六部分 酒店管理相关法律法规

扫码下载文件
酒店管理表单与合同范本
PC 端下载网址:
http://upload. m. crphdm. com/
2018/1220/1545264826879. doc

扫码下载文件
酒店管理制度与规范
PC 端下载网址:
http://upload. m. crphdm. com/
2018/1220/1545264828256. doc

第一部分
酒店部门职责及岗位说明

内容提要

- 前厅部职能及岗位说明

- 餐饮部职能及岗位说明

- 公关营销部职能及岗位说明

- 客房部职能及岗位说明

- 人事部职能及岗位说明

- 采购部职能及岗位说明

- 财务部职能及岗位说明

- 工程部职能及岗位说明

- 康乐部职能及岗位说明

- 安保部职能及岗位说明

第一章
前厅部职能及岗位说明

前厅部岗位职责说明

前厅部经理岗位职责

①直接对总经理(分管总监)负责,贯彻执行总经理(分管总监)下达的经营管理指令及行政命令,严格按照酒店的政策制度和规定办事,以身作则。

②制订前厅部工作计划,并指导、落实、检查、协调计划的执行。

③对各主管和各岗位领班下达工作任务。

④组织主持每周主管领班例会,听取汇报,布置工作,解决工作难题。

⑤了解房间预订情况,密切注意客情,控制超额预订。

⑥向总经理(分管总监)提出有利于客房销售的各项建议,并提供信息反馈,供总经理(分管总监)参考决策。

⑦为适应发展,不断完善前厅部的组织机构及各项规章制度。

⑧定期审阅宾客服务经理工作日记和每周总结汇报。

⑨督查各岗位领班的工作进度,纠正偏差。

⑩负责本部门的安全及消防工作。

前厅部经理助理岗位职责

①在各项前厅业务工作中积极配合前厅部经理的工作,及时同前厅部经理商议和解决前厅部的各种工作问题。

②具有良好的人际关系并能影响下属员工,树立热情、礼貌、公正、有才干的榜样。

③积极协调前厅部下属各部位之间的业务关系,督导各部位主管、领班的工作。

④经常向客人征求意见,了解情况,及时反馈,并定期提出有关接待服务工作的改进意见,供前厅部经理参考。

⑤当前厅部经理不在岗位时,能够全面负责前厅部的领导工作,保证前厅部各项工作的正常进行。

⑥做好考勤,每月向有关部门报告本部门员工出勤的情况。

⑦审阅总台交班本。

宾客服务经理岗位职责

①迎接每一位 VIP 客人的到达。热情、礼貌地陪同客人入房登记。

②代表总经理接受宾客对店内所有部门的一切投诉。

③协助前厅部经理对该部门进行管理。参与该部一切工作及其过程的指导,督导前厅部员工遵守一切纪律和要求。

④宾客服务经理在前厅部经理缺席的情况下,全权行使前厅部经理职权。

⑤回答宾客的一切询问并向宾客提供一切必要的协助和服务。

⑥编排每日到达、离开及住店 VIP 客人的名单,检查并熟记酒店 VIP 客人的姓名,送别每一位离店的 VIP 客人并保证各项必要安排都准备妥当。

⑦沟通前厅部与其他部门之间的横向联系。

⑧协助前厅收银解决宾客账务方面的难题,必要时负责索赔和催收。

⑨负责检查前厅区域的清洁卫生状况。确认各项设施、设备的完好,维护大堂秩序。

⑩沟通宾客与酒店的感情,征求宾客的意见。

内勤人员岗位职责

①当好前厅部经理的助手,协助经理做好部门管理工作和与其他部门保持良好关系。

②负责前厅部经理办公室各类文件档案的整理、管理。帮助前厅部经理完成各项工作报告、报表,并进行有关的文字和数据处理。

③做好物资准备工作,每月领用部门工作所需物品,包括各类空白报表、办公室用品。

④负责与后勤部门的联系,做好后勤工作。

⑤切实做好保密工作,保管好各种文件、资料,不得遗失,不得外泄,定期清理各类文件。

⑥统计各项员工福利款项的发放和对前厅部考勤作汇总统计。

⑦负责转发、派送前厅部各类工作文件。提醒前厅部经理每日的工作大事要点,做好部门会议记录。

⑧负责新员工报到或离职的一切手续。

前厅部服务基本要求

前厅部对员工的基本要求

(1)员工必须有良好的仪态,言谈举止要得体

为了让顾客有宾至如归的感觉,员工必须要练好基本功,注意仪表仪容,按

酒店规定着装,做到干净整齐、仪态大方,给人亲切感。

(2)员工必须具备良好的服务意识

前厅是酒店的门面,前厅服务质量的好坏,会直接影响酒店的形象。因此,前厅的员工要强化自身的服务意识,力求做到热情、细致、周到。员工还要落落大方、彬彬有礼、笑容可掬,把顾客的烦恼当成自己的烦恼,认识到自己一言一行的重要性,认识到自己的表现可能给酒店带来利益,也可能使酒店蒙受损失,从而进一步约束自己的言行,爱岗敬业,认真负责地做好本职工作。

(3)员工必须有良好的语言理解、表达能力及交流能力

前厅员工接触宾客的机会较多,要向顾客解释问题,同时也要回答顾客提出的问题,而顾客往往又来自天南海北,各色人等都有,为了顺利地与对方交流,员工必须有较强的理解能力,另外,最好是能掌握一些方言,能熟练运用一两门外语。

(4)员工必须有勤奋好学、探索求知的精神

前厅员工不断提高自己的素质,拓宽自己的知识面,以求更好地为顾客服务。前厅遇到的工作情况千变万化,不一而足,往往会随着顾客的变化而变化,因此,员工为了适应不断出现的新情况,必须努力学习新的知识,完善自己,厚积薄发,把工作做得更出色。

(5)员工必须机智灵活,具备较强的应变能力

前厅是酒店的中枢,事务繁杂,每天必须妥善处理各种各样的人和事,因此,要求前厅员工发挥自己的聪明才智,随机应变。

前厅员工应注意的事项

除了以上总体原则外,前厅部的员工在工作中还有一些具体的事项需要注意。

(1)时刻提醒自己要面带微笑

微笑是一种联络情感的最自然、最直接的方式,同时也能最有效,将一切误会与不快驱散,建立起愉快和谐的氛围。

(2)注意使用礼貌用语

如"请"、"您"、"对不起"、"先生"、"女士"等。

(3)要善于在工作中控制自己的情绪

一旦遇到专横无理的客人,要耐心说服劝导,决不能随着客人的情绪走,要坚决避免与客人发生争吵乃至冲突。

(4)学会艺术地拒绝

在前厅工作,经常会碰到一些客人提出不符合酒店有关规定,或者难以实现的要求,那么员工该如何应对呢?首先,满足客人的无理要求肯定是违反规

定的,是不可取的,但是如果只是敷衍了事地答应客人,而后又不真正兑现承诺的做法也不应该。所以,正确的做法是向客人耐心地说明有关情况,委婉地表明自己爱莫能助,请客人谅解。在一般情况下,客人都是通情达理、能够给予理解的,这样就妥善处理了难题,避免了误会与冲突。

前厅部服务特点

接触面广,要求 24 小时运转,全面直接对客服务

①前厅部是一个为客人提供综合性服务的部门,必须全天 24 小时正常运转,保证不间断地为客人提供优质服务。

②从时间上看,管理存在一定的难度,基于这一点,需要前厅部具有完善的制度和管理体系,以及训练有素的员工队伍。

接待服务广泛,业务复杂,专业技术性强

①前厅部的业务包括预订、接待、迎宾、接机、问讯、总机话务、票务、行李寄存、传真、复印、打字、收银结账、客户管理、贵重物品保管和委托代办等。

②业务专业性强,与客人接触多,涉及范围广,信息量大而且变化快,需求随机性强。因而要求管理人员必须要有较全面的业务知识,较强的应变能力、沟通协调能力和服务的技能技巧。

服务方式灵活多样,妥善处理各种关系

①酒店服务的对象来自不同的国家、地区,具有不同的职业、年龄、教育程度、身份地位、宗教信仰、需求心理、价值观念,这些差别必然会导致客人对服务效果的评价产生较大差异。

②这就要求前厅服务员能够因人、因地、因时制宜,以恰当的方式,灵活地为客人提供有针对性的个性化服务,最大限度地满足客人的需要。

信息量大、变化快,要求高效运转

①前厅部是酒店信息集散的枢纽及对客服务的协调中心,因此,其收集、整理、传递信息的效率决定了对客服务的效果。

②由于前厅属于一线服务部门,与客人的接触较多,因而其收集的信息量也相对较大。客人的要求每时每刻都会发生变化,这要求前厅在信息处理上效率要高。

展示酒店形象,具有较强的政策性

①前厅是酒店的"门面"和"橱窗",在整个酒店工作运行中起着特殊的作用。

②前厅服务员的仪表仪容、言谈举止、待客接物等行为,时刻展示出酒店的文化特点和员工的礼貌修养程度、服务技能技巧的熟练程度等,具有较强的政策性。当然,这实际上也是在向客人展示酒店的服务和管理水平。

第二章
餐饮部职能及岗位说明

餐饮部职能

　　餐饮部依照酒店的营业及管理政策,全面负责餐饮部的各项预算、策划、运营、督导中西餐、小吃各部经理、总管事等严格按照要求完成工作,并按需向客人提供高质量的餐饮服务。

　　一般情况下,宾馆酒店的餐饮部中包含了中餐、西餐、小吃即餐、酒水饮料即饮;餐饮部主要负责原材料的采购、加工、保存、搭配和人员的编排、培训、分工与合作。

　　餐饮部是主管副经理直接领导下的,保障宾客店内饮食消费舒适、安全,消费环境幽雅、卫生,服务热情、周到,饮食品种多样、口味丰富的重要经营性部门。

　　餐饮部全面负责与酒店整体经营相符合的餐饮经营活动。确保店内消费客人的饮食、会议接待服务的圆满完成;制订严谨的管理规程,有效地控制食品成本率;根据市场需求,随时调整经营品种,争取最大限度地吸引客户、创造盈利;不断提高从业人员的业务技能素质,为所有宾客提供最佳服务。

　　以下是餐饮部各部门的主要任务。

　　(1)营业部

　　营业部是餐饮部的"龙头"部门,主要负责发掘内部潜力,开拓餐饮市场,为吸引和留住客源做好各项协调工作,并负责为宴席、宴会组合菜谱及下单。负责食品采购,餐厅酒水出售、收银、结账和报表工作。

　　(2)餐厅

　　为宾客提供全面、具体的优质服务,推销餐厅的饮食产品及各类酒水,有充分的营业时间等候顾客光顾,并负责本岗位的用具与环境卫生的清理,使餐厅环境保持优雅、舒适。

　　(3)后厨部

　　主要负责菜式、点心的制作,并根据市场需求、大众口味的变化而开拓新菜式、特色菜式来吸引宾客,同时做好本部的日常卫生清理工作。

　　(4)酒吧

　　为宾客提供酒水、饮料和部分点心服务,根据经营情况,有充足的时间为顾客服,负责使环境卫生保持整洁。

餐饮部岗位职责说明

餐饮部经理岗位职责

①负责酒店餐饮部的全面工作,对总经理负责。

②认真执行总经理下达的各项工作任务和工作指标,对饮食娱乐的经营优劣负有重要责任。

③制订餐饮部的营业政策和经营计划。

④拟订餐饮部每年的预算方案和营业指标,审阅餐饮部各单位每天的营业报表,进行营业分析,并作出经营决策。

⑤主持日常餐饮部的部务会议,协调部门内部各单位的工作,使工作能协调一致地顺利进行。

⑥审阅和批示部属各单位和个人呈交的报告及各项申请。

⑦与行政总厨、大厨、宴会部研究如何提高食品的质量,创制新的菜色品种;制订或修订年、季、月、周、日的餐牌,制订食品及饮料的成本标准。

⑧参加总经理召开的各部经理例会及业务协调会议,与各界建立良好的公共关系。

⑨对部属管理人员的工作进行督导,帮助他们不断提高业务能力。

⑩负责督促部属员工的服务情况,使餐饮部的服务档次得以提高。

餐厅主管岗位职责

①认真贯彻餐饮部经理意图,积极落实各个时期的工作任务和日常运转工作。

②拟订本餐厅的服务标准和工作程序。

③对下属员工进行定期业务培训,不断提高员工的业务素质和服务技巧,掌握员工的思想动态。

④妥善处理客人投诉,不断改善服务质量,加强现场督导,营业时间坚持在一线指挥,及时发现和纠正服务中产生的问题。

⑤严格管理本餐厅的设备、物资、用具等,做到账物相符,保持规定的完好率。

⑥抓好餐具、用具的清洁卫生工作,保持餐厅的环境卫生。

⑦做好工作日志和交接班工作,做好工作计划和工作总结。

领班岗位职责

①以身作则,责任心强,敢于管理。

②接受餐厅主管的指派工作,全权负责本班组工作。

③协助餐厅主管拟订本餐厅的服务标准和工作程序。

④合理指挥和安排人力,管理好本班人员的工作班次。

⑤检查本班人员出勤情况,准备工作是否合格就绪,并对服务员当天的工作,纪律等方面进行考核登记,并及时向主管反映。

⑥做好本班组物品的保管和餐厅卫生工作。

⑦配合餐厅主管对下属员工进行业务培训,不断提高员工的专业知识和服务技巧。

⑧随时留意客人动向,督导员工主动、热情、礼貌待客。

⑨处理服务中发生的问题和客人投诉,并向餐厅主管汇报。

⑩完成餐厅主管临时交办的事项。

⑪负责写好工作日记,做好交接手续。

服务员岗位职责

①按照规格标准,布置餐厅和餐桌,做好开餐前的准备工作。

②按服务程序迎接客人入座就席,协助客人点菜,向客人介绍特色或时令菜点。

③确保所用餐具、玻璃器皿等清洁、卫生、明亮、无缺口,桌布、餐巾干净、无破损、无污迹。

④勤巡台,按程序提供各种服务,及时收撤餐具,勤换烟盅。善于推销酒水饮料。

⑤熟悉餐牌和酒水牌的内容,如食品的制作方法等。

⑥开餐后,搞好餐厅的清洁卫生工作。

⑦做好餐后收尾工作。

迎送员岗位职责

①接受客人的临时订座。

②负责来餐厅用餐客人的带位和迎送接待工作。

③及时了解当天的餐桌预订情况及餐厅服务任务单,并落实安排好餐桌。

④保证地段卫生,做好一切准备。

⑤根据不同对象的客人,合理安排他们喜欢的餐位。

⑥解答客人提出的有关饮食、酒店设施方面的问题,收集有关意见,并及时向餐厅主管反映。

⑦在餐厅客满时,礼貌地向客人解释清楚,并热情替客人联系或介绍到本酒店其他餐厅就餐。

跑菜员岗位职责

①准备好开餐前各种菜式的配料及走菜用具,并主动配合厨师出菜前的工作。

②做好营业前洁净餐具、用具的卫生入柜工作,保证开餐时使用方便。

③协助前台服务员做好餐前准备、餐后服务和餐后收尾工作。

④协助厨师长把好质量关,如装盘造型、菜的冷热程度等。

⑤协助前台服务员,沟通前后台的信息。

⑥了解菜式的特点、名称和服务方式,根据前台的时间要求,准确、迅速地将各种菜肴送至前台。

⑦了解结账方式,妥善保管好订单,以便复核。

餐饮后厨岗位职责

①负责所辖区域内部卫生的清洁工作和清洁状态的保持工作。

②负责所辖区域设施设备的定期检查工作,并做好记录。

③负责所辖区域设施设备的定期维护、保养工作。

④负责所辖区域设施设备的报修工作和报修人员的接待、验收工作。

⑤负责所辖区域的食品安全工作。

⑥负责菜品的更新工作和质量的提升工作。

⑦负责所辖区域的消防、安全工作。

⑧负责所辖区域物料管理工作。

⑨负责所辖区域固定资产管理工作。

⑩负责接收营销部下发的团队通知单,并据此安排客人的用餐情况。

⑪负责标准菜单的制订。

⑫负责菜品的成本控制工作。

⑬负责所辖区域员工的管理工作。

⑭负责本部门员工的培训工作。

⑮负责本部门员工的考核工作。

⑯负责本部门制度的制定和完善工作。

⑰负责完成上级交代的工作。

餐饮服务特性

一次性

餐饮服务的一次性,是指餐饮服务只能当次使用,当场享受,过时则不能使用。所以要注意接待好每一位宾客,给他们留下良好的印象,从而使宾客再次光顾,以巩固原有的客源,并不断开拓新的客源市场。

同步性

餐饮食品的生产、销售、消费,在餐厅是同步进行的。餐饮产品的生产服务过程,也就是宾客的消费过程,即现生产、现销售。同步性决定了餐饮产品不宜贮存,也不宜外运。

无形性

无形性,是餐饮服务的重要特征。餐饮服务包括凝结在食品和酒水中的厨师技艺、餐厅的环境、餐前和餐后的服务工作。餐饮服务只能在就餐宾客购买并享用餐饮产品后,凭生理和心理满足程度来评估其技师的优劣。餐饮服务的无形性给餐饮带来了销售的困难,而且餐饮服务质量的提高是无止境的,所以要想提高服务质量,增加餐饮部的销售额,关键在于餐饮工作人员,特别是带头厨师和餐厅服务人员的服务技能和服务态度。

差异性

餐饮服务是由餐饮部员工通过劳动来完成的,而每位员工由于年龄、性别、性格、受教育程度和技艺水平等方面的不同,他们为宾客提供的服务也不尽相同。同时,同一服务因为不同的场合、不同的情绪、不同的时间,其服务方式、服务态度等也会有一定的差异。在餐饮管理中要尽量减少这种差异性,使餐饮的服务质量趋于稳定。

第三章
公关营销部职能及岗位说明

公关营销部岗位职责说明

市场销售总监岗位职责

①负责制订全年销售计划及经营目标,并确保计划的实施与目标的完成。

②根据市场动态及酒店实际情况,全面确立酒店目标经营市场,制订销售经营战略和决策,并组织贯彻实施。

③负责市场的开发、发展。

④回顾客房收入等主要目标实现情况,每周召开一次销售工作分析会,对市场竞争发展状况及存在采取及时的改进措施,最大限度增加收入。

⑤确保熟悉总部的各种促销政策,并结合当地市场认真组织实施。

⑥负责处理重大客户在酒店期间的投诉。

⑦密切监督本部门员工的工作情况,指导下属员工的工作,确保规范的工作标准和方法。

⑧负责制订酒店年度广告计划、宣传推销、公共关系发展等计划及预算。

⑨负责制订对销售队伍的整体培训计划并组织落实,确保销售人员自身素质和销售技巧的不断提高。

⑩定期走访客户,掌握其他酒店出租率、平均房价,分析竞争态势,就销售策略、销售活动等向总经理提出意见和建议。

⑪定期对下属进行业绩评估,组织实施奖惩。

⑫协调与其他部门的关系,确保信息交流与合作渠道的畅通。

销售经理岗位职责

①搜集、整理市场信息,为市场销售总监提供准确可靠的最新资料,并向市场销售总监提出可行性计划和建议。

②根据企业目标市场和客户的潜在需求,制订对重要客户及潜在客户的销售计划。

③协助市场销售总监进行市场开发、发展,不断增加潜在客源,巩固现有客源。

④协助销售总监确定邀请参加鸡尾酒会的重要客人名单,与客人树立长期合作关系。

⑤协助对部门内员工进行培训,确保员工能够掌握高效完成本职工作必要的专业知识和销售技巧。

⑥负责各种销售工作报告和市场预测。

⑦负责重要客户及潜在重要客户的资料收集、分析,对销售人员进行协助和指导。

⑧负责协助其他部门处理重要客户或影响较大的投诉。

⑨负责对下属员工的工作范围及工作重点的划分,确保销售人员分工明确、合作默契。

⑩负责定期对下属进行绩效评估,并将结果报告销售总监。

⑪完成市场销售总监交办的其他临时任务。

高级销售代表岗位职责

①协助销售经理研究市场情况,制订酒店销售策略及市场客源分配政策。

②根据市场需求,分析报告及统计资料确认潜在客户及其需求,并做出具体销售计划。

③定期访问竞争酒店,了解竞争对手的状况,做出 SWOT 分析报告呈交销售经理。

④与客户保持联络,通过定期销售拜访巩固与现有客户关系,及时发现客户的潜在需求。

⑤负责搜集、整理市场信息,与旅游代理机构、酒店订房机构保持良好关系。

⑥负责建立并不断完善客户档案。

⑦负责与客户的谈判工作,根据酒店价格政策确定价格合约。

⑧负责邀请重要客户参加酒店鸡尾酒会,收集整理客人反馈意见并及时提供改进意见。

⑨负责重要客户或团队在酒店期间的所有服务工作,及时解决客人需求。

⑩定期完成市场销售进展报告并上报市场销售总监,对销售决策提出合理建议。

⑪负责对销售代表的工作重点及区域的划分,确保销售队伍分工明确。

⑫负责与财务部、前厅部等其他部门协调处理好团队及长住客人的账务结算等工作。

销售代表岗位职责

①根据市场需求,分析报告及统计资料确认潜在客户及其需求,制订销售拜访对象及日程,并及时做出拜访报告。

②负责搜集、整理市场信息,与旅游代理机构、酒店订房机构保持良好关系。

③负责收集竞争酒店的信息、客户反馈意见,完成市场调查 SWOT 分析报告。

④负责与客户的谈判工作,根据酒店价格政策确定价格合约。

⑤负责重要客户或团队在酒店期间的所有服务工作,及时解决客人需求。

⑥负责收集整理客人反馈意见并及时提供改进意见。

⑦负责建立并不断完善主要客户档案。

⑧确保了解酒店所有的设施和状况及姐妹酒店的概况,积极销售酒店各种促销和姐妹酒店。

⑨定期完成工作报告并提交给销售经理,对销售决策提出合理建议。

销售联络员岗位职责

①负责将酒店各种宣传资料定期传真或邮寄给商务客户。

②负责为销售经理和销售代表准备每月住房状况报表。

③负责搜集、整理市场信息,完成分析报告提交市场销售总监。

④负责所有客户资料的妥善保管和及时更新。

⑤负责外地客户的电话营销工作。

⑥处理客户打来的业务电话并跟进落实,认真做好电话记录。

⑦热情接待每位访客,了解客人需求,积极联系相关人员给予解决。

⑧负责合约、宴会通知单等业务文件的打印和分发工作。

⑨分类保存各种进出文件及客户合约,确保档案系统的清晰明了。

⑩及时完成上级交办的其他任务。

公关经理岗位职责

①制订本部门工作计划并组织实施。

②发展、安排、协调和具体实施一些公共关系职能,其中包括:与酒店主要客户的关系,与新闻媒体的关系,与旅游和商务机构的关系等。

③协助市场销售总监制订本部门的广告预算并跟进实施。

④负责通过以下公关手段,宣传酒店的公众形象和提高酒店的社会声誉:新闻记者招待会,新闻及报纸广告稿件,酒店的通讯刊物,酒店介绍,酒店的照片和幻灯片等。

⑤负责策划重要客户联谊会、大型公关活动、公益活动和其他特别活动。

⑥负责酒店宣传品和促销传单的设计和制作。

⑦负责邀请重要客户参加酒店鸡尾酒会,保持与客户的良好关系。

⑧负责监督、指导下属员工工作,管理员工表现并进行绩效评估,组织实施奖惩。

⑨负责指导和监督印刷品及音像制品的制作,以确保出品的质量。

⑩将外界的反馈信息及时报告市场销售总监。

⑪负责与其他部门协调,确保合作渠道的畅通。

美工岗位职责

①负责设计、制作和布置酒店的各种活动和促销的背景、雕刻、装饰等工作。

②协助重要会议、宴会等会场的布置工作。

③负责酒店宣传品的设计与制作,并提出创造性建议和意见。

④完成美工单要求的其他部门的美工制作。

⑤及时完成上级交办的临时性任务。

公关文员岗位职责

①协助公关经理处理日常行政工作,跟进所有交办事宜。

②保持与旅游和新闻机构以及记者的良好关系。

③协助指导和监督印刷品的印制,确保符合酒店标准。

④负责制作各种宴会和会议的指示牌。

⑤协助准备各种对外宣传或内部沟通文稿。

⑥负责酒店内部宣传手册和宣传品的订购。

⑦负责做好剪报工作,存档酒店的宣传记录,并及时将媒体中的市场动态信息反馈给部门经理,供管理层参考。

⑧协助策划一些重要客户联谊会、宴会和其他特别活动,维持良好的客户关系。

⑨负责酒店各种活动的摄影,并确保各种摄影照片的分类保存。

公共关系认知

我国现代酒店对公共关系管理,有以下几种常见的看法。

①认为酒店公关就是公关小姐或公关先生要搞好酒店的"表面礼仪"工作。

②认为酒店公关就是酒店公关部门的人员到外"攻关"——请客、送礼来走后门、拉客户。

③认为酒店公关就是宣传促销、促销商品等。当然,更多人是正确把握了公共关系的概念、本质,认为:公关是营销的一种手段,酒店公关由酒店营销部门负责就可以了。

从公共关系的含义来看,公共关系是社会组织为了塑造组织形象,通过传播、沟通手段来影响公众的科学与艺术。具体而言：

①公共关系活动的根本目的就是塑造组织形象。

②社会组织通过传播、沟通手段影响公众。

③公共关系既是一门科学又是一门艺术。

首先，从酒店公共关系的基本职能来看，酒店公共关系具有传播性职能，包括：采集信息，监测环境；组织宣传，创造气氛；交往沟通，协调关系；教育引导，服务社会等。其次，酒店公共关系具有决策性职能，主要体现在：咨询建议，决策参谋；发现问题，加强管理；防患未然，危机处理；创造效益，寻求发展等。再者，从酒店营销工作本身来看，酒店营销不仅是酒店营销部门的工作，更应当是酒店所有员工共同的责任。同样，尽管公关是营销的一种手段，酒店公关通常由酒店营销部门负责，但是酒店公关却是每一位酒店员工义不容辞的责任。

品牌管理

这些年来，企业之间的竞争已从局部的产品竞争、价格竞争、资金竞争、人才竞争、技术竞争、信息竞争等发展到整体竞争，即企业品牌和企业形象竞争。可以说，21世纪的竞争就是品牌的竞争。

建设酒店品牌，可以从以下四个层面着手。

强化品牌营销观念

品牌营销观念的建立是创立品牌的出发点和基础。发现需要并满足需要，是营销观念建立的关键所在。这里需要包括两个层次：自己所选择的消费者的需要和满足社会的需要。在这种营销观念的指导下，酒店才有可能按照消费者的需求设计产品，核算成本，制订相应的价格，从而树立消费者对自己产品的信心。酒店在满足消费者的同时也要努力满足社会各方面的需要，例如生态环境和精神文明的需要，绿色酒店、绿色营销就满足了这方面的需要。营销观念在酒店的具体运用中又可以进一步分为概念营销和情感营销。

市场定位

品牌的市场定位需要从市场机会入手，然后进行市场细分化、目标化，最后完成定位。在定位的基础上，我们可以展开定位营销。

定位营销一般可分为三个步骤。

①确认潜在的竞争优势。

竞争优势有两种基本类型：成本优势和产品差别化。前者是指在同样条件下比竞争者定出更低的价格，后者指提供更多的特色化服务以满足消费者的特定需要。酒店产品更多的是运用产品差别化来参与竞争。因为产品差异化优势在短时间内不易被竞争对手模仿,而且利用成本优势参与服务产品的竞争,容易造成削价竞争。全方位地获取竞争优势是困难的,因此重要的是不断发现潜在优势,积少成多。

②准确选择竞争优势。

要放弃那些优势微小、开发成本太高的活动,而在具有较大优势方面进行扩展。

③准确地向市场传播企业定位观念。

因为再强的竞争优势也不会自动在市场上显示出来,所以在选定竞争优势后,就需要通过广告宣传将其传播开来,切入消费者的心灵。

质量管理

质量是品牌的基础,没有精益求精的质量保证,就不可能有成功的品牌。在把服务理解为"一种使用的权力"的基础上,服务产品的质量可以表现在四个方面:有效性、可靠性、可接受性和可控制性。

连锁经营

由于服务产品的不可转移性特点,因此,酒店产品的物流与一般商品的物流是相反的。一般商品的物流形式是从产品到消费者,而酒店产品的物流恰好相反,它需要消费者亲自到酒店所在地来进行消费。正是这种物流方式,再加上消费和生产同步性的特点,使得酒店产品要树立自己的品牌比一般商品困难,酒店产品的推广在很大程度上受到了限制。但虽然酒店的地点是固定的,可是"服务"作为酒店产品的核心,却是可以移动的,因此可以输出服务,建立自己的服务品牌。连锁经营正是输出服务的最好方法。

通过连锁经营可以把服务产品直接输送到选定的消费者手中。连锁经营具有以下几方面的优势。

①有利于产品进入不同的市场。

②降低产品的广告促销费用。同一产品针对不同市场进行联合促销可以降低费用,这是显而易见的。

③有利于在更大的范围内创造更好的品牌。酒店通过连锁经营,作为自身品牌的一种重要推广途径,达到最少投入最大产出,树立品牌。

第四章
客房部职能及岗位说明

客房部岗位职责说明

客房部经理岗位职责

（1）制订各项工作计划

①负责制订本部门各项规章制度，组织落实本部门制订的工作计划，努力完成酒店下达的各项指令及任务。

②制订切实可行的消防安全措施，加强对员工的安全意识培训，确保宾客及酒店财产的安全。

③编制部门预算，制订物品消耗制度，严格控制成本。

（2）组织开展各项服务工作

①处理好宾客投诉，保持酒店在宾客中良好的形象和声誉。

②督导下属严格按照操作程序进行工作，优质高效完成前厅、楼层接待和会议服务。

③随时了解酒店各项经营举措，并积极组织部门员工进行全员销售活动。

④检查所有 VIP 客房的情况，要求达到高质量、高标准，并代表客房部亲自迎接 VIP 客人。

⑤督导部门的表格管理，确保各种报表和档案资料妥善保存。

⑥每天巡查本部所属区域，及时发现问题，不断完善各种操作规程，保证所有客房和公共区域达到清洁标准，确保服务设备完好正常。

（3）人员管理

①抓好员工的政治思想教育，搞好员工的专业技术培训。

②建立良好的上、下级关系，对主管进行定期培训和考核评价，确保本部门有一支高素质的管理人员队伍，使日常工作达到高效率、高水准。

③实行民主管理，提高员工的工作热情和积极性，提拔有潜质的员工。

④定期对下属进行绩效评估，按奖惩制度实施奖惩。

（4）上传下达及协调工作

①主持部门每天的管理人员例会，参加酒店各种会议，完成上传下达，对总经理负责。

②处理本部门的日常事务,协调各种关系,加强与其他部门的合作和沟通。

客房部楼层主管岗位职责

(1)制订各项工作计划

①掌握客情,了解房间状态及当日预定情况,合理安排员工工作任务。

②制订楼层各项工作程序与标准及规章制度,对楼层的消防安全负责,制订消防及安全生产措施。

③制订楼层工作计划,督导楼层领班对楼层的管理工作。

④负责班组所有工作计划,培训计划、卫生、易耗品控制,设施设备检查等的制订、实施、督导与检查。

⑤总结楼层工作并制订工作计划,上报部门经理。

(2)楼层服务与管理

①处理客人的投诉,填写投诉处理报告,并及时向上级汇报请示。

②每天应主动拜访住店客人,了解客人对酒店服务、卫生等其他方面的满意情况以及客人的需求,以便提供针对性服务,填写拜访记录。

③负责班组所有 VIP 客人及重大会议活动的准备和接待工作,带领下属员工培养忠诚顾客并做好个性化服务。

④负责部门财产管理,督促易耗品的控制以及班组设备设施的维护保养与正常运转。

⑤抽查客房卫生,对当天在店(预定)的所有常客、VIP 客人房进行检查,并填写工作报告,严格控制维修房的数量及原因,跟踪落实。

(3)人员管理

①关心员工的思想、工作、生活,了解员工的思想情绪,处理好员工内部关系,做好员工工作的正面引导、激励,重大问题及时汇报经理。

②巡视、督导、检查员工的各项工作,做好在岗培训,提高员工的工作技能技巧,并对员工进行绩效评估,按奖惩制度实施奖惩。

(4)上传下达及协调工作

①做好部门内部之间以及与其他部门的沟通、协调,确保部门之间的团结协作达到高效率、高水准。

②受理员工对服务和管理的合理化建议,汇总宾客意见,及时向经理汇报。

③参加部门例会,落实会议内容,组织员工班前会,做好上传下达工作。

楼层部长岗位职责

(1)楼层服务与管理

①对区域内 VIP 客人及住店客人特殊要求情况及时汇报,处理日常宾客投

诉和其他日常工作。

②制订区域工作计划,督导楼层楼长对楼层的管理。

③掌握客情,了解房间状态及当日预定,合理安排员工工作任务。

④负责区域所有工作计划(培训、计划卫生、易耗品控制、设施设备检查等)的制订、实施、督导与检查督导本区域员工严格按照工作规范和质量要求做好客人迎送及服务工作。

(2)巡楼检查

①到楼层检查公共卫生情况,查看区域交接班记录,酒水交接情况,固定物品交接班情况。

②巡楼登记 DND 房、请即打扫的房间号,督促员工按程序处理。

③查阅并核对员工工作表是否如实填写。

④仔细检查每间退房,及时报空房到客务中心。

⑤仔细检查设备设施,发现问题及时报修并跟踪落实。

⑥要求每日检查所有房间。

⑦下班前需检查布草车、收尾工作及消毒情况。召集区域早班开班后会,总结当日工作完成情况,检查楼层员工工作表并签名,员工工作表上必须注明当日巡视,当日计划卫生完成情况。

(3)人员管理

①抽查所管区域员工对楼层团队、常住客的资料掌握情况,检查员工在岗位仪容仪表,工作流程操作情况。

②根据楼层人手及住客情况,合理调配工作,督导区域内员工严格按标准操作,检查所有房间及公共卫生,对卫生标准不合格的当场培训指导,对屡犯者提出处理意见报部门处理。

③引导员工开展好个性化服务工作。

④及时了解员工思想动态,协助部门主管做好员工思想工作。

(4)上传下达及协调工作

①参加部门例会,记录上级传达的精神、指令,并向上级汇报区域内工作情况。

②向区域内员工传达早会精神及指令。

客房中心部长岗位职责

(1)制订计划及标准

①制订房务中心规章制度。

②制订房务中心各项工作流程与规范。

③制订班组培训计划。

（2）文件及物资管理

①整理每天来往的文件、报表和报刊，并做好保管工作。

②为部门经理收集、整理各项业务资料，制订本月成本控制报表。

③负责带部门新员工领取工装和更衣柜、餐卡。

④根据酒店规定处理客人遗留物品的记录，归档、发还和保存。

⑤注意客房借出物品的发放和回收，保持借出物品完好，检查收回物品是否完好。

⑥负责做好本部门员工的档案工作及部门日常文件、资料的撰写、打印和复印。

⑦按酒店规定时间，准备好考勤月报表、夜班补助、超房补贴等，向部门经理报告当月部门的考勤情况，及时将报表交人力资源部。

（3）人员管理及其他工作

①检查所属员工的仪容仪表、礼节礼貌。

②督导员工的工作态度及工作质量。

③培训员工，定期进行考核。

④督导文员将客房状态输入电脑，并根据楼层领班、主管提供的信息及时更新客房状态。

⑤履行部门经理安排的一些其他责任。

（4）上传下达及协调工作

①参加部门例会，记录上级传达精神、指令，并向上级汇报区域内工作情况。

②定期召开班组例会，传达酒店和部门的指示和决议。

③随时掌握客情变化，同前厅部、财务部做好沟通。

④同其他部门做好必要的沟通。

客房管理的基本知识

客房的布置

（1）单间客房

面积为 16～20 平方米，配有卫生间的客房，就是单间客房。为了适应不同客人的要求，单间客房床的配备有以下几种方式。

①客房内放一张单人床。

这样的客房适合于从事商务旅游的单身客人住用，也称单人间。我国旅游酒店中这样的房间比较少。

②客房内放两张单人床。

客房内可以住两位客人,适合旅游团住,旅游酒店称这种客房为标准客房。

③客房内放一张双人床。

这种客房适合夫妻同住,称双人间。

此外,根据客人要求,客房内可以加床,通常加床用的是带床垫的折叠活动床。

(2)套间客房

套间客房是由两个以上房间、卫生间和其他设施组成,随着旅游事业的发展,套间种类逐渐增多。

①双套间。

双套间也称家庭套间,一般是连通的两个房间,一间作为会客室,另一间为卧室。卧室内有一张双人床或两个单人床。房间内配有卫生间。适合家庭或旅游团长住。

②三套间。

三套间由一个客厅、一个办公室、一个卧室、两个卫生间组成。

卧室内放一张双人床、适合家庭或旅游团长住。卧室内配有卫生间。

客厅内配有沙发、茶几等设施,并有卫生间,供来访会客及会议之用。

③多套间。

多套间由三至五间或更多的房间组成,有两个卧室,各带卫生间,还有会客室、客厅、工作室及厨房等。卧室内设特大号双人床。

④立体套间。

立体套间由楼上、楼下两层组成,楼上为卧室,面积较小,有两个单人床或一个双人床。楼下为会客室,室内有活动沙发,同时可以拉开当床。这样的房间适合带一至两个小孩的家庭使用。

⑤组合套间。

组合套间是一种根据需要专门设计的房间,每个房间都有卫生间,有的由两个对门的房间组成,有的由各有门锁的两个相邻房间组成,也有的由相邻的各有卫生间的三个房间组成,可以根据需要组成三套间、两套间和一个单间及三个单间。相邻的两个房间,中间都有门和锁。需要连通时可以打开门,需要隔开时,可以两边同时关门加锁,这样既安全又隔音。

⑥总统套间。

总统套间是由七至八间房间组成的套间。走廊有小酒吧。总统卧室和夫人卧室分开,男女卫生间分开,并有会客厅、会议室、随员室、警卫室、书房、厨房及餐厅等设施。有的还有室内花园。

客房的基本设备

(1)家具基本种类及摆放位置

①床和床头柜。

床的种类分为西式床、中式床、其中包括单人床、双人床、特大双人床、折叠活动床等。现在一般中、高档酒店客房所用的床都是由床、床垫和床头组合而成的。

床头柜是客房必不可少的家具之一,与床相配套,一般床头柜上都配备音响设备,供客人收听有关节目及欣赏音乐,床头柜上配有各种开关,如:电视机开关,地灯、床头灯、中央空调的开关,以及呼唤服务员的按钮及叫醒钟。

床头柜具体摆放位置有两种:一种是两张单人床中间放一床头柜,床头柜上方是床头灯。

②衣柜。

衣柜一般设在客房一进门的两侧,柜内设有各种衣架及衣服刷、鞋拔子等。

摆放要求:衣服刷、鞋拔子竖放在挂衣服的壁柜里,置于隔板右侧,衣架分别放在衣架挂杆两侧。

③穿衣镜。

穿衣镜供客人梳妆打扮时使用,一般置于卫生间对面。

④行李架。

行李架是客人存放行李的用具,一般置于卧室内,位于写字台、二道门之间,并与写字台边沿间隔5～10厘米,与墙壁间隔5～10厘米,防止与墙壁碰撞。

⑤写字台和写字椅(或梳妆台和梳妆凳)。

写字台和写字椅是客人办公、写字、存放物品的工具,一般置于明亮区,光线从左侧射入,距离墙壁5厘米,写字椅放进写字台凹槽里,椅背与写字台前沿相距5厘米。

⑥沙发和茶几。

沙发、茶几供客人会谈、休息时使用,一般置于明亮区,并避开房门的光线,与电视机相对。由于沙发的形状、大小不一,所以摆放位置和要求也不一。

⑦纸篓。

纸篓是客人存放垃圾的用具,一般置于写字台右侧,距写字台10厘米,距离墙壁25～30厘米,纸篓内罩塑料垃圾袋。

客房木质家具要严防受潮和暴晒,平时要经常用干布擦拭以保持清洁,定期喷蜡,以保证家具表面清洁。

(2)电器设备基本种类及摆放位置

①照明设备。

a.台灯。

台灯一般置于写字台或床头柜上。台灯、灯罩式样很多。在选配台灯和灯罩时，色调花样要与室内墙壁、窗帘、床套、沙发套、台灯等相协调。室内有两支以上的台灯时，就应注意色彩和式样上的统一。

b. 落地灯。

落地灯是一种可以移动的站灯，主要放在沙发旁边，与沙发一起构成一个交谈、阅读、休息的中心。落地灯灯架多用金属和木材制成，灯罩有纸罩、绸罩、纱罩、塑料薄膜罩、玻璃罩等数种，灯光有直射和反射两类，休息和交谈时宜用反射灯，阅读时宜用直射灯，落地灯大多是西式的，但也有一些木雕龙凤头的中式落地灯，在龙口凤头处悬挂宫灯，富有民族色彩。

c. 壁灯。

壁灯是装在墙上的一种照明设备。其作用是补充其他灯具照明的不足。壁灯的造型要和同室的灯具统一，并要和室内风格色调相协调。

d. 吊灯。

吊灯多悬挂在天花板上，有中、西式之分。中式吊灯以宫灯为代表，具有独特的民族风格，宜用于突出民族色彩的建筑厅室内。西式吊灯品种繁多，如高级的水晶珠灯及各种形式的金属铸制品吊灯等。

e. 地灯（脚灯）。

地灯一般安装在床头柜底部，使用方便，又不影响他人休息。

②电视机。

电视机是客房的高级设备，可以丰富客人的文化生活。电视机一般位于写字台右上方，距写字台正面边沿 10 厘米，在电视机上摆放节目卡一个，位置居中。另外，有些酒店把电视机置在电视机架上，电视机架放在写字台右侧，并与写字台前沿平行。服务员每日清洁电视机灰尘时，要用干布擦净外壳灰尘，清洁电视机平面时，必须先切断电源，然后用软擦布或皱纸擦拭。要调试好各频道节目，这样既能方便客人使用，又能降低各频道换台键的使用率。电视机长期不用时，应每两个月通一次电，时间应在三小时以上，并要定期检查，以防止机件受潮而氧化。

③空调。

空调是客房一年四季都保证适当的温度和新鲜空气流通的设备。

现大多数酒店使用的空调都是中央空调，各客房的墙壁上或床头柜电钮盘上都有空调旋钮或开关，风量分"强、中、弱、停"四种，另外还有一少部分酒店客房内使用的不是中央空调，而是空调器，下面简单说明一下空调器使用的注意事项。

a. 在开空调之前，应先关闭门窗，然后再开机运转。

b. 使用冷气时，栅格以水平方向为最佳，因为冷气量重，尽量朝上排气时可使室内冷气扩散均匀。

c. 当关闭空调器再启动时,至少停机三分钟后再开机运转。

④电冰箱。

为了保证客人的饮用需求,客房内设有电冰箱,并放置酒品饮料。客人可根据需要饮用,用后填写"客房饮料单",由服务员核对后将账单转到收款处,并补充饮料。

电冰箱一般位于梳妆(或写字台)右(左)侧,也有些酒店把电冰箱放在壁柜右侧。

使用、保养电冰箱应注意以下几个问题。

a. 电冰箱放置平稳。距墙壁及其他物品10～20厘米。

b. 电冰箱内禁止存放温度高的食品。

c. 冰箱冷冻室内不宜存放啤酒、汽水、果汁等饮料,以免玻璃瓶因液体结冰而胀裂。

d. 冰箱应定期除霜,如果冰盒模与蒸发器冰结在一起,切不可用小刀或其他金属器具撬取,可在蒸发器上倒入少量的水,使冰融化。

e. 清洁电冰箱,可用软布沾中性清洁剂擦洗,并用清水擦洗后再用软布擦干。切不可用酸、稀释剂、石油、酒精等化学物品及热水清洗电冰箱。防止电冰箱的塑料部件变形、变质。

f. 冰盒模内放置凉开水时,不要把水倒得太满,约有4/5即可,如冰盒模内的冰块无人食用,5～7天更换一次凉开水,散客退房后就应换冰盒模内的水。

⑤电话。

房间内一般设两部电话机,一部放在床头柜上,另一部放在卫生间里。电话机表面的灰尘每天要用干布擦净,话筒要用消毒剂经常消毒,并定期检修。

⑥门铃。

有酒店在客房装有门铃。电钮安装在门框上,铃在房间内,服务员进房时先按门铃示意,按钮和铃每天均用干布擦净,并定期检修。

客房服务要点

客房是住店宾客的主要休息场所,客房服务员要承担宾客大部分的日常生活服务。因此,在很大程度上,酒店的声誉取决于客房服务的水平和质量。客房服务员必须在礼貌服务中切实做到下列几点。

热情迎宾送客

①接到总台接客任务后,应及时做好迎接准备,宾客一到要致词欢迎"您

好！欢迎,欢迎!",语调要亲切柔和,感情要诚挚。要笑脸相迎使宾客忘掉旅途的劳累,要用温柔体贴的话语使宾客有"宾至如归"的感觉。

②节、假日迎宾时,应对每一位宾客特别问候"新年好！欢迎光临"、"圣诞快乐,欢迎您的到来"等。

③对新婚度蜜月的宾客,应说些吉利的祝贺语:"欢迎下榻本酒店,十分荣幸能为你们服务,衷心祝愿你们新婚愉快!"

④主动上前帮助宾客提携行李物品,但同时要察言观色,不要强硬把宾客手中的东西拿过来。

⑤对于老、幼、病、残的宾客,应及时搀扶,给予适当关心和帮助。

⑥把宾客引领到预定的客房门口,开门后礼貌地敬请宾客首先步入。

⑦宾客离店时,要心中怀着感激之情告别:"感谢光顾,欢迎再来。"语气要显得诚恳、真挚,目光柔和,面带笑容。

服务主动、周到

①宾客进入客房后,有条件的话要随即送上茶水,有时还需送毛巾。端茶送水要根据时令和宾客的生活习惯,提供此项服务时勿忘使用托盘和毛巾夹钳,注意卫生。

②对于不太了解如何使用房间设备的宾客,要及时、有礼貌地详细介绍。

③对房内冰箱里的饮料是否收费供应,要婉转地交代清楚。

④简介酒店的各项设施,如餐厅、酒吧、邮电服务、美发美容中心等,帮助宾客熟悉环境。

⑤在问清宾客没有其他需求后,应立即退出客房,不能无事逗留,以免影响宾客休息。

⑥宾客如需在房内用膳。要及时按宾客的要求通知餐饮部,膳食送入房内时要轻拿轻放。

⑦逢宾客生日,要上门祝贺。

⑧有条件的话要经常为宾客提供擦皮鞋之类的小服务。

⑨及时向宾客传递邮件和书报杂志。

⑩尽量满足宾客提出的一切正当需求,如换毛巾、肥皂、火柴等,最好能在宾客需要之前想到。

⑪为宾客洗烫衣物不遗忘、不耽搁收取的时间,不搞错、不弄脏。

⑫宾客接待来访者,要及时根据宾客的要求,备足茶杯,供应茶水。

⑬宾客如有身体不适,要主动询问其是否需要诊治。

⑭平时见到宾客,要主动打招呼,不可视而不见,不予理睬,一走了之。

⑮宾客提出房内设备坏了需要修理时,应立即与维修部门联系,及时解决。

如维修工一时没空前来,则要向宾客作出解释,求得谅解,不能漠不关心,无动于衷。

仪表整洁、举止大方

①按店纪店规要求穿着打扮。

②讲究个人卫生。

③打扫客房前先要按门铃或轻轻敲门,在征得宾客同意后方可进入。

④在客房内工作,不得擅自翻动宾客的物品,也不可向宾客索取任何物品,自觉维护人格和国格。

⑤被宾客唤进客房时,要把门半掩,不要关门。客人请你坐下时,要婉言谢绝。

⑥除发生意外情况以外,一般不要使用客房的电话。凡打到客房内的电话,一概不要接听。

⑦当房门上有"请勿打扰"字样时,绝对不要擅自闯入。

⑧不可与其他服务人员聚集在一起议论宾客的仪表、仪容、仪态或生理缺陷,更不可给宾客起绰号。

⑨不得向宾客打听年龄、收入、婚姻状况等私人情况。

⑩工作中不要与别人嬉笑或大声喧哗。夜深时讲话要轻声细语,不能影响宾客休息。

⑪不要拿取宾客丢弃的任何物品。

⑫宾客若给小费或赠送物品,要婉言谢绝,并致谢意。

⑬宾客在交谈时,不要插话或以其他形式加以干扰。

⑭不要在走道里奔跑,造成紧张气氛。

⑮在工作中,如宾客挡道,要客气地招呼,请求协助。

⑯不应当着宾客来访朋友的面要求取款付账。

态度谦逊、语言文明

①根据性别和身份礼貌地称呼宾客。

②与宾客交谈要"请"字当先,"谢"字不离口。

③如有事需宾客关照,说话时要注意语气、语调、音量,不得夹带粗话、脏话。

④工作中发生差错,要主动、诚恳地道歉,求得谅解,不得强词夺理,推卸责任。

⑤对宾客的投诉,不得辩解,应先认真耐心地倾听,然后表示歉意,即使责任在宾客一方,也要保持冷静和谦逊的态度,在表示歉意后用婉转的语气加以解释,消除误会。对投诉过的宾客,不要敬而远之,另眼相看,仍然要热诚服务。

客房服务中心管理要点

交接班工作

①服务中心员工一上班，首先必须对钥匙、借用物品、手机等固定物品进行清点、盘查。

②查看交班记录，了解前一班的工作情况和需继续跟进的工作。

③了解当天的客情，做到心中有数。

④将要下班的员工应将工作交代清楚后，方可下班。

钥匙、手机收发

①事先按楼层区域在传呼机收发登记本内画好表格。

②检查钥匙箱内钥匙是否齐全，抽屉内手机是否齐全、完好。

③将钥匙、传呼机发给领用者，并请领用者在登记本上按所属区域签上领用时间和姓名。

④员工还钥匙和传呼机时，服中员工应先将钥匙、手机收进并按区域挂好钥匙，放好手机。

⑤请还钥匙、手机者登记还钥匙、手机时间并签名。

⑥钥匙、手机收发结束后，再仔细检查一遍钥匙、手机是否已全部收齐挂好。

准备各类报表及存档

①服中员工应在经理、主管上班前，做好下列准备工作。

a. 准备前一天的领班、员工工作报表，主管、领班工作日志。

b. 失物招领登记本。

c. 维修房、昨日营业报表。

②准备当日的房间住宿情况供楼层领班分配工作用。

③对部门的报表、单据、各类记录本等分类逐一进行为期 3 个月、6 个月或长期的存档备案工作。

与外部门的沟通

①每日及时与前厅部沟通客房销售情况，及时将信息反馈给相关领班、主管和经理。

②将主管、领班或服务员报表的维修项目，登记在工作记录本上。分类填写维修单，写清楼层、房号、或公共区域维修项目，并送至维修中心。如紧急维修，应电告维修中心，让维修人员立即去维修，并记下维修中心接听电话人员姓名，最后核实修理结果。

③与餐饮部及时沟通宴会、会议等情况，及时将信息传达给 PA 领班、主管、经理。

第五章
人事部职能及岗位说明

人事部岗位职责说明

行政人事部经理岗位职责

①全面负责主持行政人事部日常管理工作，督导本部员工遵守职业道德，按岗位操作流程执行、检查本部员工的质量规范，做好下属员工的培训、督导、考核、奖惩工作，提高工作效率。

②根据酒店经营和接待服务工作实际情况，按照总经理的指示要求，负责起草综合性规划、计划、报告、总结、简报、通知等公文函件，并审核签发前的文稿。

③根据总经理的指示编排好重要活动日程表，做好有关单位的客访预约和安排，做好来访客人、重要会议、活动预报，安排好各项接待活动。

④协助总经理协调、平衡各部门间的关系，汇总各部门的规章制度，制订全酒店的规章制度和规定，会同有关部门检查各项工作的完成情况，做好综合统计汇报工作。

⑤负责做好来信来访的有关工作，处理客人向行政人事部的投诉。

⑥根据档案管理和保密制度，及时将使用完毕的材料、文件回收、整理、分类、立卷、登记、装订、归档。

⑦负责制订人力资源开发年度计划，合理设计酒店组织机构及岗位，全面负责酒店员工的招聘、培训、考核、调整、奖惩、劳保等工作。

⑧根据国家有关政策法规和酒店实际情况，制订各项劳动人事管理制度，协助总经理制订并落实有关人事劳资、培训质检方针政策及规章制度。制订、完善《员工手册》《劳动合同》、操作软件等管理制度，全面检查各部门、各岗位的执行情况。

⑨审核行政人事部各分支的财政预算和支出，并控制各种成本消耗。

⑩熟悉掌握酒店员工情况，合理安排，选拔人员，做到人尽其才，负责酒店各类人员的晋升考核定级、工资、奖金方案的实施。

⑪负责招聘、考评、调动、处罚、解聘高级管理人员，建立并完善"管理人员的替补梯队系统"。

⑫负责计划、组织、落实、安排各种大型庆典活动和员工大会召开。

⑬负责保护酒店和员工的合法权益并协调二者之间的正常关系,协助各部门有效地管理好员工,从严督导服务质量。

⑭负责同政府机关、社会团体、教育单位、酒店同行、人才交流中心和各大专院校建立并保持友好的工作关系。

⑮全面负责员工食堂、员工宿舍楼、员工娱乐室、阅览室的管理工作及协调工作。

人事主管岗位职责

①协助行政人事部经理拟订各项人事劳动管理制度,草拟并执行有关员工福利、待遇、工资、津贴等有关方面的制度。

②在行政人事部的领导下完成人力规划、统计、招聘、调配等工作,协助完成酒店定岗定员方案的实施,并积极提出酒店人员调整建议。

③熟悉各种劳动法规和酒店用工标准,根据劳动市场的变化和酒店经营需要编制年度、月度用工计划,科学安排人力,节约人力成本。

④承办酒店员工内部调动工作,根据变动及时登记,调整相应的人事资料。

⑤协助上级对酒店主管以上管理人员进行考核,承办酒店管理人员的任免呈报工作。

⑥审核办理各项保险业务、许可证、健康证等及办理员工劳动合同签署、公证、续签手续或终止合同的工作。

⑦建立并完善"个人档案数据库系统"、"人事档案管理系统"、"人才数据库"。

⑧审核员工考勤、加班、补休、工资奖金、店龄工资等;负责员工的调档、考核、评估及档案管理工作。

⑨具体负责酒店优秀员工的评选工作。

⑩协助经理与同行业、旅游院校建立良好的合作关系。

⑪根据市场调查和酒店状况,提出工资福利计划和年度调整方案。

⑫审核、统计酒店员工考勤,深入基层检查酒店员工实际出勤情况,负责所有员工的考勤、加班、休假、补贴等统计审核工作。

⑬负责酒店员工每月工资、浮动工资、奖金、津贴、工龄、加班等的审核、登记造册,并于每月初送财务部。

⑭负责所有员工的劳保、福利等工作;根据国家有关政策和酒店规定办理员工劳动保险业务。

⑮组织酒店员工学习《劳动法》及酒店有关劳动政策并组织办理员工劳动合同的签订、续签、签证或终止合同的工作。

⑯负责酒店制服的统计和有效管理,以及员工名牌、员工手册的补办。

⑰审核办理员工入职、晋升、调动、离店手续,根据国家政策规定,对新招员工的转正定级。

行政秘书岗位职责

①按总经理或总经办主任的要求,起草公文函件。按照总经理要求组织和起草计划、总结、请示、报告、通知等各种文件,做好签发前的审核和签发后的打印、分发和存档等工作。

②处理总经理办公室的日常事务。

③代表总经理或总经理办公室主任会见非重要客人,接待和处理一般的来访信件。

④协助总经办主任组织和安排各种会议,做好会议记录,形成会议纪要。并随时针对会议纪要或决议贯彻情况反馈给总经办主任及总经理。

⑤协助总经办主任做好各种资料的收集和调查研究分析工作。

⑥协助做好上传下达、催办、督办等工作。

⑦负责酒店文件、资料的收发、整理、立卷、归档、统计、保管和借阅登记工作。

⑧做好档案材料的防火、防盗、防潮和防虫等档案安全管理工作。

⑨完成报刊、书籍等有关资料的征订和发放工作,负责书籍和刊物的分类、编号和保管工作。

⑩对各类证件性资料按到期日期或需换发日期分类、做好统计,及时续签或换发。

⑪严格执行档案保密制度和文件管理制度。

⑫完成总经理和总经办主任交办的其他工作。

人力资源的开发

酒店在人力资源开发上主要从三个方面入手。

高层次管理人员的开发

高级管理人员是酒店管理的决策层,包括酒店的正、副总经理,各部总监,以及各部门正、副经理。

作为酒店管理的领导中枢,对决策管理层的培训主要是辅导他们学习树立宏观经济观念、市场与竞争观念、销售因素分析与营销策略制订、如何进行预算管理、成本控制和经营决策等一系列宏观课题。

中层管理人员的开发

为了顺应新时代旅游业的发展趋势,许多酒店放宽了对管理者学历和年龄的要求,惟有能力者是用,因此在中层干部群中出现了两极分化的现象。

(1)30 岁以下的大学生

他们受过高等文化教育,语言能力突出,思想活跃,创新意识强。目前酒店的前厅部、财务部等许多部门都有他们在挑大梁。但大学生的跳槽现象严重,人员流失比率高。另外还有一些年轻人较为娇气,不愿意吃苦,部分大学生更是人际关系差,协调能力低,等等。这些问题酒店高层应当通过多制造工作机会来使他们得到锻炼,在工作过程中随时教授一些处理人际关系及宾客关系的技巧,而最重要的是及时地疏导年轻人浮躁近利的心态,培养他们虚心务实的作风。

(2)40 岁左右的老员工

他们虽然学历不高,但是工作责任心强,并具有吃苦耐劳的优良传统品质和高度的职业道德。对于他们,酒店的培训应当侧重在外语能力的提高和危机意识的加强上,要在他们的工作环境中时时添加"新鲜血液",不能让他们的工作意识僵固老化,以至事事凭经验处理而墨守成规。

总之,酒店中层管理者的开发和培养要新老员工双向管理,双管齐下,年轻人朝气蓬勃,老员工老而弥坚,靠双方的共同努力,才能造就一支成功出色有竞争力的管理队伍。

一线员工的能力开发

一线员工是指酒店各部门的服务员、各技术操作人员及后台勤杂人员,他们是酒店运行的实际工作人员层。这一层次人员的素质水平、技术熟练程度与工作态度直接影响整个酒店的经营水准与服务质量。因此,酒店在针对这方面的人力资源开发时,要着重注意。

人力资源的激励

建立激励体制是酒店在市场经济发展下的必然选择。激励体制既可以调动员工工作积极性,提高企业的绩效,又可以挖掘人的潜力,提高人力资源质量,有利于酒店的发展。竞争机制、物质奖励、人性化管理是酒店管理人力资源激励的三种主要途径。

激励机制在酒店人力资源管理中的运用

(1)员工参与管理

酒店的员工总想在企业拥有更多的发言权,他们有着强烈参与管理的要求和愿望。因此,酒店管理人员和人力资源部门的工作人员要善于给予员工参与管理、参与决策和发表意见的机会,增强员工的参与意识,要使员工真正感到是企业的主人,将会使员工普遍得到"信任暗示"。

(2)尊重和信任激励

酒店管理层应放手让员工独立工作,逐渐赋予员工重任,满足他们对责任和权利的需求,这样不但能从工作中挖掘潜力,改进工作状况,而且能够使员工受到奖励和重视,从而发挥员工的创造性和革新精神。管理者对下属员工的信任,往往成为员工对上级负责的动力和奋发工作的源泉,使员工在一定范围内充分发挥与表现自己的才干,员工会感到工作的意义和自我的价值。

(3)物质与精神奖励

现代心理学家认为,精神需要的满足比物质需要的满足更能产生持久的动力。酒店业整体利润不高,员工工资也不高,不必过分强调物质激励,要采取多种激励方式,寻求一种同时满足物质与精神需求的互动激励机制。工作认可和被重视是每一个人发自内心深处的愿望。赞扬、认可别人是永远不过时的激励技巧。

酒店在运用激励机制时需要注意的问题

(1)激励机制要因人而异

要有潜在的力量可以发挥是激励的前提,而通过某种激励方式可以将人的潜能发挥出来,达到一个更高的标准或新的要求。然而,根据人本管理的基本原理,不同的人需求是不一样,同一个人在不同的时期需求也不一样,因此,针对不同的员工合理地设置对真正激发员工的积极性有着至关重要的作用。

在制订和实施激励机制时,首先要调查清楚每个员工的真正需求,将这些需求合理地归纳起来,然后制订相应的激励措施,一定要让员工感到通过努力有实现目标的可能性,考虑员工的需求和实际能力,给员工通过努力就能达到的目标是最好的激励方法之一。

(2)采取有效的激励措施

在一定的时期内,人的能力是有限的,因此,酒店需要对员工进行有效的、及时的培训。当然,培训也是一种激励机制,员工在实际工作中需要自我发挥和成长的机会。

(3)建立有效激励机制的原则

企业要适应时代的发展,建立适合自己企业发展特点的激励机制。

首先,激励制度要体现公平的原则,要在广泛征求员工意见的基础上出台一套大多数人认可的制度,并且把这个制度公布出来,在激励中严格按制度执行并长期坚持,采取连续激励措施。

其次,要和考核制度结合起来,这样能激发员工的竞争意识,使这种外部的推动力量转化成一种自我努力工作的动力,充分发挥员工的潜能。

再次,真正有效的激励,不仅在于外在的原因,重要的还有内在的因素。外因是条件,内因是基础,要使员工充分认识自身工作的重要性和使命感,保持愉快的心情工作。

最后,在制订制度上要体现科学性,也就是做到工作细化,酒店必须系统地分析、搜集与激励有关的信息,全面了解员工的需求和工作质量的好坏,利用适用激励的原则,不断地根据情况的改变制订出相应的政策。

第六章
采购部职能及岗位说明

采购部岗位职责说明

采购部经理岗位职责

①直接对分管领导、酒店负责,全面主持采购部工作,确保各项任务的顺利完成。

②全面主持大宗商品订购的业务洽谈,督促下属仓库负责人把好进货验收及质量关,保证物资供应和仓储正常。

③审核年度采购计划、采购项目,审查各部门领用物资数量,合理控制,减少损耗。

④督促采购组、仓库组负责人,加强对下属员工的素质培训,不断提高员工的业务水平和工作能力。

⑤教育下属员工在工作中,要遵纪守法,对工作认真负责,不贪污、不受贿。按酒店计划完成各类物资采购及安全保管任务,尽可能在预算范围内做到节支降耗。

采购主管岗位职责

①提出年度采购计划,统筹策划和确定采购内容。

②直接对物资采购委会经理负责,全面主持采购组工作,确保各项采购任务的顺利完成。

③熟悉和掌握酒店所需各类物资的名称、型号、规格、单价、用途和产地。检查购进物资是否符合质量要求,对酒店的物资采购要求和质量负责,确保酒店物资供应正常。

④主持中小宗商品订货的业务洽谈,检查合同的执行和落实情况。

⑤教育采购人员在从事采购业务活动中遵纪守法、讲信誉、不索贿、不受贿,与供货单位建立良好的关系,在平等互利的原则下开展业务活动。按计划完成酒店各类物资的采购任务,并在预算内尽量做到节省开支。

采购员岗位职责

①常到使用部门了解物资使用情况及请购物资的规格、型号、数量,避免错购。

②对各部门所需物资按"急先缓后"原则安排采购,积极与供货单位取得联系并保持。

③与仓库联系,落实当天物资的实际到货的品种、规格、数量,把好质量关。然后通知申购部门,及时办理手续。

④严格遵守财务制度,购进的一切货物首先办理进仓手续。

⑤尽量做到单据(或发票)随货同行,交仓管员验收(托收除外),如因外地物资不能单据随货同行,应预先根据合同数量,通知仓管员做好收货准备。

⑥下班前,做好当天工作情况记录和第二天工作计划。

仓库主管岗位职责

①直接对经理负责,完成副经理下达的任务,执行酒店的"员工手册"和各项规章制度。

②努力学习本工作范围的业务知识,即:酒店管理知识、物资验收和保管知识等,熟记仓存物资品种、物资使用的变化规律,使管理条例化、规范化和科学化。

③了解下属思想情况,检查班组的出勤及工作情况,注意发挥和调动下属员工的积极性,增强他们的责任感。

④协助经理对下属员工进行业务培训。

⑤经常不断地检查工作进度,完成酒店各部门的物资补给项目,决不能造成短缺。

⑥审核控制各部门领用物资的计划和数量,严格把关,开源节流。

⑦督促保管员每月底做好月报表上报工作。

⑧配合财务部做好盘点工作,及时调整账务,做到账实相符。

采购管理要点

酒店采购管理工作是酒店成本控制的一个重要环节,其工作的好坏将直接影响到整个酒店向客人提供服务的质量,因此,采购经理应重视采购管理,抓好以下 9 个方面的工作。

重视采购员的思想教育工作

针对采购工作的特点,采购经理首先要加强对采购人员的法制教育、职业道德教育,提高其抵制不正之风的自觉性,树立坚强的组织观念和严明纪律性,同时,要培养其主人翁意识和责任感,以及不谋私利,不徇私情,秉公办事的思想作风。

明确分工与职责,明确权利与义务

科学明确的分工是良好协作的基础和有效管理的手段,而合理授权则是实现职责的必要条件,对采购员在明确其业务及职责范围后,要充分信任与授权,使之有独立自主的处理问题的权力,能想方设法,克服困难,完成任务,不必事事请示,但要有事事汇报制度,采购员应将每天工作中遇到的问题处理的方法以及每天的到货情况等写上"每日工作汇报薄"以便经理检查,发现问题时随时解决。

掌握必要的商品知识以及采购知识与技能

在酒店采购业务中因采购员购买质次价高的假冒伪劣商品而使酒店遭受经济损失的事屡见不鲜,致使这种情况发生的一个很重要的原因是采购员缺乏必要的商品知识,对所购买的商品不了解。想要预防这种情况的发生,就要求采购员必须掌握必要的商品知识——至少是他所分管的范围的商品知识,包括商品的特性、产地、规格、用途、质量、价格、供应商状况等。此外还必须掌握物品采购的基本理论,基本知识和基本技能,了解采购国外不同物品的程序,熟练采购手续,善于与客商洽谈业务,商定供货条款。

了解市场行情,控制采购成本

了解市场行情,要随物品特点而定,对时令物品,因供求情况和价格变化快,应随时掌握其变化,对季节性强的物品,如鲜贝、对虾等,须摸清生产周期,掌握采购最佳时期,对大批量的日用品,要进行专题调查,根据采购的质、量、时间要求进行选择,如从外地进货还要了解运输的情况和运输费用的高低。

多方努力,控制食品的采购价格

成功的采购工作其目标之一是获得理想的采购价格。价格是受各种因素影响的,诸如市场的供求状况,餐饮的需求程度,采购的数量,食品本身的质量,供应的货源渠道和经营成本,单位支配市场程度,其他供应者对其影响等,面对这样的价格因素与餐饮经营的要求,对采购价格实行控制是必要的,实践证明,以下几条价格措施是行之有效的:

(1)规定采购价格

通过详细的市场价格调查后,酒店对餐饮所需的某些食品提出购货限价,采购员必须在限价以内进行采购,不得超过,限价商品的品种一般是指每日采购的新鲜蔬果肉类。

(2)规定购货渠道和供应单位

采购部门只能去那些指定的供货单位购货,或者只许购置来自规定渠道的食品,如香烟、洋酒等。

(3)向生产单位直接采购

对采购批量大的物品,应尽可能向生产单位直接采购,并要求优惠价格供应。

（4）控制大宗和贵重食品的购货权

贵重食品和大宗食品其价格是影响餐饮成本的主体。因此，由餐饮部门提供使用情况的报告，采购部门增加购货量和改变购货规格可根据需求情况，大批量采购，以便降低单价，这也是控制采购价格的一种策略，另外当某些食品的包装规格有大有小时，购买酒店的适用规格，也可降低单位价格。

（5）根据市场行情适时采购

当某些食品在市场上供过于求，价格低廉，又是酒店大量需要时，只要符合质量并可作储存的可趁此机会购进，以备价格回升时使用。当应时食品上市，预计价格可能下跌，采购量应尽可能地减少，只满足需要即可，等到价格稳定时再行添购。

学会对购进货品价格的整体控制

采购经理每天要对很多的采购申请单、计货单、支票申领单、中西厨每日订货单"签字"，但他每天都要面对同一个问题，那就是压低进货价格降低成本。理论上讲，对于每笔支出，无论巨细，都要严格控制，所谓点滴节约，但实际上谁也不可能完全做到保证采购部日常购买的所有商品，其质量是全城最好的，其价格又是全市最便宜的，在当今社会节奏日益加快的时代，事事细致进行，笔笔支出都精细管理的做法，不仅难以进行，而且得不偿失，因此，作为采购经理，应采取从整体上掌握，控制采购成本的策略，这一策略主要体现在以下两个方面：

①小量的大额支出必须下工夫，多方了解市场，多方询价，认真浅谈，仔细做报价，不允许购买出现失误，严格控制，最好是经理亲自洽商。对这部分重点的大额支出，管理的侧重点应是在保证质量的前提下尽最大可能地省钱，在洽谈过程中要"斤斤计较"，几毛钱，几分钱地砍，因为量大，所以即使单价砍下几分钱，总的算来也能节约不小的开支。

②众多的日常小额开支予以总的控制，只要是市场的平均价格之内，具体的一笔笔支出可以不必过分计较。因为是大量的常用品，管理的侧重点放在保证质量及快速反应上，即必须保证购进的货品货量能用、好用，同时必须保证及时购进，不耽误使用。

建立良好的采购工作程序，按该程序控制整个采购系统

便利的采购工作程序将为采购部有条不紊的运作提供有力的保证，使所有的采购员有章可循，提高效率，减少失误。各个酒店采购的采购工作程序中应注意以下几个问题：

①严格按程序所规定的职权范围办理，不得超越范围。

②严格按程序运作，不允许推诿，该办的必须办理。

③密切协作关系，强调采购部与其他部门的协调、合作与配合，有困难、有

疑问应共同协商解决。

对采购计划和购货合同执行的控制

为保证物品采购和购货合同的有效执行,采购经理必须对执行过程进行控制。

①指定专业人员负责对计划的执行和购货全责的履行进行检查。

②设立物品计划执行控制台账,记录每种物品的采购计划、签约(合同)情况、交货履约和库存情况,如有条件可采用科学的酒店采购工作管理软件,将这些数据输入电脑,以备随时检查。

③定期检查与随时检查相结合,每月进行全面检查,对未按计划和合同的进度供货的货种,随时通知经办采购员督促供应单位按时交货,也可用挂牌方法把没有按计划执行,按合同供给的物品品种,用不同颜色牌子挂出,以便引起同事注意。

熟悉供应厂商,并与之建立良好和合作关系

采购员的工作是有所分工的,在一个相对长的时间里较固定地分管负责采购某一类物品,使其熟悉这类物品的市场供应的厂家及供应商,而作为采购管理,则应该熟悉所管的采购员与之联系的所有供应厂商,经过一段时间实际采购的考察,对一引起信誉好的供应商,应考虑与之建立比较稳定的采购关系和良好的合作关系,以保证货源的购进,减轻采购工作量。

第七章
财务部职能及岗位说明

财务部岗位职责说明

财务部经理岗位职责

(1)酒店营运管理和控制职责

①根据领导决策,分析市场供求关系,制订酒店年度预算,监督经营预算的实际费用及分析经营的执行情况。

②组织资金筹措,监督资金使用。

③根据营运需要,合理安排和控制资金使用。

④编制资金流动表,及时掌握资金动向。

⑤加速资金回放。

(2)财务管理和控制职责

①在总经理领导下,贯彻执行国家经济政策,严格执行酒店所制订的财务管理和会计核算标准。

②监督财务管理系统和控制程序的实施。

③正确反映酒店的经营业绩。

④做好酒店的财务、物资的有效管理。

(3)经营及财务管理的评价职责

运用各种对比、分析的方法,对酒店的经营成果以及财务管理进行评价,为酒店的经营决策提供资料。

(4)会计年度审计职责

必须完成每年酒店的账目及反映酒店经营成果的报表并由当地会计事务所审核。

(5)行政管理

①协调各部门之间的关系,配合营业部门工作的开展。

②处理财务内部的事物工作。

③协调外界有关方面的关系,做好与政府、银行、税务等部门的联系工作。

(6)人事管理

①按照所制订的财务管理系统及控制程序对员工进行业务培训。

②培训员工对工作的责任感和不断进取的工作态度。

③培训员工的集体主义协作精神。

④根据员工的表现及时向上级领导层提升奖惩制度,分明、及时处理。

财务部副经理岗位职责

①根据酒店所制订的年度预算,实施成本控制行政费用、营运费用及能源工程维修固定费用控制。

②建立健全酒店内部管理制度,监督酒店资金管理、成本、费用、利润和财产管理,组织酒店的全面经济核算,审核会计科目,进行收入、成本、费用、利润的专题分析,编制报表,保证各级核算的正确性。

③建立一整套财务系统及操作程序:

a. 财务系统:总账、应收账、应付账、总出纳、物资账及各类明细账和以表代账的资料。

b. 操作程序:制订收银及收入审计的核算程序;制订各种所需的凭证、表格;建立账与账之间核对,账表之间核对等工作制度,确保所反映的经济活动情况的准确性。

④参与酒店基本建设投资、客房、餐厅改造、经济利益分配、经济合同签订重要决策,从经济管理的角度为领导提供参考数据。

⑤控制资金使用,审核各部门的设备、物资、计划和酒店开支计划;并在报总经理批准后,监督贯彻实施,维护酒店经济利益。

⑥拟订财务内部的组织机构,提出各级主管人员的岗位职责,并与总经理或主管副总经理确定会计主管人员的人选,分配工作任务,监督各级主管会计人员的工作,及时准确编制财务报表,其中对外报送的财务报表要报领导签章。

⑦审核酒店的收益报告和利益分配报告;监督财税计划和贯彻实施按期上交国家税费,协调酒店同银行税务等有关部门的关系。

⑧定期向总经理提出预算和决算报告,资产负债表给总经理审核同意后,组织贯彻实施。

总账会计岗位职责

①处理总账业务及编制损益表、资产负债表及所属明细账。

②处理应收账、应付账、总出纳、工资等账目系统的业务。

③做好成本控制、营业核数的账目以及报表核对工作。

④协助会计师事务所完成年度财务审计工作。

⑤处理会计部内部行政事务。

⑥负责各类税收的申报。

⑦负责各类保险的索赔工作。

⑧搞好内部分工,处理好与各主管的工作关系。

⑨做好资料的存档。

成本会计岗位职责

①成本管理:根据餐饮部资料,制订出食物和饮品的成本控制制度。

②根据财务系统和操作程序的要求建立一整套有关账目的控制表,以达到控制的目的。

③运用正确的方法计算成本和费用,并要做到账账相符,账表相符。

④定期出成本报告,分析总结酒店营运成本费用并提出合理的建议。

前台收款岗位职责

①负责建立日间、夜间核数的审核操作及控制程序。

②负责前台账款结算的全部工作内容的督导和培训。

③配合财务应收款主管解决挂账客户结算,负责应收账的账单复查工作。

④经常与前台接待经理和主管、财务应收款主管、客房经理和主管以及大堂值班保持联系,掌握客人的动向及付账情况,以避免发生跑账、漏账及坏账损失。

⑤向总经理、财务部经理报告住房客人拖欠账项的金额、时间、结算明细账和提出解决措施。

⑥向财务部经理报告所属员工的工作表现,评定员工奖惩和晋升情况,解决客人在结算工作中的投诉等其他有关问题。

⑦完成财务部负责人安排的其他工作。

餐厅收款领班岗位职责

①账单和凭证的审核。

②餐饮收入报表的审核:

a.审核餐饮部账目是否与每班收银员报告一致。

b.审查餐单的结账方式是否正确。

c.检查宴席订单的处理和结算。

d.审核招待单的手续是否完备和符合规定。

e.审核高级员工工作餐的实用、计算批示标准的部分并转入员工账户。

f.审核餐饮的折扣、项目和单据的取消手续是否完备。

总出纳岗位职责

①负责所有收银点现金收入和转账票据的收集、整理、点核以及送存银行或到银行办理托收事宜。

②负责支付酒店各部门报销账款的现金。

③负责保管一切有价证券。

电脑机房主管岗位职责

①负责电脑设备维修保养工作,使电脑系统正常运作,有效地处理会计业务文字工作和信息存储。

②负责与有关电脑公司的业务联系和技术洽谈。

③监督和检查计算机操作人员执行使用设备操作程序和信息管理制度。

④指导电脑操作员工作、妥善解决各种疑难问题。

⑤监督计算机系统使用情况,防止计算机病毒,计算机系出现问题及时报告财务部经理。

⑥负责督导和培训电脑操作员业务技术,考评员工工作效益和工作质量。

⑦完成财务部经理安排的有关电脑操作的其他工作。

稽核岗位职责

①严格遵循客用现金支付的有关规定报销,然后转交财务总监、总经理审批。

②支付不同种类的货款时,需认真核对有关凭证付款依据以采购订单为准,如发现采购订单、收货记录、购货发票等互相之间有差异时应同有关部门及时核对清楚后方可生效。

③同酒店长期合作的供货商,遵守送货后付款的有关记录,如有差异及时调整以减少月底集中对账的工作量。

仓库保管员岗位职责

①根据采购部送来的物资按发票的数量、单价验收货物。

②必须把好质量关。

③负责保管食品、饮品、百货、工程用品、操作用品等营业所需物资。

④仓库保管员必须保证仓库整洁,每天打扫仓库卫生。

⑤严禁仓库吸烟或吃东西,禁止闲杂人员进入仓库。

⑥妥善保管仓库钥匙,合理放置货物,确保仓库物资的安全及物品的质量。

⑦仓库保管员要严格遵守职业道德、洁身自爱,杜绝一切违法的思想和行为。

⑧每日下班前填写当天收货记录及收发汇总表。

⑨了解部门对物品的要求和建设及时将信息反馈给成本部门和采购部门。

酒店成本费用管理概述

酒店成本费用的概念与构成

企业在一定时期的经营过程中为宾客提供服务所发生的各项费用的总和。费用是指一定时期内企业获得经济利益而发生的经济资源的耗损,而成本常被定义为对象化的费用。

（1）营业成本

营业成本是酒店在经营服务过程中所发生的各项直接支出，主要包括：餐饮成本、商品成本、洗涤成本、其他成本。

（2）期间费用

期间费用是在一定会计期间所发生的营业费用、管理费用和财务费用等。营业费用：酒店各营业部门在经营过程中发生的各项费用。按其经济内容划分包括运输费、装卸费、包装费、保管费、保险费、水电费、展览费、广告宣传费、邮电费、差旅费、洗涤费、清洁卫生费等。管理费用：酒店为组织和管理经营活动而发生的费用以及由酒店统一负担的费用。服务费用：酒店经营期间为筹集经营所需资金而发生的费用。

酒店成本费用管理的意义和原则

（1）酒店成本费用管理的意义

可以减少酒店的资金占用量，从而提高资金的使用效益；是提高酒店竞争力的有效手段；有利于全面改善经营管理，提高经济效益。

（2）酒店成本费用管理的原则

严格遵守国家规定的成本开支范围及费用开支标准。为了保证国家财政收入有可靠的来源，国家对酒店发生的支出，哪些该计入成本，哪些不该计入成本都做了明确的规定。按权责发生制原则严格酒店成本费用的核算。权责发生制要求凡属于本期应负担的成本费用，不论其是否已经实际支付，均应列入本期的成本费用。正确处理降低成本费用与保证质量的关系。

酒店在接待各种不同规格的旅游者时，都要提供相应水平的服务，否则就会形成对宾客的克扣，影响酒店声誉。健全成本管理责任制，实行全员成本管理。从酒店实际出发，实行目标成本管理。目标成本管理是对各项成本费用的发生进行事前预测，通过编制成本费用预算确定目标成本，把总目标成本分解至各个月，落实到各个部门实施完成。

酒店除了进行日常成本核算和事后成本分析外，还必须在成本形成过程中加强成本控制，这样才能及时发现影响成本降低的不利因素，以便及时采取有效措施，达到预期的目的。

酒店财务分析

酒店财务分析是酒店财务管理的一个重要方法，每到经营期末，通过编制一系列财务报表对当期的财务状况、经营成果进行分析，对成果的有关问题进行总结。

酒店除定期编制资产负债表、利润及利润分配表、现金流量表（年报）报送外，还要编制一系列内部指标分析表。现就酒店内部编报的财务报表逐一作分析。

①报表分析方法一般有以下几种。

a. 对比分析。

是将同一财务指标在不同时期的执行结果比较，从而分析差异进行比较。一般有绝对数比较及相对数比较两种方法。

b. 因素分析。

一项财务指标往往受多种因素影响，可将他分解成各个构成因素，然后从数量上分析每个因素的影响程度，为下一步工作指明方向。

②资产负债表是反映一定时期企业财务状况的静态状况。根据报表上项目可分析以下几种比率，反映企业财务状况。

a. 流动比率＝流动资产/流动负债×100%

该指标衡量企业偿还流动负债的能力，一般以 2：1 为宜。

b. 速动比率＝速动资产/流动负债×100%

该指标衡量企业随时可变现的资产偿还短期负债的能力，一般以 1：1 为宜。

c. 资产负债率＝负债总额/资产总额×100%

该指标衡量企业的负债水平。说明企业偿还债务的总能力，该指标一般在50%为宜。

d. 已获利息倍数＝息前净利/利息

该指标以支付利息方面说明企业的偿还能力，该指标值越大越好。

③利润及利润分配表是反映企业一定时期的经营成果及利润分配情况，一般分析以下几种指标：

a. 利润率＝营业利润/营业收入×100%

该指标反映企业营业收入的利润水平，它衡量企业当期的销售水平、控制成本费用能力的尺度。酒店经营决策者一般在加强扩大销售收入，又切实控制成本费用，以增大营业利润率，根据行业水平一般在 30% 为宜，否则过高会影响酒店的销售额。

b. 净资产收益率＝净利润/[（期初总资产－期初总负债）＋（期末总资产－期末总负债）]×100%

该指标反映企业运用自有资产所获取的利润能力，是投资者最看中的一个指标。

④根据以上两表,还可分析企业的营运能力及企业发展能力,其指标如下:

a. 存货周转率＝一定时期主营业务成本/(存货期初余额＋期末余额)×100%

该指标衡量企业在一定时期存货周转速度,说明企业是否存货过多,占用资金过多,扩大资金成本,此指标对日常采购起监督作用。

b. 应收账款周转率＝应收账款净额/应收账款平均余额×100%

该指标衡量企业在一定时期内应收账款的周转速度。

c. 客房出租率＝每天出租客房数之和/(实有客房数×计算期天数)×100%

该指标衡量企业住宿设施的出租使用情况,说明企业营业状况。

d. 毛利率＝(营业收入－营业成本)/营业收入×100%

该指标是衡量餐饮等加工部门的成本控制情况的指标,在酒店经营中,该指标起十分重要的作用。

第八章
工程部职能及岗位说明

工程部岗位职责说明

工程部经理岗位职责

①接受总经理的领导,管理整个工程部的员工。

②制订本部门的组织机构和管理运行模式,使其操作快捷合理,并能有效地保障酒店设备、设施安全、经济地运行和建筑、装潢的完好。

③制订和审定员工培训计划,定期对员工进行业务技能、服务意识、基本素质的培训。

④总结运行和维修实践、制订和审定设备、设施及建筑装潢的预防性维修计划、更新计划且督促执行,不断完善酒店设施,保证设施始终处于正常、完好状态。

⑤全面负责工程部的节支运行、控制所有水、电、煤气等的消耗,并严格控制维修费用,确保酒店最大限度的节能、节支。

⑥负责协调和酒店相关的市政工程等业务部门的关系,以获得良好的外部环境。

⑦根据营业情况和气候及市场能源价格情况,提出节能运行的计划和运行维修费用预算。

⑧主持部门工作例会,协调班组工作。

⑨分析工程项目报价单,重大项目应组织人员讨论并现场检查施工质量与进度,对完工的项目组织人员进行评估和验收。

⑩考核运行经理及维修经理对其工作做出指导和评估。

⑪建立完整的设备设施技术档案和维修档案。

⑫配合安消部搞好消防、安全工作。

运行经理岗位职责

①接受工程部经理领导,协助工程部经理管理整个工程部的员工。

②协助工程部经理制订本部门的月度、年度预防性维修保养计划,有效保障酒店设备、设施安全经济运行完好。

③掌握当班能源消耗及维修费用,确保酒店最大限度的节能、节支。

④协助制订员工培训计划,对员工进行业务技能酒店意识、基本素质的培训。

⑤协助工程部经理做好外部关系的协调,以获得良好的外部环境。

⑥推行节能运行计划的实施和运行维修费用预算的控制。

⑦协助主持部门工作例会,协调班组工作。

⑧协助分析工程项目报价单,亲临现场检查施工与工程进度。

⑨考核下级的工作,并对其工作做出指导和评论。

⑩协助建立完整的设备技术档案和维修档案。

⑪协助工程部经理做好消防安全工作。

维修经理岗位职责

①掌握酒店设备的正常运行和日常维修,接受并组织实施工程部经理主管的运行调度令和日常维修工作令,检查维修质量,满足对客服务要求。

②负责制订公共区域、客房、餐厅的装饰、装潢、厨房、PA 设备等的维修保养计划,并监督这些计划的实施。

③根据工程部经理的要求,监督外单位承担大修、技术和工程项目,并组织人员密切配合工程进度的要求。

④搞好班组管理,采取改进措施,提高工作效率,控制维修成本。

⑤负责制订和实施下属员工的培训计划,着重加强服务意识、技术水平、一专多能等方面的培训。

⑥协助工程部经理制订设备维修、技术和设备更新等计划,计划的执行中如发生问题及时向工程部经理汇报。

⑦制订本班组的备品、备件计划。

⑧按照预防性维保计划对各大机房、公共区域、餐厅、客房机电设备进行巡查,对查出的问题要及时发出维修通知,以使这些区域的设备设施处于完好的状况。

⑨对各维修工的工作进行统计,编报每天的工作日报表。

空调领班岗位职责

①切实执行运行经理的工作指令,认真贯彻落实岗位责任制和运行规程,确保所管辖的配电水暖空调锅炉系统的正常运行。

②制订并负责实施管理范围内设备的维修保养计划,这些计划按预定的规范、要求,按时、按质完成。

③接收并组织实施工程部经理、运行经理的运行调度令和日常维修指令,并监督、检查完成情况。

④执行岗位监督检查,按时检查所管辖范围内的设备运行状况、卫生、安全

保障,杜绝非工务人员进入机房,影响设备安全。

⑤做好班组管理工作,及时采取改进措施,提高效率。

⑥严格执行设备的维修保养制度,做到"三干净":设备干净、机房干净、工作场地干净;"四不漏":不漏电、不漏水、不漏油、不漏气。

⑦对下属进行业务技术和服务意识培训,并负责检查、考核,提出惩罚措施。

⑧设备发生故障及时组织检修,发现隐患要及时处理把好技术关,让所管辖系统设备经常处于优良状态,当重要设备发生故障时,要迅速组织处理,并及时向经理、综合主管汇报。

⑨督促执行压力容器、计量仪表、安全装置的年度保养和报检工作。

维修领班岗位职责

①负责客房、餐厅、娱乐及公共区域的机修及厨房、洗衣房、PA 等设备设施的维修保养工作。

②全面掌握小组的各项工作,检查、督促、协调组内人员的工作,在工作时间内必须不间断地对组内人员进行巡查、督导。

③制订厨房设备、洗衣房设备、清扫设备的操作规程、日常保养,负责对使用人员的培训。

④督促班组人员巡查制度的落实及预防性维修计划的执行。

⑤认真做好班组人员的考核工作,如技术考核、出勤考核、执行"员工手册"的考核,并提出奖罚建议。

⑥协助其他班组做好工作。

⑦完成上级交办的其他工作事项。

锅炉领班岗位职责

①切实执行运行经理的工作指令,认真贯彻落实岗位责任制和运行规程,确保所管辖的配电、水暖、空调、锅炉系统的正常运行。

②制订并负责实施管理范围内设备的维修保养计划,这些计划按预定的规范、要求,按时、按质完成。

③对酒店工程、外包大修工程应积极组织人员密切配合,保证施工质量与进度。

④负责制订本班组的备品、备件计划。

⑤执行岗位监督检查,按时检查所管辖范围内的设备运行状况、卫生、安全保障,杜绝非工务人员进入机房,影响设备安全。

⑥接收并组织实施工程部经理、运行经理的运行调度令和日常维修指令,并监督、检查完成情况。

⑦对下属进行业务技术和服务意识培训,并负责检查、考核,提出惩罚措施。

⑧做好班组管理工作,及时采取改进措施,提高效率。

⑨严格执行设备的维修保养制度,做到"三干净":设备干净、机房干净、工作场地干净;"四不漏":不漏电、不漏水、不漏油、不漏气。

⑩设备发生故障及时组织检修,发现隐患要及时处理把好技术关,让所管辖系统设备经常处于优良状态,当重要设备发生故障时,要迅速组织处理,并及时向经理、综合主管汇报。

⑪督促执行压力容器、计量仪表、安全装置的年度保养和报检工作。

强弱电领班岗位职责

①对派工单要准确无误地实施完成,并认真检查完成情况。

②全面掌握小组的各项工作,经常对组内负责的各类工作进行巡查,发现问题,及时处理。

③制订照具及照明控制开关的巡视、巡检制度。

④认真安排好预防性维修计划及巡查工作,严把质量关。

⑤对酒店的各种大型活动,如新闻发布会等大型会议,要提前进入工作场所,确保弱电系统不发生差错。

⑥掌握供电设备运行和照明情况,制订节电措施。

⑦合理调配好供电、电梯的运行及安排好电修值班,在保证服务水准的前提下,尽力节能。

⑧认真考核本组员工并培训本组员工,要使本组员工均能胜任电话、电视、音响等弱电系统的工作,并均能做到补位工作。

工程管理的基本要求

工程部经理要接受酒店总经理的领导,并对运行经理、维修经理、文员、仓管员等进行直接领导。

责任

①有强烈的事业心与责任感,有较强的自学能力和适应性,秉公办事,不谋私利。

②能充分领会总经理的经营意图,正确处理上下级之间、部门之间的关系,并能组织和指挥工程部各项工作计划的实施,确保工程部的正常运转。

③必须掌握机电工程设计基础知识,熟悉电子通信设备、计算机、暖通、空调、给排水设备、电梯等的使用和维护管理,熟悉基建、环境保护、安全生产、劳

动保护方面的政策与法规。

④制订本部门的月度、年度预防性维修保养计划,有效保障酒店设备、设施安全经济运行完好。

⑤制订员工培训计划,对员工进行业务技能、酒店意识、基本素质的培训。

⑥具有从事机电设备管理经历,能借助工具书阅读有关专业文献。

⑦有强烈的事业心、责任心和配合精神,秉公办事,不谋私利。

⑧身体健康,精力充沛。

⑨推行节能运行计划的实施和运行维修费用预算的控制。

⑩协助分析工程项目报价单,亲临现场检查施工与工程进度。

⑪考核下级的工作,并对其工作做出指导和评论。

⑫掌握当班能源消耗及维修费用,确保酒店最大限度的节能、节支。

⑬经理下达的其他工作指令

维修

①负责制订公共区域、客房、餐厅的装饰、装潢、厨房、PA 设备、等设备的维修保养计划,并保证这些计划的实施。

②负责制订和实施下属员工的培训计划,着重加强服务意识、技术水平、一专多能等方面的培训。

③根据工程部经理的要求,监督外单位承担大修、技术改造和工程项目,并组织人员密切配合,保证工程符合规定的要求。

④掌握酒店设备的正常运行和日常维修,接受并组织实施工程部经理主管的运行调度令和日常维修工作令,检查维修质量,保证满足对客服务要求。

⑤协助工程部经理制订设备维修、技术改造和设备更新等计划的执行中如发生问题及时向工程部经理汇报。

⑥按照预防性维保计划对各大机房、公共区域、餐厅、客房机电设备进行巡查,对查出的问题要及时发出维修通知,以保证这些区域的设备设施处于完好的状况。

⑦制订本班组的备品、备件计划,上报部门经理。

⑧搞好班组管理,采取改进措施,提高工作效率,控制维修成本。

⑨对各维修工的工作进行统计,编报每天的工作日报表。

⑩完成上级交办的其他工作事项。

第九章
康乐部职能及岗位说明

康乐部岗位职责说明

康乐部经理岗位职责
①负责娱乐部的全面工作。

②根据本部门的工作需要，合理调配人力，并有权调动本部门员工的工作。

③负责对部属的考勤、考绩工作，根据员工表现的好坏，进行表扬或批评。

④对酒店的娱乐活动项目的选择、活动的管理，及时向总监汇报，使其更加完善、合理、丰富多彩，对宾客更具吸引力。

⑤对酒店洗浴、活动项目具有全面管理的责任，保证这些活动项目能够正常、健康地开展。

⑥熟悉娱乐部各种活动项目的特点。

⑦了解和掌握各种活动设施、设备的性能、功能及使用方法。

⑧善于策划本部门的工作。

主管岗位职责
①为了提高管理效率，调动下属的积极性，上班首先要检查考勤情况。

②协助员工领取所需物品。

③检查全场准备工作(检查工作)。

④全天监督全程动作、纪律卫生情况，不准串岗、离岗。

⑤检查全场卫生情况，包括员工的仪容仪表、工服等。

⑥与客人多交流，处理各种顾客投诉。

⑦详细记录客人档案。

领班岗位职责
①直接传达主管安排的工作内容或协助主管做各项工作。

②上班检查楼面、考勤情况。

③检查服务员班前准备工作。

④客人接待与沟通。

⑤检查区域卫生情况。

⑥详细记录客人档案等。

服务台服务员岗位职责

①熟悉桑拿中心各种单据的登记及各项收费,并灵活进行推销,熟悉电话接听程序。

②对于每位前来消费的客人及要求到客房服务的客人要做好记录,根据客人的每项消费进行登记。

③对于桑拿对外赠送的物品要有详细的出入记录,对于酒水及香烟,要有详细的销售记录并及时补充。

④负责吧台内外及女宾桑拿的卫生清洁工作。

⑤协助仓管做好物资盘点工作及物资领用补充工作。

休息厅服务员岗位职责

①负责为客人提供免费的茶水、香烟及果盘,并及时推销按摩及足浴等一系列消费项目以及宣传优惠措施。

②熟悉休息厅内电视机的使用方法及简单故障的排除,发现问题及时上报。

③负责休息厅的卫生清洁以及布草的更换,检查客人有无遗留物品并及时上报。

④经常巡查客人的消费动态,做好相应的准备,及时为客人提供服务。

⑤协助仓管做好物品的盘点。

桑拿室服务员岗位职责

①熟悉桑拿室各种设施、设备的安全使用,保证设施、设备的正常运行,发现问题及时上报。

②负责提供客人换鞋,更衣及洗浴时的各项服务,保管好客人的贵重物品。

③客人洗桑拿时注意观察,特别是喝过酒的客人,以保证客人的安全。

④负责服务区域内的卫生清洁工作,客用品的更换、补充工作,保管好更衣室配备的吹风机及梳子等易带走物品。

⑤协助仓管做好物品领用及盘点工作。

按摩房服务员岗位职责

①熟悉各按摩房的性能及贵宾房蒸汽浴室的使用,发现问题及时上报。

(2)负责给客人提供免费饮品的服务,及进巡查客人的消费情况,做到随叫随到。

(3)负责按摩房各卫生区域的清洁工作,布草、垃圾袋做到一客一换,保持房间空气清新,并协助仓管做好物品的领用及盘点工作。

员工应答服务规范

目标

①准确、迅速、简明、礼貌地回答客人的提问。

②咨询：要求尽量给客人满意的答复。

程序

①看到客人示意或发现客人发问时，首先应有表示（如："是的，先生。请问您有什么事？先生请稍等一会儿，我马上就来！"）。

②在开始谈话之前，必须快步靠近客人，在正面、侧面停步，间距不少于 50 厘米，不大于 100 厘米，上身前倾有度，双目正视对方两眼，做聆听状。

③凡需要应诺时，必须微笑点头，语言明确简练（如：是的，先生；行；可以；好）。

④凡不知道的事情，禁止摇头，切不可用"不知道"、"不会"、"不懂"，应坦诚说："很抱歉，我无法回答您的问题，不过我可以帮您代问一下"。

⑤需要否定时，禁止摇头。尽量少用否定，如："不行，不可以"，而应含蓄地说："这样行吗？我无法回答您的问题。"或干脆报以微笑，不做任何回答。

⑥凡面对批评、指责，必须保持镇静，任何情况下不允许与客人争吵。酌情运用沉默、回避方式，转开注意力等对策处理。

⑦面对暴怒客人，首先要使其安静下来。最好办法请他坐下来，然后告诉他一定转告负责人，任何时候不许火上浇油，可敬奉一杯茶或者一杯饮料，以加强情绪的沟通和创造信任的气氛。

⑧凡客人表示赞扬时，必须有所反应，不许说"我不行"、"这算什么"等自负言语，也不许流露出得意的态度，而应该这样说"您过奖了"、"您这是对我的鼓励"、"承蒙夸奖，谢谢您"、"不用谢，这是我应该做的"等。

要求

①熟练掌握各种应酬技巧。

②牢固树立客人永远是对的观念。

第十章
安保部职能及岗位说明

安保部岗位职责说明

安保部消防主管岗位职责

①根据本岗位的特点完善和建立各项规章制度,根据实际情况和实际操作,制订消防预案,每周不少于一次检查制度及预案的执行和落实情况,对相应的不实际内容进行调整和补充。

②每天对消防中心工作实行检查,查看火警报警记录,了解处理结果。

③每周组织一次对消防隐患的检查,检查包括:灭火器材、安全疏散通道、安全指示标志、动用明火情况、公共区域的物品存放情况。并将检查中存在的隐患报告部门经理。

④每月对要害部门进行一次检查,检查的岗位的包括:配电室、热力机房、电梯机房、电话总机、消防水泵房。检查的内容:灭火器的配备使用情况,防火制度的落实及执行情况。

⑤向安保部经理汇报每次检查情况和主管消防部门的工作布置情况,向部门经理汇报消防隐患的排查和整改措施的落实情况。

⑥协助经理做好培训工作,使全店上岗员工知防火常识、知灭火常识、会报警、会协助救援、会逃生自救。在人力资源培训部的安排下对全店员工和新入店员工进行消防常识的培训。

⑦保证消防设施的有效和可靠,提前做好消防设施的年检工作。向工程部提出消防设备的改造计划及监控设备的改造计划。

⑧结合酒店的实际情况,充分利用酒店的宣教窗口进行消防常识教育和不同季节的防火要点,举办多样化的宣教活动,提高员工的防火意识和灭火能力。

⑨对要害岗位的防火档案进行管理,对配电室、电梯机房、热力机房、电话总机、消防水泵房等建立要害部位档案。内容有结构、高度、要害部门位置、消防设施的配备情况。

⑩搞好对外联络和协作关系。熟悉国家相应的法律法规,提高自身的工作能力。

安保部内保领班岗位职责

①安保部所有人员是酒店专职消防人员,任何情况下,听从部门的统一安排和调度。

②完善和健全内保组的管理措施。落实管理制度,对管理章程、措施要上墙。

③每天主持召开班前会,强调近期发生的事件及需注意的问题,布置主管安排的工作。严格执行各项规章制度。

④检查上岗人员着装、仪容仪表,严格按照酒店的要求着装上班。

⑤班前检查室内卫生,保持室内环境干净整洁,仪器、地面无浮尘。

⑥每天上班前查看上个班次工作情况记录,有问题及时部署、落实,完好保存工作记录,每日进行归纳整理并保存。

⑦熟知各类治安案件的预防措施和应急方案,并能灵活运用。

⑧负责对内保人员进行业务知识培训。

⑨随时在店内巡视,包括工地及楼层内,随时到监控室查看,通过监控来查巡店内的安全情况。如电器、电线的使用及工作操作是否按规定进行等。

⑩遇有各种恶性事件发生,及时控制并报告部门领导及公安机关,配合公安机关侦破。

⑪遇有重大活动、VIP 客人到店要布置并带领内保人员上岗执勤,观察周围情况,保证活动安全。

安保部内保岗位职责

①安保部所有人员是酒店专职消防人员,任何情况下,听从部门的统一安排和调度。

②注意本人仪容、仪表,严格按照酒店的要求着装上班。

③每日班前后进行交接班,严格交接班制度,认真听取交班人员的情况汇报,并查看班日志记录,有不清楚的问题当面问清,并补充记录方可交接班。

④班前检查室内卫生,保持室内环境干净整洁,仪器、地面无浮尘。

⑤当接到监控人员或巡楼警卫发现有客人长时间在楼层内走动、长时间停留在楼道内情况时,立即到现场查看情况,并询问此客人是否需要帮助,核实情况并通知监控室对其监视,如发现异常及时处理。

⑥当接到酒店管理处下发的协查通报时,先仔细阅读其内容,并立即发往相关部门查控,并要求收文者在发文本上签字,内保人员留一张存档备案。

⑦协助楼层服务员处理客人酗酒后闹事情况,如不听劝阻立即上报采取措施,防止客人闹事。

⑧协助服务员处理客人遗留物品,内保人员和大堂值班经理共同清点,记

录好物品清单各自签名,上报部门领导。

⑨协助处理楼层内各种突发事件,按照预案及时进行处理。

⑩内保人员对宾馆各区域进行巡视,注意观察可疑人员及异常情况。发现异常情况及时采取相应措施并报告,要求每45分钟巡视一遍。做好巡视记录。

安保门岗岗位职责

①安保部所有人员是酒店专职消防人员,任何情况下,听从部门的统一安排和调度。

②注意本人仪容、仪表,严格按照酒店的要求着装上班。

③每日班前后进行交接班,严格交接班制度,认真听取交班人员的情况汇报,并查看班日志记录,有不清楚的问题当面问清,并补充记录方可交接班。

④班前检查室内卫生,保持室内环境干净整洁,仪器、地面无浮尘。

⑤严格执行会客制度,对来酒店公干、会客人员主动问好,运用敬语,询问事由,与有关部门进行联系,征得同意后放行。

⑥阻止宾客、无关人员、非业务车辆进入宾馆职工区,保证出入口畅通。

⑦负责自行车棚的安全、服务、卫生工作。协助员工将自行车码放整齐,保证车辆不丢失。

⑧当班人在岗在位,每半小时巡查一次车棚。班中发现异常情况,向领班或主管汇报。

⑨工作中认真观察进出人员,认真查验外来人员的临时出入证。对来酒店的施工人员核验出入证,掌握施工人员出入酒店情况。

⑩不在室内存放易燃、易爆物品、个人物品,保持室内整洁。每班下班前30分钟,将室内(外)环境卫生搞好,填写交接班记录,至接班人到岗后交接完毕下班。

安保车场岗位职责

①安保部所有人员是酒店专职消防人员,任何情况下,听从部门的统一安排和调度。

②注意本人仪容、仪表,严格按照酒店的要求着装上班。

③每日班前后进行交接班,严格交接班制度,认真听取交班人员的情况汇报,并查看班日志记录,有不清楚的问题当面问清,并补充记录方可交接班。

④班前检查室内卫生,保持室内环境,干净整洁,仪器、地面无浮尘。

⑤上岗、巡视检查停车场所有车辆有无异常,有无被查控车辆。发现异常情况立即向领班或主管报告,发现被查控车辆立即采取措施。

⑥到岗后,与上一班人进行交接班,查看交接班记录,了解相关情况。

⑦注意发现停放车辆是否有漏油、损坏等异常情况,发现异常情况应及时

向领班或主管报告。

⑧工作中主动、热情为客人服务,指挥、协助司机按线、按序停车、行车。协助司机维护车场秩序。

⑨认真执行各项规章制度,对车场突发事件,能迅速报告上级,及时处置。

⑩巡逻岗维护车场秩序,发现可疑人员,立即带回安保部进行处置。维护车场正常秩序,遇重大活动,及时做好疏导工作。

⑪保证大型活动期间重要宾客的安保工作及大型会议、宴会的车辆进出、停放的指挥调度。

安保中控值班人员岗位职责

①接班时认真听取交班人员的情况汇报并察看值班记录,如有不清楚应当面问清,并补充记录。

②按消防控制中心值班制度,值班人员要坚守岗位,每班两人,24小时不间断值班,每隔一小时两人交换一次位置,值班人员应相互配合,不能擅离职守,如遇问题及时汇报并处理妥当。

③查看设备情况,确认设备运转正常(报警器、报警电脑、监控器、联动台等)。无疑问后方可接班。

④对消防设备设施,每天六次巡视检查,进行全面细致地检查,保证设备处于完好状态并做好记录。

⑤熟悉全店各部门所在位置,全店各楼结构,疏散楼梯、安全出口位置、数量,特别是对要害部门所在位置及其安全出口位置、数量级特点要熟悉。

⑥熟练操作火灾报警设备、保安监控设备、相关联动设备、现场控制设备,并熟练使用各种灭火器材、灭火设备、逃生设施和器材、救援器材,熟知器材使用要求、特点和规定期限。

⑦当保安监控发现异常时,立即向安保部的相关人员和所在部门报告,并做好详细记录。

⑧当出现火灾报警后,当班人员迅速携带工具、照明器材、通信器材及灭火器材赶赴现场,从接到报警至到达现场最不利点的时间不超过3至5分钟,对出警情况翔实记录。

⑨工作中发现设备出现故障要立即报修,对报修时间、维修结果做好记录。

⑩消防控制中心是酒店的要害部门,外部人员不得入内,如因工作需要,须事先得到安保部经理同意方可进入,并做好登记。

⑪每班交班前对录像带进行检查,需更换应做好时间记录,每台录像机换带时间不得超过10秒钟,所有录像带集中在回放系统中进行审查,以确保录像质量,并做好记录。

⑫消防控制中心任何工作内容不得对外宣讲,监控内容不准外人观看,如需要先征得安保部经理或宾馆的副总以上领导同意方可。

保安部概述、方针与原则

保安工作概述

随着社会的日益发展,来酒店消费客人的要求也在不断提高,已不满足于过去仅仅要求舒适、方便地享受各项酒店设施,客人们有了更高的要求,他们进而要求有"安全的娱乐消费环境"。

酒店保安部主要工作,就是为了满足客人在这方面的要求,为来消费的客人提供各项安全服务,加强客人在娱乐消费期间的安全感,从而维护酒店的良好声誉,协助营业部门开拓客源市场。

同时保安部也是落实酒店内部检察、管理的职能部门,坚决按酒店各项规章制度和各项安全准则的要求落实和开展相应的管理工作。

保安工作方针

以防为主,常备不懈。在日常工作中,对安全事故的防范要做足,尽量不要出现在事故发生后再处理的情况,恰当地实施预防行动或程序,将有助防止事故的发生。

保安工作的原则

安全寓于服务,外松内紧。要把握好保安工作原则,做到"内紧外松"必须遵循如下工作原则:

①坚持正常的工作流程,注意维护部门形象,处理问题时讲究策略和方法。

②要有整体的安全管理概念,消除少数人抓安全的观念。

③要充分用语言技巧和微笑服务,任何时候都不可盛气凌人。

④要有敏锐的触觉和对人物的快速反应能力,处理问题时必须有礼(理)有节。

⑤要做到打不还手,骂不还口,以自有威慑力,来征服客人,当然这主要针对不是来闹事的客人。

第二部分
酒店管理工作流程细则

内容提要

- 前厅管理工作流程
- 餐饮管理工作流程
- 公关营销管理工作流程
- 客房管理工作流程
- 人事管理工作流程
- 采购管理工作流程
- 财务管理工作流程
- 工程管理工作流程
- 康乐管理工作流程
- 安保管理工作流程

第十一章
前厅管理工作流程

前台散客入住办理流程

在办理散客入住程序之前,先要识别客人有无预订——抵店的客人可以分成两类:已办订房手续的客人和未办订房手续直接抵店的客人。这两类客人办理入住登记的过程不完全相同,接待员要首先识别客人有无预订。

①接待员应面带微笑,主动问候前来办理入住登记的客人,对他们的光临表示热情欢迎,然后询问客人有无预订。

a.如客人已办理预订,则应复述客人的订房要求,然后请客人填写登记表。

b.对于未经预订,直接抵店的客人,接待员应首先了解客人的用房要求,热情向客人介绍酒店现有的,可出租用的房间种类和价格,确认客人能够接受的房价、折扣、房间种类、付款方式和离店日期,设法使此类客人留宿酒店。

②填写欢迎卡,向客人介绍其用途并请客人在上面签字,如是自付的客人应写清楚房价和折扣率并请客人交付押金或绿卡。

③检查客人的登记表内容是否与证件一致,是否清晰、正确和齐全,最后填上房间的号码并签上接待员的名字。

④向客人介绍和推销酒店的服务设施和项目,询问客人是否需叫醒或其他服务。

⑤将钥匙交给行李员,安排引领客人进房并向客人致以祝愿语。

⑥如客人有电传、电报、传真、邮件、留言等,应在办理入住登记时一并交给客人。

⑦对于持订房凭证的客人,接待员应注意检查下列八个方面的内容:客人的姓名(旅行团号)、酒店名称、居住天数、房间类型、用餐安排、抵店日期、离店日期和发放订房凭证单位的印章。接待员应向客人解释订房凭证所列的内容并解答客人的疑问。

⑧将客人资料整理好并做好记录。

⑨将客人资料全部移交给财务部前台收银处。

前台散客退房办理流程

客人离店退房注意事项

①收银员向客人问好,收取客人钥匙卡,如钥匙无法归还收取客人赔偿。

②从客人房号的账夹中取出账单,打开电脑核对,并电话通知房务中心查房,并礼貌询问客人有无小酒吧消费。

③电话通知总机退房,查房完备后,汇总核算客人消费总金额后,打印出总消费单请客人签字确认,客人确认后,现金多退少补,并唱票。

④询问如何开发票,并耐心解答客人的有关问题。

⑤若发生客人拒付某项费用情况时,可请大堂经理出面一起协调解决。

⑥礼貌地向客人道别,并欢迎再次光临。

散客行李服务流程

引领客人办理入住手续

①行李员向抵店客人点头微笑以示欢迎,主动帮助客人从车上卸下行李,问清行李件数,同时记下客人所乘坐的到店车辆的号码(若有差错,即可根据记下的车号迅速查清行李下落)。

②引领客人到前台接待处办理入住手续并在客人的行李上挂行李牌,行李牌上填写日期、时间、服务内容、行李件数、车牌号(若客人搭乘出租车抵达酒店,要记录下车牌号)等。

③客人在登记时,应以正确的姿势站立在客人身后约 1.5 米处,替客人照看行李并等候客人登记完毕。

引领客人进房

①客人办理完入住手续后,行李员将房号记录在行李牌上,并从接待员手中接过房卡,引领客人进房。

②引领客人搭乘电梯:一只手按电梯键,门开后,先进入电梯,用手挡门,请客人进入电梯。

③进入电梯后,站在控制板的一侧,所携行李也放在同自己一侧的靠边位置,并向客人介绍酒店的服务设施。

④电梯到后,用手挡门,请客人先出电梯,然后跟上,引领客人到房门口。

送行李进入客房

①行李员待客人打开房门,得到客人允许后将行李送入房间。

②进房以后,将大件行李放在行李架上(行李架上行李不能重叠)或按客人要求放置。

离开房间

①客人若没有其他要求时,行李员向客人道别并祝客人在饭店过得愉快。

②向客人微微鞠躬后,倒退 2～3 步,然后转身离开房间,轻轻关上房门。

③回到行李房后,在散客行李进店记录上逐项登记清楚,内容包括:送至时间、客人房号、车号、件数、行李员签名。

前台团队入住办理流程

分团

①团队的房间尽量安排在同一楼层,方便办理退房查房。

②多数导游不喜欢和团队客人在同一楼层(尤其是韩团),分房的时候注意。

③如果团队是往返团,在第一次来时尽量安排房号与空间都较小的房间,返程的时候可安排房号与空间都较大的房间,以免客人觉得回程受到冷遇,造成投诉。

办理入住

①根据早班的分团单,与导游核对,给房卡。

②复印护照,根据护照数量登记早餐券。

注意事项

①导游或者领队的房费是自付的,在办理入住时就应收取。

②如果团队已经办理入住,是否可以临时增加房间(减少)房间或者改变房型? 要怎么做? 可以,但必须要告知销售部。

③如团队寄存护照记得写押金单,注明护照数量和保险箱钥匙号数。

前台团队退房办理流程

团队客人办理退房一般由夜班或者中班办理。如有没有导游联系方式,请向导游要一下。通常情况下,由夜班查看房间费用,核算预离团队的费用,做好团队离店准备。

①找到团队单据。

②团队客人陆续退房,呼叫楼层退房。如多数房间的房卡都已经给到前台,即可通知楼层统一查此团队的退房。

③如楼层查房中发现客房有物品损毁或者丢失,礼貌咨询客人原因,如语言不通,可向导游咨询,沟通中注意语言技巧,切忌伤客人自尊,如是客人方面原因而造成的损失,需向客人提出索赔,同时在杂项收费单上做好记录。

④楼层报查房结束后,查看团单中团队的费用是离店付清还是社付,如是离店付清,可向导游结算房费;如是社付,即可让团队离开。

⑤系统退房,在酒店系统中将团队成员逐一退房。

团队行李服务流程

接收行李

①团队抵达前一天,行李员根据前台提供的团队信息表填写团队行李登记表,写明团队名称、团队编号、房间数量、团队人数、抵达日期和离店日期等。

②当团队行李抵达后,由礼宾领班凭团队行李登记表与对方(托运公司行李员或团队巴士司机)核对团号(若出现双方团号不一致的情况而无法及时得到肯定时,可无需确认团号,先接收行李)。

③行李员将行李从车上卸下,清点数量并检查行李是否有破损,若有破损,应在登记表上注明,并请对方在登记单上签字,待该团队入住时,将此情况告知其领队。

④确认无误后,行李员在团队行李登记表上登记,包括行李抵达时间、行李件数、车牌号码(指托运行李的行李车车牌号,若行李随客人乘坐的巴士抵店,可省略)、礼宾领班签字、对方签字(托运公司行李员或巴士司机)。

⑤行李员将行李整齐摆放,用行李网罩将行李罩好并吊挂行李牌。

分拣行李

①行李员根据前厅接待处提供的预分房表分拣行李。

②将分好的房间号码清楚地写在行李牌上。

送行李进房间

①当客人入住后,礼宾领班应先询问前厅接待处该团队的房间分配是否发生变化,若发生变化应及时更正。

②确认房间分配无误而客人都已经进入客房后,行李领班视行李数量指派行李员尽快将行李送至客房。

③行李员将接近楼层的行李装上行李车推至楼层,开始递送。

④到达客房门口后,先将行李卸下放在门侧,然后敲门三下并自报身份。

⑤客人开门后,主动向客人问好,告知来意。将门固定住,把行李送入,待客人确认无误后方可离开。

⑥若客人不在房间,则先送其他房间的行李。待送完其他行李后再送一次。若还无人,带至行李房交领班处理。

行李登记

①行李员要记录下送入房间行李的准确数字,将该数字汇总到礼宾领班处。

②礼宾领班核对送入房间的行李总数与实际收到的行李总数是否吻合并将其准确地填写在团队行李登记表上。

③礼宾领班将团队行李登记表交团队领队或陪同确认,请其签字。

④最后礼宾领班在团队行李表上签字并归档。

顾客遗留物品认领服务流程

发现遗留物处理程序

①在酒店客房范围(客房、楼层区域)内发现任何遗留物品时应立即致电客房中心,无论是否是贵重物品,都应交客房中心登记并保管。

②如在客人退房时发现房间内有遗留物,应第一时间通知前台告知客人有遗留物品,让楼层服务员及时送至前台。在楼层交接遗留物的时候一定要作好遗留物的领取记录,签名确认。

③在客人已经离店或未清楚遗失物品失主时,需将物品交与客房部存放,并做好交接班,签名确认。

④若有客人遗留物品,而客人已经离店,服务中心登记内容,如下:

a. 物品特征(颜色、尺寸、数量等)。

b. 拾获时间、地点。

c. 拾获者姓名、所属部门。

⑤若客人回酒店询问是否有遗留物品时,由客房部还有前台共同处理。

失物处理程序

①前台设法通知失主,信件副本连同记录入档案,并按物品种类存放好。

②物品如未能交还失主,由客房中心文员登记保管。

③如客人询问失物,经查实无疑时,陪同客人前往客房中心领取,切勿让客人自己前往客房部认领。

④若是贵重物品,由客房登记造册并存放于指定地点。

失物认领程序

①如客人前来酒店认领,让其描述该物。前台与客房中心核对无误后,通知客房部并带失主到客房部认领,最后请失主在登记本上签名确认。

②如认领人非失主,需请认领人出示认领授权凭证或与相关人员联系,并登记认领人的有效证件,最后请认领人签名确认。

③如客人来函报失,经查实后由行李生委托快递公司把该物寄回给失主(通常是对方付费),邮寄的单据需存档备查。

遗留物过期无人认领

①一般物品 3 个月后无人认领即归拾获者所有。如未开封的丝袜、化妆品、小礼品等。

②药物。2 周内无人认领一般请示客房部经理后方可弃之。

③水果、食品、酒水。2 天后无人认领,一般归拾获者所有或弃之。

④衣物、贵重物品、酒类半年后请示经理处置。

迎宾服务流程

准备工作

①迎宾员根据上岗要求着装整齐,提前到。

②与交岗人员进行工作交接并仔细阅读当班工作记录。

迎接客人

(1)迎接散客

①车到酒店正门口,迎宾员应及时走上去举手示意,待车停稳后,上前打开车门,左手拉车门,右手护顶,僧人、伊斯兰教徒、佛教徒注意不要护顶。

②对携带小孩的客人或女性客人,要加倍留心,协助其安全下车。

③为了方便客人下车,要尽量大幅度地打开车门并保持该状态,直到客人从车中出来。

④迎出客人后,要向客人问候,并立即叫行李员。

⑤如果客人的行李及随身物品较多,应帮助客人从车中把行李卸下来,并请客人确认行李物品的件数。

⑥等客人确认完行李的件数后,应迅速扫视车内,确信没有物品遗忘于车上,然后轻轻关闭车门并示意司机将车开走。

(2)迎接参加宴会、会议的客人

当迎接因参加宴会、会议等而来酒店的客人时,应特别细心,需快速记住来客姓名及所乘车辆的车牌,尤其要留意泊车及叫车事项,确保万无一失。

(3)迎接团队客人

①当看到载有团队客人的车辆驶过来时,应立即同行李员取得联系,让其做好搬运行李的准备。

②将装载团队客人的大型车辆引导到不妨碍其他车辆出入的位置。

送别客人

①客人离店时,迎宾员应为客人叫来等候的出租车。

②如客人行李物品多,应协助客人将行李物品装上车,放入机车行李箱盖内的行李应请客人确认件数。

③在客人完全进入车内之前,应持门等客人进入车内并确认客人的外套等衣物是否落在车体外。如有问题则提醒客人整理好,确认后关闭车门。

④在送别客人时,要向后撤离车体两步,然后致注目礼。

来访人员登记流程

①需要进入客房的来访人员,经服务员认真查验来访者的身份,并填写"来访人员登记表",征得被访人同意后,准予进入客房会客。没有有效身份证明的,不准进入客房会客。

②来访人一天内多次来访同一住客,经查验证件无误,不用再重新填写"来访人员登记表",其第一次来访登记表"备注"栏内注明来访次数和来访、离访时间。

③来访人员离访时,要在"来访人员登记表"的"来访时间"栏内准确填写时间,来访人员离访时,住客没送行的,服务员应及时查看被访的客房。

④酒店内不同楼层住客互访,持有本店住宿凭证的,可免填来访登记,但服务员必须作互访记录。

⑤举行会议,如主办单位有相应安全防范措施并征得酒店保安部门同意,来访人员可不需要登记。

⑥晚上 23 时至次日 7 时,来访人员不准进入客房访客。

总机叫醒服务管理流程

叫醒服务是一项十分重要的服务,它的好坏会关系到酒店的利益和名誉。

叫醒流程

①当总机员接到客人需要叫醒服务时,应礼貌地询问客人的姓名及房号。

②查核人名资料架(单)内的房号及姓名与住客所说的是否相符。

③把住客的房号记录在叫醒服务表的"叫醒时间"下,如住客希望在早上 5:00 被叫醒,总机员便把该客人的房号记录在表上"5:00"一栏下。

④填写房号应字体清楚,以防夜班总机员把房号看错了。

⑤夜班总机员要根据叫醒表把住客准时叫醒。如住客的叫醒时间被弄错，使住客误点（火车、船、飞机），会导致酒店蒙受损失；如果错误骚扰别的客人，更会令客人不满。

⑥做完了每一个房间的叫醒服务，应在房号旁打钩（√），以示已做过叫醒。

⑦当客人接听电话后，应说："早上好，先生，这是叫醒服务，现在是××点钟了。"（电脑自动叫醒程序另外）。

⑧夜班总机员交班前，要在叫醒记录表上签名，并交总机领班或总台主管查阅跟催。

注意事项

①如果打电话进房间时客人直接挂断或没人接听，可以继续拨打。两次过后还是如此，则需要服务员敲门进房间叫醒，一般需要安保人员和值班服务员一起到场。

②如果敲门客人有回应，则向客人说明事由（具体用语和打电话一样）。

③如果敲门没客人回应，这时需要服务员开门进房间，进房间时需要轻声，动静不要太大。进房间如果看到客人已离开，须反馈给办公室或总机。

④如客人还在睡，看到是男客人，则男服务员轻推客人，说明事由；如果有女客人，则换女服务员叫醒。

⑤如客人打反锁叫不醒，应立即通知大堂经理处理。

第十二章
餐饮管理工作流程

餐厅预订服务流程

班前准备

清理区域卫生，检查电话是否正常，准备好预订本，铅笔、橡皮。

接听电话

在电话铃声响 3 次之前必须接听电话；假如在电话响 3 次以上才接听电话，必须向客人道歉。

问候

接听电话，音量适中，语音甜美："早上/中午/晚上好，您好，××餐厅××为您服务……"

记录客人信息

如客人订餐，要详细记录客人姓氏、单位、电话、人数、日期、时间，客人特殊要求，复述以上信息，并及时登记在预订本上；若预订已满暂时不能预订，应礼貌地向客人道歉，并留下客人电话，以便在出现空位或空房间时能够及时联系客人；客人前来预订，预订员应热情、礼貌地接待客人，记录所有信息，回答客人提问，若客人要求，可带客人参观包房；如客人自停车场进入餐厅，而且无预定，这时由楼面主管通过对讲机为客人联系预订台，根据宾客人数及餐厅当时预订情况做出合理安排，并将宾客引领至卡座或包房。

道别

态度恭敬、面带微笑："谢谢您的预订，我们将期待您和您的朋友光临，谢谢，再见！"或"祝您用餐愉快，事业顺利。"

确认预订

从客人预定时间前 2 个小时开始，电话确认客人是否按时到店，若有变更，及时传递相关信息，以便合理安排房间（并询问客人是否需要再次发送订餐信息），确认预定时，主动提供餐厅所在地理位置，以及周边交通工具的具体情况。

通知预定

在每日班前会之前，将该餐段预定情况和客人特殊要求，以书面形式通知楼面。

VIP 预定

VIP 客人预定至少提前 1～2 天通知楼面及厨房做好各项准备。(预留车位,专职点菜师,专职服务员,菜品绿色通道,特殊注意事项,比如饮食习惯等,经理级以上人员亲自迎接,客户跟踪回访,送健康礼品,新菜免费品尝权,其中主管级以上人员巡台不少与 4 次,并亲自参与服务。订制服务,明确满足 VIP 客户房屋条件需求。)

注意事项

①对客人的特殊要求不知能否满足时,"对不起,我立即确认,马上答复您,请稍等。"(回答客人话语时,要让客人感觉到员工是急迫想给顾客解决问题为原则),对于由于满座而不能预订的客户,道歉并加以特殊关照。

②严格按照电话接打制度接受预订,一定要使用"十字"用语(您,您好,谢谢,再见,请稍等)。

③要掌握预定情况,做好交接,不得重复预订和超额预订。

餐前服务流程

问候客人

(1)有引领员的情况

①问客人表示问候"晚上好(中午好),欢迎光临"。

②将客人领至餐桌,询问客人有无疑义,如有疑义,则联系人重新安排。

③拉椅让座,协助客人入座,遵循先宾后主,女士优先的原则。

④如遇客人脱帽宽衣,应为客人挂好衣帽、放好包具。

⑤如遇带儿童的客人前来就餐,请客稍等,准备儿童椅。

(2)无引领员的情况

①问候客人致欢迎词。

②询问客人是否有预订,如有预订迅速核对;如无预订,则应询问客人用餐人数,迅速与大堂联系,安排餐位。

③其他与有引领员的情况一样操作。

问茶

询问客人所需茶水(如绿茶、凉茶、姜茶、菊花茶、龙井茶、铁观音等),为客人泡好茶后,依次从客人右侧上茶盅,不要将茶滴落到客人身上或洒落在台布上。

①用小毛巾托住壶底,防止滴漏。

②女士优先,先宾后主。

③斟茶八分满即可。

④斟完茶加满后,壶底下垫骨碟再上桌。

增减餐位

值台员视客人人数进行餐位调整,增摆不足的餐、酒具或撤去多余的餐、酒具,注意使用托盘轻声操作,如遇外宾不习惯使用筷子则为其提供刀叉。左手用餐的宾客将餐具调整左方(筷子、筷架、醋碟、翅碗对调)。

铺餐巾,撤筷套

从主宾开始,打开餐巾花,右手在前,左手在后,将餐巾一角压在餐碟下。同时,为客人撤下筷套,应注意手拿筷子尾端,再轻轻放回到筷架上,如客人自行打开餐巾或撤去筷套应向客人道谢并撤走筷套,撤完所有席位后应撤走桌上桌号牌及其他装饰品,放工作台上;如有儿童用餐,要按客人的要求帮助儿童铺上口布。

调味品(如酱、醋)

左手托盘,右手拿起酱醋壶,从客人的右侧为客人斟倒,且斟倒至味碟 2/3 处即可,切忌十分满或溢出。

香烟服务(吸烟区)

①从客人订单,到为客人提供香烟服务,不应超过 5 分钟。

②将准备好的香烟用托盘送到客人餐桌前,然后放在主人餐具的右侧,间距 1～2 厘米。

③客人要抽烟时,立即上前站在客人右侧为客人点烟。

④点烟时,火柴要朝向自己,当火苗稳定后,再为客人点烟,注意距离。

⑤在吸香烟的宾客前放一个烟灰缸。

餐中服务流程

报名服务

准备就绪,站在副主宾及副主人中间,面向主宾及主人位,稍带微笑,两手交叉放前腹致"中午或晚上好,各位来宾,非常高兴由我为各位服务,我叫××
×,工号×××,希望各位就餐愉快"。

酒水服务

①服务员要手持酒水单走向主人位置,递上酒水单,请其点酒水,并作适当介绍,完毕后复述一遍,以示确认。

②持托盘到吧台,注意写清服务员姓名、客人人数、台号、日期。填写酒水单,领取客人所需酒水,并认真检查,如商标是否干净,有无破损,酒水有无变

质等。

③从主宾开始,逐一确认酒水品种,顺时针服务,牢记每位客人所点用的酒水品种,用托盘逐一斟倒。

④斟酒完毕,征询客人意见撤走茶盅,如客人要保留茶水,则满足客人要求,但要随时主动为客人更换水杯并添加茶水。

征询顾客意见,通知上菜

注意语言,规范用语,如"您好,传菜部,我是××包厢×××,请帮忙上菜",再轻轻挂上电话。

菜肴服务

①餐前小吃,可由客人亲点,也可按通常顺序安排。

②传菜员托送菜肴走到门口敲门时,应快步上前接应,并检查菜肴与客人所点是否一致。

③上菜时应说:"对不起,打扰一下",以提醒客人防止碰撞而发生意外。

④菜肴上桌后,转至主宾位置,报上菜名,必要时应介绍菜肴。

⑤如菜肴有调配料,应先上调配料再上菜肴,摆放菜肴时,注意形状,颜色搭配,上贝壳类、虾蟹类及时跟上洗手盅,盅内盛放温水,以解腥腻。

⑥若桌面上菜盘较多而使下一盘无法放下时,应征求客人意见后,大盘换小盘或分派给客人,再上下一道,切不可叠盘上。

⑦如遇汤羹、面条或可分菜肴时,应尽量主动为客人分派。分菜时,件数要均匀,并有少量剩余,以便客人另加。

⑧所有菜点上齐后应礼貌告知客人:"您的菜上齐了,请慢用。"

撤空盘

应随时将桌面上的空盘撤至工作台,并调整桌面盘碟的位置。

撤换烟缸(吸烟区)

①当烟缸中有三个或三个以上烟蒂时,应为客人撤换烟缸。

②撤换烟缸时,应左手托盘将干净的烟缸整齐叠放在托盘内,行至需撤换餐桌旁,轻声说:"对不起,打扰一下"以提醒客人。

③撤换时,烟缸中若有半截未熄灭的香烟,须征得客人同意后方可撤换。

水果服务

①客人基本停筷后,换上干净的骨碟,带上水果叉并送上水果,并致"这是本酒店赠送水果,请各位品尝。"

②上水果前,用托盘为客人更换毛巾。

③征询客人是否需要茶水,如获肯定答复后则按要求提供菜水服务。

④如遇高档宴请客人,可在水果后赠送咖啡,并撤走所有多余餐盘。

结账服务

①检查账单。

②收款找零：及时将账单放收银夹中，从客人右侧面递至买单者面前，客人付款后，将账单和现金一起送到收银台，然后将找零和发票一起交给客人，交向客人致谢。

③签单：如客人要求签单，则礼貌地要求其出示签单卡或将签单客人引领至收银台核定签单，并确认有效后，送上账单和笔，签后表示感谢，再将账单交到收银台。

④如果是信用卡结账，需要请客人出示有效证件并签字，与信用卡的签字一样，再将客户联给客人，收银联交收银台。

送客服务

①当客人就餐完毕起身离座时，服务员应拉椅子送客。

②礼貌提醒客人不要遗忘随身物品，询问客人是否需将没吃完的菜肴打包带走。

③送至包厢门口，礼貌道别，并致"欢迎下次光临"。

④存酒服务，要求填写存酒单，记录存酒档案。

收台服务

①检查台面等有无客人遗留和损坏物品，若有遗留物品，则迅速返还给客人，如已无法追还，则上交本区域部长统一交大堂副理处登记保管，若有损坏物品，及时报告收银台或上级领导。

②迅速按要求重新摆台，以便迎候下一批客人到来。

餐后工作流程

①客人离开时，主动提醒客人带好随身的物品，并迅速的检查一遍，将客人送到大门口交给领位。

②客人离开的第一时间关掉空调、电视、灯具等，只保留照明灯。

③收餐要迅速、整齐，注意轻拿轻放、大小餐具分类摆放，避免破损。

④先收玻璃器皿、杯子、口布、小毛巾等，骨碟、翅碗、小汤勺、贵宾筷子、展碟等分类收拾。

⑤剩余的酒水饮料交回部长登记后回吧台。

⑥收餐时注意大的放在下面、小的放在上面，以免破损，收入收餐筐时要适量，不可超量或挤压摆放。

⑦撤下台时应小心，避免打破转盘，大的转盘可请同事帮助。

⑧按摆台标准进行下餐的摆台工作。

⑨清洗玻璃器皿等餐具。

⑩整理周围的环境卫生,比如沙发、茶几、电视柜空调等,保持干净整洁。

⑪清理餐柜,补充适量的餐用具、餐巾纸、牙签等服务必须物品。

⑫根据餐前准备细分标准打扫整体卫生。

⑬上交客人的意见表,并向上级汇报值台中客人反映的服务及菜品的意见和建议。

⑭汇报部长,检查合格后协助其他员工完成收尾工作。

酒店房内上菜服务流程

①送餐服务员从电话接听员窗口取出宾客订单和账单,在订单上打出取单的时间。

②将入厨房的一联交给厨师长,以便准备菜肴。

③迅速根据订单准备托盘或送餐车,将各种必要的餐具、用品、调料全部按规定摆好后,还需彻底检查。

④将订单另一联夹在托盘或送餐车上,让领班或经理检查准备情况。

⑤送餐服务员在房间日常检查表上填写房号、时间等项目。由房内用餐部经理控制服务质量,了解第一手资料。

⑥将准备好的食品、饮料送到楼层,采取一切措施保证热或冷的食物、饮料热供应。

⑦进房前先核实房号,然后轻轻敲门或按门铃,同时道:"客房服务",敲门不要太急,一般敲三下后,稍事停顿,如果没有反映,再敲三下或按门铃,再说:"客房服务。"

⑧进门见到宾客应微笑问好,在摆放前需征求宾客意见,按宾客意图摆在适当位置。

⑨如果是用餐车送餐,应首先固定送餐车脚闸,将餐桌的两边支平,把椅子摆近餐桌,然后告诉宾客菜肴放在什么位置、配什么调料等。服务员要熟记菜单的内容,随时回答宾客疑问。

⑩帮助宾客开酒瓶,询问宾客还有什么要求。

⑪在宾客不需要更多服务时,递上账单请宾客签字,签完后交一联由宾客保管。

⑫离开前向宾客道谢,祝宾客用餐愉快,并问清宾客需要何时收台。

⑬服务员在送完餐后,应迅速返回房内用餐部,将客人签好的账单交给账

台入账。如果宾客付现款,则在返回后立即向账台报缴。

⑭递交账单后,在检查表上填写返回时间、何时收台,以保证及时回收餐具等设备。

⑮服务员在收餐具时,要注意擦拭放托盘桌子上的脏东西,保持客房内的清洁卫生。从房内收出的餐具要清点,及时检查缺损,及时送洗,不可滞留于楼层之内。

餐厅上菜服务流程

①上菜位置在或副主人右边,在零点上应灵活掌握,以不打扰客人为宜,但严禁从主人和主宾之间上菜。

②上菜应按照顺序进行,要先冷后热,先高档后一般,先咸后甜。

a. 宴会在开餐前 8 分钟上齐冷盘,上冷盘的要求:荤素搭配,盘与盘之间间距相等,颜色搭配巧妙;所有冷菜的点缀花垂直冲向转盘边缘,入座 10 分钟后开始上热菜,并要控制好出菜和上菜的节奏。

b. 客人点了冷菜应尽快送上,点菜 10 分钟时要上热菜,一般要在 30 分钟内上完。

③上菜的操作要求:

a. 上菜时应用右手操作,并用“对不起,打扰一下”提醒客人注意。将菜放到转台上并顺时针转动转台,将所上的菜,转至主宾面前,退后一步,报菜名。

b. 上菜要掌握好时机,当客人正在讲话或正在互相敬酒时,应稍微停一会,等客人讲完话后再上,不要打扰客人的进餐气氛。上、撤菜时不能越过客人头顶。

c. 上特色菜时,应用礼貌用语“各位来宾,这是特色菜×××,请您品尝并多提宝贵意见”。

d. 菜上齐后应礼貌告知客人。

e. 上菜要注意核对台号、品名,避免上错菜;上菜的过程中要随时撤去空菜盘,保持餐桌清洁、美观。

④上菜的注意事项:

a. 先上调味品,再将菜端上;每上一道新菜都要转向主宾前面,以示尊重。

b. 上菜前注意观察菜肴色泽、新鲜程度,注意有无异常气味,检查菜肴有无灰尘、飞虫等不洁之物;在检查菜肴卫生时,严禁用手翻动或用嘴吹除,必须翻动时,要用消过毒的器具;对卫生达不到质量要求的菜及时退回厨房。

⑤分菜服务,在宴会和零点服务中,有些菜需要分派,服务要求如下:

a.分菜前先将菜端上桌示菜并报菜名,用礼貌用语"请稍等,我来分一下这道菜",然后再进行分派。

b.用勺子分菜时,左手托菜盘,右手拿分菜用的勺子,从主宾左侧开始,按顺时针方向绕台进行,动作姿势为左腿在前,上身微前倾。分菜时做到一勺准,不允许将一勺菜或汤分给二位客人,数量要均匀,可将菜剩余 2/10 再装小盘然后放桌上,以示富余。

c.分汤及一些难分派的菜时,可用旁桌分菜法。在工作台上摆好相应的餐具,将菜或汤用分菜用具进行均匀分派;菜分好后,从主宾右侧开始按顺时针方向将餐盘送上,注意要将菜的剩余部分,换小盘再上桌。

d.服务员分菜时要注意手法卫生、动作利索、分量均匀;服务员在保证分菜质量的前提下,以最快的速度完成分菜工作;带佐料的菜,分菜时要跟上佐料,并略加说明。

⑥下面几种菜的分派要做到:

a.拔丝菜:用公筷将甜菜一件件夹起,随即放在凉开水里浸一下,再夹到客人盘碗里。分的动作要快,即上即拔、即浸即食。

b.肘子:用公筷压住肘子,再用刀将肘子切成若干块,按宾主次序分派。

c.鱼要先剔除鱼骨,待鱼汁浸透鱼肉后,再用餐刀切成若干块,按宾主的先后顺序分派。

西餐服务工作流程

餐厅电话预订

①电话铃响不能超过三声。

②接听电话首先用英文问好,如遇对方没有反应,即用中文问好。

③在接受订座时,必须登记客人姓名、人数、就餐时间、房间号码等及特殊要求。

迎接客人/带位:

①询问客人就餐人数后,礼貌地将客人带到客人满意的餐台前,并询问就餐人数。

②带客时应走在客人前方约 1 米处,且不时回头,把握好客人与自己的距离。

③离开前,向客人说"慢慢享用"。

拉椅让座

①站在椅背的正后方,双手握住椅背的两侧,后退半步,同时将椅子拉后

半步。

②用右手做一个"请"的手势,示意客人入座。

③在客人即将坐下的时候,双手扶住椅背两人侧,用右膝盖顶住。

④拉椅、送椅动作要迅速、敏捷、力度要适中,不可用力过猛,以免撞倒客人。

铺席巾

①按先女士后男士,先客人后主人的次序顺时针方向依次进行。

②站于客人的右手边拆开餐巾,左手提起餐巾的一角,使餐巾的背面朝向自己。

③采用反手铺法,即手右在前,左手在后,轻快地为客人铺上餐巾,这样可避免右手碰撞到客人身体。

推销餐前饮品

酒水员或厅面领班向客人推销饮品。

上餐前饮品服务

酒水员在客人右侧上餐前饮品,并报上饮品名称。

上面包、牛油

①牛油碟放于面包碟正上方约1.5厘米处。

②备饭匙、大叉各一支,置于面包篮的一端,饭匙柄、叉柄向右,面包篮里备好各款面包。

③面包服务按逆时针方向进行。

④面包篮递送位置要恰当,不可过高或过低。

⑤每服务完一位客人要将饭匙和大叉放回篮子里,同时后退一步再转身去为下位客人服务,千万不可将面包篮直接从客人头上绕过去。在服务另一位客人时再拿起饭匙和大叉。

递送餐牌

①领班从客人的右边送上餐牌,须将餐牌打开至第一页,送至客人手中;向客人介绍当日特色菜。

②让客人考虑片刻,再上前站在客人的左边为客人点菜,按逆时针方向进行。

③按女士优先,先宾后主的原则为客人点菜。

④点菜结束离开前须感谢客人。

撤下餐前饮品杯具

如客人仍未喝完,则须等客人用完后再撤走。

送上酒单介绍餐酒

①酒水员从客人的右边送上酒单,并根据客人所点的食品主动推销红、白

葡萄酒。

②用一条餐巾垫在瓶身下,右手握住瓶身上端。

撤换及摆放餐具

①用一个圆形的头盘盘子,上面放上一条折叠好的干净餐巾,将准备好的餐具放入餐巾中。

②撤换餐具时应先撤一支,再摆放一支。

③撤换餐具时不可将客人所要用的餐具全部一次性摆上台,而应在下一道菜未上前及时撤换一套相应的餐具。

上菜

①上菜在客人的右侧进行。

②上配料汁酱、柠檬、面包片、沙律汁、胡椒粉等,从客人左边进行。

③上菜时,重复客人所点的菜式名称。

④将每道菜观赏面或主菜朝向客人。

⑤上菜完毕后再一齐揭开菜盖,并请客人慢用。

巡台

①添酒:酒杯里的酒不能少于1/3,如酒瓶已空,要展示给客人看,待主人认可后方可将空瓶收走。

②添冰水,水杯里的水少于1/3时也要添加。

③添牛油:如客人还在吃面包,而牛油碟里的牛油已少于1/3时可添。

④添面包。

⑤更换烟灰缸:烟灰缸内不能超过两个烟头或烟灰盅内已有许多杂物。

⑥撤空饮品杯,并推销其他饮品。

撤餐碟

①在客人右侧进行。

②要等到整桌客人均吃完同道菜后再起撤掉餐碟,不要在客人未吃完时,便先撤掉吃完的客人餐具,这样就如同催促未吃完的客人。

③按顺时针方向撤盘子。

清洁桌面

①客人用完主菜后,除水杯、烟灰缸、茶瓶、蜡烛座外,应将餐桌的其他餐具撤下。撤餐具按顺时针方向进行。

②一手拿一个甜品盘,一手拿一块叠好的干净餐巾,按逆时针方向在客人的左边清扫桌面。

推销甜口、咖啡、茶

在客人右边送上甜品单,同时推销时令水果、雪糕、芝士、咖啡、茶等。

推销餐后酒

酒水员将餐后酒车推至桌前,推销餐后酒。

结账

①准备好账单。

②在主人的左手边递上账夹,然后略后退。

③结账后须向客人表示感谢。

送客

①当客人即将离座时,应及时上前为客人拉椅,并把客人送至餐厅门口,感谢客人的光临。

②客人离开后,清洁餐桌,检查桌底是否有客人遗留物品,将餐椅摆放整齐。

③更换桌布,重新摆位。左手托住瓶底,站在主人的右边将酒递给主人鉴赏,并请主人确认。椅背,手和脚同时运用将椅子轻轻往前送,让客人不用自己移动椅子便恰好入座。

第十三章
公关营销管理工作流程

公关广告策划服务流程

拟订广告策划草案

①公关主管根据酒店的市场计划和目标拟订广告策划草案(包括市场调查与预测、广告战略和策略、宣传媒体的选择以及费用预算等),报公关营销经理审批。

②公关营销经理审批通过后,广告策划专员开始组织实施广告策划方案。

实施广告策划方案

①公关主管组织市场调研专员、广告策划专员根据广告策划方案开展市场调查,对酒店的营销环境、消费者、酒店的产品及服务、竞争对手的营销状况、企业及竞争对手的广告进行分析。

②根据市场调查的结果和酒店的营销计划,公关主管确定广告的目标和主题并构思出广告创意。

③将广告创意交给广告公司,请其将广告创意具体化、直观化、形象化,进行广告文字及广告画面的设计、绘制、拍摄及配制音响、音乐,最终合成为广告成品。

④将设计正稿交给公关营销经理、总经理审批,审批同意后正式开始制作。

⑤联系有关媒体,选择广告媒体时应着重于媒体的知名度、发行量、读者群、媒体风格以及传播渠道、手段和媒体报价等因素,落实发布广告具体事宜。

广告效果评估

①广告发布后,广告策划专员要从广告销售效果和广告本身效果两个方面进行广告效果的评估。

②通过对广告效果的评估,公关主管总结此次广告策划的经验和不足,为下一次广告策划提供有效的信息。

新闻发布会组织服务流程

拟订新闻发布会实施方案

①公关主管拟订新闻发布会实施方案,确定新闻发布会日期、地点、新闻

点、组织者与参与人员（包括广告公司、领导、客户、同行、媒体记者等）、会议议程、预算等内容，报公关营销经理、总经理审批。

②公关主管根据意见修改方案，审批通过后开始实施。

准备工作

①公关处按照邀请名单发送邀请函和请柬，确保重要人员不因自身安排不周而缺席发布会。

②回收确认信息后，制订出详细的参会名单。

③通知前厅、餐饮部等相关单位按照新闻发布会实施方案做好接待准备。

④准备纪念品，设计新闻发布会背板、横幅、标牌、指示牌等。

⑤布置会场，确保桌椅、音响、放映设备等准备齐全。

⑥确定新闻发言人，准备好发言稿。

⑦准备发布会新闻稿。

⑧正式发布会前一到两个小时，检查一切准备工作是否就绪。

接待工作

①与会人员到场后，公关处工作人员引领其入座并分发新闻稿。

②发布会期间，公关处美工适时进行拍照。

③公关处可选择重点媒体记者进行沟通，必要时安排其进行独家采访。

④公关处为与会人员安排工作餐并发送纪念品。

会后工作

①发布会结束，公关处送与会人员离开，必要时安排送客车辆。

②公关处与记者保持联系，追踪媒体报道情况，上报酒店领导。

③整理发布会音像资料、收集会议剪报，制作发布会成果资料集（包括来宾名单、联系方式，发布会各媒体报道资料集，发布会总结报告等），作为酒店公关营销部资料保存，并可在此基础上制作相应的宣传资料。

实地拜访客户服务流程

约定时间、地点

①销售专员检查参观场地（客房、宴会厅等）和其预订情况，避开出租率较高的日期、客户结账的高峰时期和酒店其他活动的高峰时间。

②与客户约定一个方便的时间和方便的地点。

准备工作

①销售专员通过前台查找合适的客房或大厅并准备好钥匙，告知前台客户的姓名或客户名称及约定的时间、地点。

②事先对客户所要经过的地点进行检查,检查内容包括:客房是否有人居住且清洁整齐,大厅桌椅是否摆放有序,走廊内是否有杂物堆放等。

③制订客户参观的行程并准备好酒店的宣传资料、个人名片等物品。

参观过程

①销售专员预计客户的到达时间,带好准备的资料到指定地点迎候。

②销售专员向客户了解时间安排,介绍此次的行程安排并分发宣传资料。

③在参观过程中,销售专员应多征求客户意见并根据客户的需求进行即时调整。

④销售专员带领客户参观客房时,应按照从低档到高档的顺序进行。

⑤应告知客户紧急出口、照明灯、灭火设备、烟感探测器等的位置。

⑥销售专员进房间之前应先敲门,确认房间无人后才可开门。

⑦参观房间时,销售专员带领客户先从窗外开始,介绍一些户外景色及重要建筑,再按顺序介绍房间内各种设施的特点及客户应能从中得到的享受,离开房间时,介绍门镜、门链及开关的位置等。

⑧参观客房结束之后,在前往宴会厅之前,销售专员要一并介绍康乐部的休闲娱乐项目、酒店的酒吧、咖啡厅等其他服务设施。

⑨在参观过程中,若遇到各岗位的主管,应向客户介绍他们,请他们向客户介绍各自设施的特点。

⑩到达宴会厅后,销售专员向客户介绍场地的形状、大小及租金等内容,对客户提出的意见和建议及时做好记录。

⑪参观即将结束时,销售专员要询问客户今后是否有合作的机会,尽量与客户建立长期往来的关系或签订合作协议。

送别客户

①参观结束后,销售专员向客户致谢并询问是否有其他要求,礼貌送客户离开。

②销售专员整理访问资料,写出销售工作报告,做好下一步跟进该客户的措施和计划。

销售合同签订服务流程

洽谈合同

①销售专员全面了解客户情况并主动拜访客户,向其介绍酒店的情况。

②如客户预订,销售专员应与客户就双方合作义务、责任与价格达成共识。

制作合同

①销售专员根据洽谈结果草拟合同,其中应包括合同执行日期、地点、房间

和租用条款的描述,承租人的目的,租金付款方式,承租人的义务等,报销售主管、营销部经理审批。

②审批同意后,销售专员将合同草稿制作成合同文本。

签署合同

①销售专员将合同递交销售主管及部门经理签批盖章后,由合同承租人签字盖章。

②合同签署后,双方按照合同约定执行。

合同存档

①销售专员按酒店有关规定建立合同台账登记。

②销售专员将合同正本送财务部,合同副本送交前厅部,本部门留底存档。

销售拜访工作流程

①酒店销售人员每月事先拟订当月的"业务洽访计划表"。

②每人每月外出销售拜访客户不应少于 120 个。

③通过新闻媒体、网络、行业协会等各种途径收集公司资料并选择目标客户,分析列出重点及普通客户名单。

④尽可能详细地掌握所拜访客户的相关资料,如姓名、性别、职务及兴趣爱好等。

⑤电话预约洽访时间并拟订好洽谈的提纲,尽量出去一次能拜访三位以上的客户。

⑥销售拜访时注意仪容仪表,要求穿着职业装,端庄整洁、大方得体。

⑦销售拜访时必须带齐客户档案资料、酒店简介、酒店宣传册、特别推广单、图片册、价格表、销售访问报告、名片、记事本等。

⑧与客户洽谈时保持良好的精神状态,热情谦和。

⑨与客户见面时应先递上自己的名片并问候对方,然后直截了当说明拜访目的并递上事先准备好给对方的宣传材料。

⑩介绍酒店产品,突出自身产品的优势和特色。注意适当控制谈话方式及语速,尊重对方的谈话兴趣,尽量让对方多开口介绍它的公司或个人的兴趣爱好等。

⑪注意倾听,通过合适的方式加强与对方的沟通。

⑫如有预订,立即落实;如有投诉,应认真记录,返回后按程序上报,并把结果通报对方;如有可能发生的预订,记录在日历表上,并在预订之前适当时间联络跟进。

⑬每一客户洽谈完毕,应做好洽访工作情形报告,并填写"业务报告表",其内容包括:日期、公司名称、洽访人姓名、地点及内容、其他重要事项、酒店销售代表签名等。

⑭对拜访过的公司,第二天必须打一个电话或发一个传真表示感谢。

⑮新签约客户资料要完整的转交给部门文员,建立客户资料档案。

电话销售工作服务流程

①了解及熟悉酒店新产品、新服务及优势,制订电话销售计划。

②了解客户的具体信息和背景,如姓名、性别、职务及兴趣爱好等。

③电话销售前应先调整好自己的状态,保持良好的工作情绪。

④电话销售时应先主动向对方问好并作自我介绍。

⑤以接电话的人可能会感兴趣的事为突破点来引起对方的谈话兴趣。

⑥认真倾听,注意对方的反映,并有意识地提问,了解客户的需求。

⑦根据客户需求,用简明的词语介绍酒店的新产品及优势。

⑧运用各种销售技巧促使客户预定,或安排时间与客户面谈。

⑨对客户表示感谢后礼貌结束电话销售。

⑩接听客户咨询时应在电话铃响三声内接听电话,并做好笔录,详细记录咨询的主要内容等。

⑪咨询时应抓住客户咨询的主要内容,详尽解答客户的各种问题并主动推销。

⑫主动推销时注意客户心理变化,灵活运用各种销售技巧。

⑬如客户有意预订,应立即敲定并确认。

⑭确认客人的话已经说完,感谢客人并待客人放下电话再挂断电话,切忌催促客人结束电话。

⑮整理电话销售记录,并将资料归档并适时跟进,加强联系。

顾客挂账要求服务流程

(1)接受挂账要求

①销售专员接到客户的挂账要求后,根据其信用等级确定是否接受挂账要求。

②销售专员请信用登记符合酒店有关规定的客户填写挂账申请表,并报公关营销经理、财务经理、总经理等有关领导审批。

（2）签订挂账协议

①销售处主管与客户代表签订挂账协议，协议中明确客户签单额度、结算时间、优惠项目及双方责任等。

②销售专员将挂账协议文本按涉及的部门复印多份并分发到各涉及部门。

③销售专员将挂账协议文本原件交部门文员整理存档。

（3）挂账结算

①按照挂账协议中的相关约定，销售专员协助财务部定期与客户结账。

②如客户在消费过程中出现问题，销售专员须立即予以解决。

③如财务部门与客户在结算工作中出现疑义，销售专员须予以协助。

长包房销售服务流程

（1）制订长包房销售计划

①商务销售主管根据营销部的销售计划制订长包房销售计划，报营销部经理审批。

②长包房销售专员仔细阅读审批后的长包房销售计划，按照计划做好与客户洽谈的准备。

a. 了解客户所需要的房间种类和用途：是作为办公室还是作为住房使用。

b. 了解客户所在公司的性质和信誉。

c. 记录客户的联系地址和联系人，填制客户资料卡。

d. 准备酒店的宣传资料、租金价目表、餐饮的各类菜谱、名片、礼品等。

（2）长包房销售洽谈

①长包房销售专员邀请客户前来酒店参观，要做到礼貌接待，有次序参观。

②如客户有意预订，长包房销售专员问清客户抵离酒店日期、所租房间种类、付款方式以及其他要求，同时向客户介绍酒店付款的有关要求和规定。

（3）签订长包房合同

①双方谈妥有关细节后，长包房销售专员向客户出示长包房合同样本，强调可以提供的各类优惠。

②请商务销售主管与客户面谈后签署长包房合同，合同一式两份，客户保留一份，销售处保留一份。

（4）长包房客户入住

①长包房销售专员按合同要求，逐一落实各项准备工作，入住时须有专人负责欢迎接待。

②与财务部保持联系，了解长包房客户是否交付定金。

a. 如未及时预付，要与客户联系。

b. 如对方用支票付定金，应将客人带至财务部办理定金预付手续。

③向各负责接待部门发送长包房入住通知单。

a. 发至客房部，撤出不需要的家具、酒吧用品等并按客人的要求布置客房。

b. 发至工程部，按客人要求对客房进行必要的装修或改造等。

c. 发至餐饮部，为长包房客人提供工作餐。

d. 发至保安部，做好长包房客人及其车辆等的安全工作。

e. 发至前厅，以便掌握客情，与客人保持沟通，做好对客服务工作。

④在客户预付定金后，通知总台为客人办理入住登记手续。

（5）长包房租住中

①长包房销售专员经常拜访长包房客户（每月至少一次），与客户进行沟通。

a. 听取他们对本店的意见，将意见及时传递到有关部门。

b. 了解他们新的需求和客情状况（如最近是否有大型会议、宴会和散客等），如有客情及时处理。

②与前厅部、客房部、餐厅部、康乐部、保安部、财务部保持联系，了解客户在本酒店的消费和信用情况。

③每逢节假日登门拜访客户，送去礼品或邀请他们参加宴会、联欢会等活动，加强沟通，增进友谊。

④与财务部信用组保持联系，了解客户付款情况，协助财务部做好客户的付款结账工作。

⑤协议截止前一个月，应主动与客户联系，了解客户的去留动态。

a. 如要续签，主动报价并协商续约相关事宜。

b. 如不续签，提前做好客人搬出事宜和搬出后的销售工作。

（6）长包房客户退房

①长包房客户提前终止合同，长包房销售专员应及时通知财务部等有关部门。

②客户到期终止合同，应提前一周与客户确定退房时间，通知财务部结账处准备好账单。

③要求客户提前一天开具需搬运的大件物品清单，通知保安部为客户开具出门证，做好物品安全检查工作。

④当天通知客房部检查客房物品有无损坏。

⑤房间如有损坏，应通知工程部对客房进行维修，视情况按规定要求客户给予赔偿。

⑥客户全部搬出后，通知客房部将房间恢复至客房状态。

商务客户销售服务流程

制订商务客户销售计划

①商务销售主管根据营销部的销售计划制订商务客户销售计划,报公关营销经理审批。

②商务销售专员仔细阅读审批后的商务客户销售计划,按照计划做好各项销售准备。

a. 确定酒店商务客户销售的目标对象,包括国内大中型企业、国际大中型企业。

b. 随时收集目标对象的信息,整理、汇集、筛选有消费需求的商务客户。

c. 准备好酒店宣传资料、价格表、餐饮的各类菜谱、租用设备价目表、名片、礼品等。

开展推销工作

①商务销售专员主动上门拜访,向客户介绍酒店特色、环境设施及优惠政策,建立客户联系网络,努力争取客户在酒店进行消费,逐步形成酒店稳定的目标市场。

②在与客户联系的基础上,商户销售专员可邀请客户公司的相关负责人参观酒店各类客房、餐厅、会议、娱乐等服务设施,展示并表明可能的接待规模、规格和酒店住宿、用餐等内部环境以及相关的交通条件,力争客户进店。

③客户对酒店有了充分了解后,商务销售专员可与其进行业务洽谈,以进一步了解客户对用房、用餐、娱乐等方面的要求,洽谈内容包含消费时间、消费方式、消费内容、费用和折扣、预付和结算方式、违约责任及其他约定事项等。

签订协议

①商务销售专员根据洽谈结果拟订销售协议书,经商务销售主管、公关营销经理审批后正式签署。

②协议书由公关营销经理、客户公司负责人签字,单位盖章后生效。

③协议由销售处和客户各持一份,商务销售专员将协议书复印三份,一份交财务部,一份交客房部,另一份归档备查。

客户预订

①对客户联系网络中的接待服务对象或主动前来要求预订房间的客户,应以销售处接待为主。商户销售专员要了解和掌握客户的要求,并为其办理预订手续。

②商务销售专员应将预订单的第一联原件留销售处作为原始资料备案,第

二联送往前厅部,同时建立客户资料档案。

客户接待

①商务客户进驻,由前厅部负责接待,商务销售主管负责协调配合。

②遇重要的商务客户进驻,商务销售主管应及时报告公关营销经理及总经理并制订具体接待方案。

③客户离开时,商务销售专员根据协议,协助客户结算住店费用。

意见反馈

①接待过程中,商务销售专员要及时了解客户对酒店的意见和建议。

②商务销售专员根据客户反馈情况提出改进建议,报商务销售主管、公关营销经理。

VIP 预订服务流程

接受预订

①当客人要求进行 VIP 预订时,预订员应问清客人的身份、职位,若符合 VIP 接待条件,应及时告知营销总监。

②经营销总监同意后,填写 VIP 订单,在订单上填写客人的姓名、职位、公司名称、客人的抵达和离店时间、航班、房间类型和房价等信息。

③若客人有特殊要求,也应在订单上详细注明。

④填完后,在订单上盖 VIP 印章并输入电脑,然后交前厅部接待处主管预分房间,将房间号输入电脑。

填写 VIP 接待通知单

①预订员根据客人的身份确定接待标准,填写 VIP 接待通知单。

②将 VIP 接待通知单交营销总监签字后,递交酒店总经理审批。

下发 VIP 接待通知单

①预订员将总经理审批后的 VIP 接待通知单下发给前厅部、客房部、餐饮部等相关部门。

②将订单和 VIP 接待通知单放在 VIP 档案中保存。

第十四章
客房管理工作流程

房态核对流程

房态核对,是指在应用"酒店管理软件系统"的前提下,"酒店管理软件系统"中的房态同客房实际中的房态是否真正对应的核对,核对时间依据客人离店情况对房态变化的影响,分为早、中、晚三个时间段进行。

①房态核对时间为三次,分别为上午 8:00、下午 14:00 和晚上 18:00。

②上午 8:00、下午 14:00 和晚上 18:00 核对房态信息的时间段分别为:

a. 前一天 18:00~次日 8:00。

b. 当日 8:00~14:00。

c. 当日 14:00~18:00。

③房务中心和值班人员在三个时间段要将所有客人的入住、退房及其他信息要清楚地写在"电话记录本"及"交接本"上,以便下一班人能清楚地了解房间的基本动态变化情况。

④根据记录的信息和交接情况填写"房态核对表"。

⑤在表格内填写相对应的单位、房型数量、入住及退房时间和房号。

⑥在规定的时间与前厅部做好核对工作。

⑦在核对房态时,发现问题及时纠正;并将问题及时反馈给客房服务员,以便做好各种服务工作。

⑧核对房态时,须由房务中心人员亲自核对。

⑨双方确认后,签字生效。

白、夜班服务流程

客房管理服务流程

(1)白班服务员

白班服务员主要工作是负责迎送客人,安全、准确、及时的为客人服务;确保楼层的安全工作。其工作内容为:

①上、下班按时到值班室签到,参加晨会,并到值班室领取房卡、钥匙和清洁报表。

②到岗后,交接好各种服务事宜及遗留问题,尤其做好钥匙的交接及 VIP 房的交接情况。

③留意值班室张贴的通知。

④对领班负责,完成领班分派的工作,注意与相关岗位密切配合,做好服务工作。

⑤负责迎送客人,为客人提供及时的客房服务;为客人准确、及时、安全的提供各项输送服务。

⑥负责布草、杯具等的清点、保管、交接、送洗领用工作。

⑦完成一定数量的房间清扫和计划卫生及 VIP 房的小整理工作;做好布草储备、工作车物品的补充工作,并保持工作车的整洁。

⑧负责钥匙的保管,下班前巡视一次关门情况,及时向领班汇报发生的异常情况,确保安全。

⑨保持好工作间、公共区域的卫生,并于每天中午 11:00～12:00 和下午在清扫工作完毕后,各进行一次走廊地面的吸尘;每星期日会同其他班一起彻底清扫消毒间、公共区域卫生。

⑩负责检查和清洁离店客人的房间,负责客人送洗衣物的收取,归还工作,并按洗衣单检查洗衣的质量及衣物的数量等情况。

⑪负责维修房、参观房的监护工作,做好安全工作。

⑫做好与夜班人员的交接工作,完成"清洁报表"的填写。

(2)夜班服务员

夜班服务员的主要工作是负责迎送客人,为客人及时地提供服务,确保安全工作,其主要的工作内容是:

①上、下班按时到值班室签到。

②接受领班的指令,完成分派的工作。

③留意办公室张贴的通知。

④负责为客人提供客房服务和开夜床服务及发放夜间甜点的工作。

⑤完成与白班服务员各项事宜的交接工作及客用品等的交接、保管工作。

⑥负责维修房的监护工作,上班前须认真巡查房门是否关闭,如有异常情况,需及时向主管汇报、处理,确保夜间的安全工作。

⑦检查和清洁离店客人的房间。

⑧负责及时去前台领取、送还常驻办公室的钥匙,做好清扫工作,并记录。

⑨负责完成"清洁报表"等的填写工作。

⑩保持好消毒间、公共区域、值班室的卫生及工作车的清洁。

楼层接听电话服务流程

①电话机旁应备有电话记录簿、笔及内部电话分机号码表等。

②能够熟练地使用本店的电话设备。如酒店的电话有转接功能，服务人员应熟练掌握。否则，因不知道如何转接而把客人电话挂断是很不礼貌的。

③通话时，对于总机接进的电话和内线电话，应先问候，然后告诉对方自己的部门或岗位名称。了解对方的姓名也很重要。当对方要求服务员提供留言服务时，通常还应了解客人的有关信息。

④专心倾听，仔细记录。一般有专门的"电话记录本"，栏目包括：时间、日期、通话单位、发话人、接听人、被找人、内容、处理情况以及电话号码等。

⑤尽量避免使用方言，要用普通话或英语礼貌地表达意见。

⑥不要让对方在电话机旁久等，这会给对方留下极坏的印象。

⑦在电话结束时应简明地重复一下要点以确认自己的理解是否正确，确认后再挂电话。

茶水服务流程

工作前的准备

①按规定着装，保持服装整洁，无破损，无污迹。

②在衣服左上方佩戴好工号牌。

③女性服务员按要求盘头和化淡妆。

④备齐服务所需物资和用具，并保证干净整洁、完好和有效。

接待与服务

(1)迎宾

①端庄站立于规定位置、面带微笑，准备迎接客人到来。

②热情主动向来客问好并询问是否需要茶水或其他服务。

(2)引领客人入座

①征求客人意见，为客人安排好座位或房间，拉椅，用手势请客入座，打开空调并调试好温度。

②待客人坐定后，按照先宾后主或先女士后男士的原则，从客人右侧呈上茶单、推销饮品，询问客人的意向，若客人不太确定，可告诉客人该店可提供哪些饮品，供客人参考。待客人确定后，复述客人所点茶品的名称，获取客人的再次确认后，礼貌请客人等待。

(3)上茶服务

①除青山绿水、碧螺春等特殊茶叶须先倒开水至杯内八成满后再放茶外，

其他均先放茶再倒开水至五成满。

②按规范理盘、装盘、托盘和上茶水,显示出自己的专业素养和酒店的专业程度。

③填写饮料通知单:在上茶结束第一时间内及时、认真、准确填写好饮料通知单交收银员盖章后妥善保管,单据必须连号,不得丢失。

④客人消费中服务:应做到勤巡台,勤更换烟缸、勤添加茶水、勤整理台面;杯内茶水不得少于茶杯 1/2;台面、地面不得有烟灰、纸屑、茶汁及其他杂物;烟缸内烟头不得超过 3 个等。

(4)结账服务

①客人到吧台结账:服务员在清楚告诉收银员结账房号后,及时检查厅房商品有无消费,防止跑单。

②客人在房间内或座位上要求结账:账单用收银夹夹好呈送客人面前,礼貌询问哪位客人结账以及结账方式,账单要求账目清楚、准确。客人现金付款时须当面点清,并仔细做好真伪钞鉴别;客人签单挂账时,须请客人详细签上姓名、联系电话、单位名称、接待原因等,待完善签字手续后向客人致谢。

③转单结账:无论客人告诉是否再返回继续消费,客人离开时,都必须首先将客人引领至消费点,待清楚消费地点后,立即返回打好账单,在账单上写清下一消费地点名称,转交下一消费点收银员,要求代结。

④客人起身应主动拉椅,并提醒客人带好随身物品。

(5)送客

主动为客人拉门或按电梯,面带微笑,征询意见,告别客人。

(6)收台服务

客人离开后,快速用托盘撤去茶具,擦净桌面,扫净地面;沙发垫、桌椅、茶几、烟缸按要求摆放整齐有序,撤除垃圾桶内垃圾,更换或添加房间内使用过的毛巾和耗品。

(7)茶具消毒

①将客房撤出的茶具,统一收取到消毒间进行清洗消毒。

②将茶具中的剩余残渣,到入垃圾筒内。

③用专用百洁布、洗消灵,将杯具、茶具放在去污池内进行刷洗。

④把刷洗干净的杯具、茶具,放在配有浓度比例为 1∶250 的 84 消毒液的消毒池内,进行浸泡消毒 10 分钟。

⑤戴好胶皮手套,将浸泡消毒后的杯具、茶具取出,放到清洗池进行冲洗过滤。

⑥将冲洗干净的茶具、杯具,杯口朝下摆放在铺有消毒衬垫的托盘中,把水

分控干。

⑦将控干水分的茶具、杯具,分类逐一放入消毒柜中,杯口朝下摆放整齐,打开电源。注意:上层为口杯专用、下层为盖杯专用。

⑧消毒15～20分钟后,消毒柜停止工作,由服务员将标有已消毒的杯套罩起口杯,倒置封口存放。(注意:不能用手触摸消毒后的茶具,避免二次污染。)

⑨消毒完毕后切断电源。

地面清洁服务流程

准备工作
①保洁员准备好扫帚、拖把、清洁剂、水桶等清洁用品。
②拿开地面上的物品,如垃圾桶、花盆。

扫地
①保洁员从房间的角落开始清扫。
②如尘土太多,要事先在地面上洒些水,清扫地面的垃圾并扫进簸箕里。
③将簸箕里的垃圾倒进工作车的垃圾袋中。

拖地
①保洁员将清洁剂和水混合在水桶里,将拖把浸湿,由里向外拖洗。
②倒掉桶里的脏水,换上干净的水,浸湿拖把,由里向外拖洗,重复2～3遍。
③最后,换上干净的水,浸湿拖把后将其拧干,用其吸干地上多余的水。

工作结束
①工作结束,保洁员倒掉桶里的脏水,用干净的水将桶冲洗干净,然后晾干。
②将拖把冲洗干净,悬挂晾干。

电梯清洁服务流程

准备工作
①保洁员准备玻璃清洁剂、金属光亮剂、干净抹布、家具蜡、吸尘器、清洁剂、百洁布、报损餐刀、玻璃刮刀等。
②检查吸尘器能否正常工作。

清洁内板壁
①保洁员用湿抹布将板壁上的浮灰彻底擦净。
②对于板壁上的斑迹,用白洁布蘸上稀释后的清洁剂去除,并用抹布将水迹擦净。

③均匀地喷上家具蜡,待干后用抹布轻轻地擦拭板壁,直至光亮。

清洁金属面板

①保洁员用抹布将灰尘、斑迹彻底擦净。

②均匀地喷上金属光亮剂,立即用干抹布擦拭,直至光亮。

清洁脚踏板及门

①保洁员用刀将脚踏板勾缝内的杂物剔除。

②用抹布裹着平口起子,擦拭脚踏板勾缝内的污迹。

③用吸尘器彻底吸去擦拭出来的粉尘。

④用抹布将电梯门的浮尘从上到下彻底擦拭干净。

清洁玻璃镜面

①保洁员将玻璃清洁剂喷到玻璃镜面上,再用干净抹布彻底擦净,每个部位均要擦拭到。

②检查镜面,如有粘附性的污迹,应用玻璃刮刀轻轻刮除。

清洁地面

①保洁员用抹布将地面上的灰尘和斑迹擦去。

②每天对地面进行喷磨抛光。

③定期对地面上的蜡进行修补。当蜡面破损严重时,必须将旧蜡起掉,重新打蜡。

清洁灯罩

①保洁员用抹布将灯罩内的灰尘去除。

②均匀地喷上金属光亮剂,用干抹布轻而快地擦拭,直至光亮。

工作结束

①清洁完毕,保洁员要检查是否有遗漏的地方。

②整理清洁工具,将其放回储备室,交当班人检查。

墙面清洁服务流程

准备工具

①准备掸子、抹布、铲刀、清洁剂、橡皮、细砂纸、套杆(清洁大理石墙面使用)、滚刷(清洁大理石墙面使用)、刮水器(清洁大理石墙面使用)、家具蜡(清洁木质墙面使用)、吸尘器(清洁贴墙纸墙面使用)等。

②检查吸尘器能否正常工作。

③将废布草放在要清洁墙面的正下方的地面上。

清洁涂料类墙面

(1)不具耐水性的墙面

①保洁员用掸子去除墙面上的灰尘,特别要注意边缘和角落位置的处理。

②用干抹布清洁擦拭墙面上的污迹,如果擦不掉可试用橡皮、细砂纸轻轻擦拭。

③若前面上沾有泥浆、痰迹等较严重的污垢,可尝试用铲刀轻轻铲掉。

④清洁完毕后,应及时清理污染过的地面。

(2)有一定耐水性的墙面

①保洁员用掸子去除墙面上的灰尘,注意对边缘和角落位置的处理。

②将抹布浸入有中性清洁剂的水中,拧干,沿墙面从上向下来回擦拭。

③对仍有污迹的地方,可用短柄刷刷洗。

④对于较严重的污垢,可尝试用铲刀轻轻铲掉。

⑤用另一块抹布浸透清水后,拧干,对墙面彻底清洗一次。

⑥清洁完毕后,应及时清理污染过的地面。

清洁大理石墙面

①保洁员在套杆上加装夹头,在夹头上夹上毛巾,干擦大理石墙面上的灰尘。

②在套杆上加装滚刷,浸入兑有中性清洁剂的水中,用其刷洗大理石墙面。

③刷洗好后,在套杆上加装刮水器,用其将大理石墙面的水刮净。

清洁木质墙面

①保洁员用干抹布沿墙面从上到下擦拭。

②对于较轻的局部污迹,可用浸过清洁剂的半干抹布在表面用力反复擦拭,然后用浸过清水后拧干的湿抹布进行彻底擦拭。

③要定期对木质墙面上家具蜡,以保证墙面的光洁度。

清洁墙纸墙面

①保洁员用掸子去除墙面灰尘。

②定期吸尘,将吸尘器换上专用的吸头,依次对墙面进行全面吸尘。

③对于耐水墙纸上的污迹,可用浸过清洁剂的抹布进行擦洗。

④对于不耐水墙纸上的污迹可用橡皮、细砂纸等轻擦去除。

沙发清洁服务流程

准备工作

①保洁员准备好抽洗机、手提扒头、电子打泡箱、吸尘器、洁液管、手刷、水桶、干泡剂、清洁剂和除油剂等清洁工具。

②检查抽洗机、吸尘器能否正常工作。

吸尘除迹

①保洁员用吸尘器将沙发各部位彻底吸尘。

②选用不同的去污剂,用手刷清除沙发上严重的污迹。如用除渍剂清除水

溶性污迹（可乐、汽水），用除油剂清除油性污迹（菜汁、肉汁）。

清洗沙发

（1）干泡清洗（适用于真皮沙发）

①保洁员将干泡剂装入电子打泡箱，同时在抽洗机的水箱内装满清水。

②分别连接电子打泡箱和抽洗机的喉管吸头、手刷并接通电源。

③启动电子打泡箱的开关，手拿毛刷，待泡沫从喉管内排出后刷洗沙发，重点刷洗扶手、坐垫、沙发靠背等部位。

④启动抽洗机的开关，手拿吸头紧贴沙发，一边喷水一边吸水进行抽洗，反复抽洗三四次，把水分全部吸干。

⑤最后用吹干机将沙发吹干。

（2）抽洗沙发（适用于布艺沙发）

①保洁员配置适量的清洁剂，倒入抽洗机的清水箱内。

②将洁液管接于抽洗机上并接通抽洗机电源。

③按动手提扒头上的喷雾开关，对沙发进行预喷，每个部位都要喷到。

④等5～10分钟，待清洁剂充分作用。

⑤拿着手提扒头贴住沙发表面，放开喷雾开关，从前向后清洗沙发，依序将沙发彻底清洗干净。

⑥沙发充分干透后，可用吸尘器再对沙发进行彻底吸尘。

收尾工作

①工作结束，保洁员整理清洁剂、毛刷、水桶等物品。

②清洁吸尘器、电子打泡箱和抽洗机的各个部件。

③将所有物品放回储备室交当班人检查。

卫生间清洁服务流程

准备工具

①保洁员每天检查使用的清洁工具，如有损坏要及时报修。

②领取玻璃清洁剂、厕清、客用品、抹布、百洁布等物品。

清理垃圾

①保洁员将烟缸里的烟头，注意倒之前应检查烟头是否熄灭，和垃圾桶里的垃圾倒进指定的垃圾袋。

②清洗烟缸并用抹布擦拭干净。

③用适量稀释的碱性清洁剂刷洗垃圾桶，用抹布擦干净后套上垃圾袋。

清洁马桶

①保洁员将洁厕剂沿马桶内部边沿倒入。

②用马桶刷清洁马桶,直到污垢消失。

③用清水冲洗,同时清洁马桶座圈、基座和桶盖。

④用干净的抹布将其外部擦干净。

清洁小便器

①保洁员冲净尿屏器并取出。

②将洁厕剂沿边壁倒入。

③用马桶刷按照从上到下的顺序清洗小便器。

④用干净的抹布将便池外部由上至下擦干净并将尿屏器放回。

擦拭镜面

①保洁员先将上水器蘸上稀释后的玻璃清洁剂,把整个镜面均匀涂抹,然后用刮玻璃器按照从上到下的顺序直刮而下。

②刮完后,用毛巾将镜边水点擦拭干净。

清洁镀铬制品

①保洁员使用抛光清洁剂擦抹、抛光。

②使用干净的抹布擦干净。

清洁洗手盆及台面

①保洁员将稀释后的清洁剂均匀地洒在洗手盆内,然后用百洁布对水盆和下水孔盆内及台面进行消毒、清洗,最后用抹布擦干净。

②用抹布包着专用工具,清洁皂液器里面,再用干抹布将其里外擦干净。

清洁门窗和墙壁

①保洁员用抹布擦净门面、柜、闭门器、百叶门。

②用专用工具和抹布清洁锁眼、铰链。

③将擦铜水倒到抹布上,然后在铜扶手上擦拭,再用抹布擦净,直到光亮为止。

④用蘸有稀释清洁剂的海绵由上至下擦拭墙壁隔板,再用抹布擦净。

⑤用蘸有稀释清洁剂的百洁布由上至下擦拭瓷砖,再用抹布擦净。

补充客用品

①保洁员补充面巾纸、手纸、洗手液。

②按标准摆放小面巾。

检查公区卫生间

①保洁员要检查各种设备设施是否完好,卫生间用品是否齐全。

②卫生间内如有异味,喷少许空气清新剂,使卫生间内空气清新。

③收拾好清洁工具及清洁剂离开卫生间。

客衣收取服务流程

填写洗衣单
①客人将需要洗涤的衣物装入洗衣袋,填写洗衣单,注明房间、姓名、洗衣件数、时间、要求。

②客房服务员将客人的衣物收集到工作间并填写客衣登记表。

收取客衣
①客衣收发员每天上班后到楼层工作间收取客衣。

②在收取客衣时,客衣收发员应对照客房服务员的客衣登记表,与客房服务员一起核对件数、份数并查对以下几个方面:

a. 查对客人是否已将洗衣单填写完整,洗衣单上须有房间号码及客人签字,如果没有请客房服务员代签。

b. 查对客人是否已按洗衣单一式三联填写完成,如果没有,请服务员补填并在洗衣单上签字。

③查对无误后,将洗衣单放入洗衣袋,封紧袋口,请客房服务员在客衣登记表上签字。

④如果接到客人要求加急洗衣的电话,客衣收发员应在 10 分钟内到客人房间收取客衣,核对客人填写的洗衣单上内容与实际是否相符。核对无误后封紧袋口。

送洗衣房
①客衣收发员将取回的客衣拿到洗衣房后,立即进行检查、编号、打号,然后分出水洗、干洗、熨烫等类别。

②将分好类的客衣,该修补的修补,该剪纽扣的剪下来用纸包好并做记录。

③将客衣按不同类别送交洗衣车间洗涤、熨烫。

布草服务流程

脏布草的送洗
①客房服务员在做房结束后要认真填写"客房服务员工作报表",并不定时地核对换洗的数字是否与工作间的数字相符,同时在做完房间后负责集中存放脏布草并分类清点(将床单、被套、枕套与浴巾、布巾、地巾分类存放,这样可以避免差错及第二次污染)。

②客房服务员如在做房时发现存在洗涤不干净或洗涤损坏的布草应单独打结处理或另外存放,洗涤公司人员收取布草时要求其返洗或做退回处理,同

时须让洗涤公司人员签字确认。客房服务员对于需做特殊处理的布草(血迹、鞋油、红酒污染等)要与其他脏布草分开堆放,并在洗涤公司收布草时说明,请其做特殊处理。

③洗涤公司人员到达楼层收取脏布草时,楼层服务员应先核对当天脏布草数字并分类记录在"楼层布草洗涤交接表",客房服务员应和洗涤公司工作人员一起清点好脏布草并与"楼层布草洗涤交接表"记录进行核对,无误后由对方开具布草送洗单并双方签字确认,客房服务员收取送洗单第2联。如有需回洗的须在《布草洗涤交接表》中另外注明类别及数量;有洗涤损坏的必须退回,让对方人员出具欠条,以作为到总布草房换取布草和酒店协调赔偿的依据。

④与洗涤公司人员清点布草无误后,客房服务员应监督对方人员将脏布草分类用布草袋封装,并及时运离楼层。楼层服务员有义务和责任监督其根据酒店相关要求工作,不允许拖拉布草或堆放在电梯口及客房走廊。

干净布草的收发

①客房服务员凭当日洗涤公司确认的布草送洗单及欠条(包括洗涤公司和总布草房)到总布草房或洗涤公司领取相应数量的干净布草;如总布草房或洗涤公司无法补充足够数量的布草,应要求总布草房或洗涤公司出具欠条,并在"楼层布草洗涤交接表"中"总布草房或洗涤公司欠"一栏做好记录,以便次日补齐。

②客房服务员/领班/主管根据收回的布草送洗单和欠条,做好汇总后,填写"楼层布草洗涤交接表",如有洗涤公司欠条的应在报表中"洗涤公司欠"一栏中做好相应统计。

③客房(中班)服务员/领班/主管根据前一日"楼层布草洗涤交接表"中布草类别和数量收取和清点洗涤公司送回的干净布草,并初步检查洗涤质量;存在数量缺少或洗涤损坏的,应要求对方出具欠条,签字确认,并在当日"楼层布草洗涤交接表"中"洗涤公司欠"一栏做好统计和记录。记录严禁数字的涂改。

加床服务工作流程

①当服务员有接到电话或客需加床时,首先要问清客人是哪一间房,重复一遍房号,并记录下来。

②服务员应礼貌对客人说:"您好,先生/小姐,我们酒店有种加床服务,一种××元一晚上,只提供易耗品、巾类、日用品各一套,另一种是×××元一晚,除了有易耗品、巾类、日用品之外,还附有第二天免费早餐券,请问:先生/小姐,需要按哪一种收费加床。"

③当客人确定要加哪一种收费的床时,服务员要对客讲:"请您稍等一下,我马上去准备",并退出房间,到服务台开好加床单,根据客人所说价钱开单。

④服务员应迅速到放加床楼层去拿床,并叫同楼层的另一服务员帮忙准备日用品、巾类、杯具等物品。

⑤服务员拿好加床后,再去拿棉被、枕头,同时将棉被套好被套。当所有需加物品都已准备好时,叫同楼服务员帮忙拿至门口及加床单。按敲门程序敲门。客开门后要对客人讲"先生/小姐,对不起,让您久等了,请问方便现在帮您加吗?"征得客人同意后,才可进入房间,将加床放到合适的位置,铺好床单,放好枕头,棉被,日用品杯具等。等物品放好后,应礼貌对客讲:"先生/小姐,不好意思,打扰您一下,麻烦你签一下加床单好吗?"客签好名后,要请问客是否还有其他需要效劳的,并祝客住店愉快。退出房间,将房门带上。

⑥加完床后,到服务员致电礼宾部,"请行李生上来拿一下×××房加床一张",同时要做好交班。

擦鞋服务流程

接到要求
①在接到客人要求后,应及时前往客房收取擦鞋篮。
②在过道巡视时,发现住客房门前的擦鞋篮,应立即拿到工作间进行擦拭。

按要求擦
①将鞋篮编号,并将客人的房号写在纸条上放入鞋篮或用粉笔在鞋底注明房号,防止弄混。
②将鞋放置于工作间或服务中心,按规程擦鞋,应注意避免混色及将鞋油弄在鞋底。

送还
①一般应在半小时后、两小时之内,将擦好的鞋送入客人房内。
②对于提出特别时间要求的客人,应及时将鞋送回。
③送还时如果客人不在房间,应将擦好的皮鞋放于行李柜侧。

顾客突发事件处理流程

顾客失窃处理流程
①保安部在接获报案后,第一时间有一名主管级以上人员前往现场处理。
②当即询问客人案发经过及询问有关当事者并做好现场调查,作好询问及

询问记录。

③保安部调查时,客房部及各部与案件有关联系者、当值人员不得离开。

④保安部如发现窃案成立,应在8小时内作好自侦工作,如发现无力自侦,即报公安。

⑤保安部如发现案件成立条件不足,即应告知酒店值班经理,由值班经理向客人作解释。

⑥如客人坚持案件成立,可告知客人去公安机关报案,保安部予以协助。

⑦对客房及其他部门发生之失窃案,保安部应在24小时内写出报告交管理层。

⑧对抓获现行窃案,本部应立即展开调查,监控其他涉嫌分子,如窃案成立将报告管理层,由管理层决定自行处理及移交公安机关处理。

⑨对失窃案涉及的酒店员工,应谨慎处理,注重事实依据,并有详细的调查报告及基本意见。

顾客突发急病处理流程

当有客人突然患病,他们自己通常无法决定是否需要医生治疗,这时应尽量节省时间,争取主动,立即安排治疗。

(1)当客人要求身体检查

①帮助客人联系体检站。

②为客人的舒适安全着想,通知值班经理以便他进行检查安排,如客人患病,但一切尚能自理,应安排酒店车或出租车送去最近的医院急诊室。

③尽可能说服客人去医院,如果客人不想去,要由客人签字确认。

(2)当客人患病严重

①进行常识性初步护理。

②电话叫救护车将客人送到最近的医院的急诊室。

(3)如果客人需住院治疗

联系客人的亲属(如不能立即联系到,请当地公安机关帮助,由保安部负责),在证人在场时(大堂副理、保安员、当事部门人员),将客人房间的个人物品进行清点,然后将安全存放,当客人家属来领取时,要有收条。

顾客醉酒闹事处理流程

①根据醉酒客人的情绪,适时进行劝导,让其保持安静。

②报告上级和酒店的保安人员。

③如果客人持续闹事,可协助保安人员将其制服,安置回自己的房间休息。

④密切注意醉酒客人的房间动静,防止客房家具和设施受到损坏,防止因客人吸烟不慎造成火灾,防止客人发生意外。

⑤楼层服务员不要单独搀扶醉酒客人回房和帮助其脱衣就寝,以免发生不必要的伤害。

遗留物品处理流程

①接到客房中心的通知后,立即弄清遗留物品的宾客房号、宾客名称、物品名称,到前台了解宾客情况,如房号、家庭永久地址、住店时间等,看钥匙是否归还,去行李房了解宾客是否有行李,有没有用车登记等,并根据具体情况,进一步处理。

②如宾客还未离店,应主动设法与宾客取得联系,并及时将遗留物品归还宾客。

③如果宾客已离店,但有接待单位,应立即与之取得联系,请其代为办理遗留物品转交手续。

④如果宾客属于已离店的旅游团队,应立即与团队地方陪同联系,在时间允许的情况下,派车、派人送遗留物品去机场、车站,将物品送交宾客。

⑤如果旅行团已离开本市,应向有关方面了解该团下一站住宿宾馆,并与该宾馆值班经理取得联系,请其帮助找到宾客,询问宾客对遗留物品的处理意见,并按宾客要求办理。

⑥及时将宾客对遗留物品的处理意见通知客房中心,督促做好邮寄和保管工作。

⑦在宾客来认取遗留物品时,请客房中心派人将物品送到大堂副理处,并请宾客在登记本上签字,如宾客委托他人来认领物品,则要求出示宾客委托书及本人证件,开出收条后方能转交物品。

⑧在处理遗留物品工作中,凡涉及车费、邮费等应事先与宾客讲明,按实际费用收取,并转财务入账。

⑨将处理情况详细记入工作日志。

第十五章
人事管理工作流程

人事管理体系的基本模型

一般来说，人力资源有两个基本管理层面，即人员管理和岗位管理。而支撑起管理面的有四个主要支柱，即招聘、培训、考核、薪酬，四个支柱和两个基本面又将产生八个交点，以此衍生出八个领域的工作。这些就构成了人力资源管理工作中的主要工作。

两个基本管理面

（1）人员管理

无论酒店的人力资源管理发展到什么程度，都一定是建立在基本的人员信息管理基础上的。所以，人力资源部门首要工作就是建立高效合理的人员信息管理系统，包括档案信息要素（如姓名、学历、级别、入职时间等）、编号规则、档案管理规定等。有条件的酒店应使用数据库进行人员信息管理。

（2）岗位管理

这是很多酒店的人力资源部门容易忽视的部分。如同建立人员管理档案一样，酒店应建立岗位管理档案及相关体系，也就是我们通常说的岗位说明书体系。一般来说，酒店都会有自己的组织结构，对各个基本管理单元的主要职责及相互间的隶属关系进行明确说明；在此之下，还有必要进一步细分，对最小的工作单元（岗位）进行明确说明，包括岗位的隶属、性质、设置目的、主要职责、任职资格等要素，并编制相应的岗位编号规则、岗位管理规定（什么时候增加、撤销、变更岗位，以及此时应遵循的流程及相关手续）等制度。

四个支柱

（1）招聘

建立基本的招聘流程。招聘流程中包括如何进行招聘预测，如何提交人员需求，如何进行招聘准备，如何评估和管理招聘渠道，以及不同类型员工的甄选流程和基本标准、招聘的基本原则和思路等，还可将新员工的报到、上岗流程及试用期、在岗培训等内容也涵盖进去。内部招聘作为酒店人员补充的重要途径，也可制订专门的管理制度。有条件的酒店可考虑建立人才数据库。这样，在具体实施时，酒店就有了一个基本可参照的行为标准和运作平台。

（2）培训

简单来说，培训体系可分为组织体系、流程体系和信息体系。

小型酒店的培训一般由人力资源部门直接管控，然后与各部门经理合作实施；而大中型酒店则可能设立教育委员会或管理学院之类的机构，以书面形式确定该机构的职权，以求更全面、有效地实施酒店培训。

流程体系一般由文件进行明确规定，也就是需要建立基本的培训管理制度体系。该体系包括培训管理程序、讲师管理制度、课件管理制度等。

信息体系一般建立在培训信息管理数据库基础上，对培训计划和日程、培训实施信息、课件信息、讲师信息、员工受训信息等综合控制。这样，就搭建起了酒店培训的基本运作平台。

（3）考核

不管考核的具体项目和标准是什么，首先应建立的是基本的考核思路。根据酒店业务的实际特征，确定是基于绩效目标进行考核，还是基于能力资格进行考核。各类型酒店应采用的考核模式各有不同。酒店的组织构成形式、管理水平现状及酒店文化特征等因素也对考核方式的选择有所制约。

在基本思路确定后，应编制基本的考核管理流程，以及相关的应用表格、实施标准，建立考核信息管理平台，有条件的酒店可利用电子人力资源管理系统直接实施在线考核。

确定了考核实施的基本规程后，将面临一个更重要的问题：考核的结果如何转换。是升（降）级？加（减）薪？还是仅仅浮动奖金？其中的标准和比例如何？其中部分内容涉及薪酬体系。

（4）薪酬

薪酬体系是人力资源体系中最敏感的部分。简单来说，薪酬体系就是酒店对员工利益进行分配的规则，其目的是吸引和激励更多的适合酒店发展需要的人才。

在构建薪酬体系前，首先要了解和分析一些基本因素，切不可盲目设计。这些因素包括：酒店经营特色和行业特征，酒店的主体价值观，酒店需要什么样的人才；酒店向员工支付报酬的主要考虑因素是能力、职位、还是绩效表现；酒店目前更注重的是内部均衡还是外部竞争；酒店在收入的"固定—浮动"比例上的定位等。在基本情况得到明确后，才可能设计出符合酒店需求的薪资架构。然后，确定薪资的发放方式、薪资调整的管理规范等。应该注意的是，福利作为薪酬体系的重要组成部分，也需慎重对待、认真设计。

搭建起四个基本支柱，意味着酒店人力资源管理的基本管道系统已经畅通。但仅仅如此是远远不够的，管道中必须流动起血液，才能真正为酒店输送营养,否则再华丽的体系也只是一种摆设。这就需要我们认真关注以下这八个交点了,因为它们将成为提升我们人力资源管理水平的核心部分。

八个交点

(1)人员管理——招聘

人员管理自然是研究人的,当它遇上招聘时,产生的就是人员测评技术。人员测评是人力资源工作中非常重要且具挑战性的工作,主要涉及心理学领域。它分为招聘上岗流程和测评技术两大块,即通过什么流程既能有效地筛选候选人,又能节约人员、时间和经费成本,以及采用什么方法和标准能更有效地识别、评估候选人的各项基本特质,如知识、技能、个性、意识等。

(2)岗位管理——招聘

岗位管理是研究岗位特征的,体现在招聘上,即岗位的任职资格要求。岗位的任职资格应该源于岗位职责,理想状态是,岗位职责的每一条都能在任职资格中得到体现,而任职资格中也没有超出岗位职责需求的。对于很多酒店来说,最突出的问题就是过于追求人才的高素质,却忽视了人与岗位的融合度。其实,只有真正基于岗位需求的招聘,才是合理有效的。

另外,当人员通过招聘在岗位间流动时,就产生了人力资源管理中一个重要环节——轮岗。

(3)人员管理——培训

如果我们基于人员的自身需求设计培训,则其主要目的是提升员工个人能力并满足个人职业发展的需要。此时,课程设计的出发点更注重研究的是个人能力发展规律,以提升酒店的整体工作水平。

另外,人员管理与培训的结合点还涉及员工培训信息的管理,通过科学翔实的培训记录对酒店的人才资本增值进行系统管控。在有些酒店,还专门建立了人力资源部,以便时刻掌握酒店后备人才的动态情报。

(4)岗位管理——培训

如果我们基于岗位业务的需求设计培训,则其主要目的是满足岗位胜任及岗位业务发展的需要。此时,课程设计更偏向于研究岗位职责特征,以保障公司各业务单元的正常运作及持续性发展。

人员在岗位间流动产生的培训,称为转岗培训。这是内部招聘/轮岗过程中重要的组成部分。

(5)人员管理——考核

就考核内容来说,基本分为对人的考核和对工作的考核。其中,对人的考核包括对意识、态度方面的评价和对工作能力水平的考核。由此可见,要做好人员考核,至少要从人的基本特质认知和考评技术两个方面着手,尤其是对人的基本特质和能力特征的研究。酒店在实施管理人员选拔时,或酒店基于能力资格建立薪资等级体系时,往往更多地用到这类考核。

(6)岗位管理——考核

所谓对工作的考核,在很多时候体现为业绩考核。在岗位管理体系里,最重要的组成部分就是岗位的职责说明。而所谓业绩,就是员工对所承担职责的完成程度。所以,要做好业绩考核,首先需明确各岗位的职责,不贴近于岗位职责的业绩考核只会最终流于形式,达不到将考核作为管理工具的效果。

(7)人员管理——薪酬

对于薪酬体系而言,基本上也可分为因人而设和因岗而设两类。

基于人员管理的薪酬结构,通常会被设计成能力资格体系。在这样的体系里,更多考虑的是工作年限、学历、知识技能水平、问题处置能力等要素,并以数字符号建立起职级体系,以此作为员工成长阶梯的标志。换言之,就是根据人的价值大小确定薪资水平,而不过多考虑员工所承担的工作内容是否不同。该体系的基本假设就是,一个人的能力一旦达到一定水平,无论担任什么工作,都能发挥出相应水平的作用。

纯粹意义上的能力资格薪酬体系在结构上比较完备,有利于内部稳定,对于员工的职业生涯发展也有一定的指导价值,但在适应市场同类岗位的薪资竞争方面会有所欠缺。

(8)岗位管理——薪酬

基于岗位管理的薪酬结构,通常会被设计成岗位工资制。在这个体系里,主要根据职责大小、工作难度和强度、创造价值、岗位风险、沟通范围等因素进行岗位价值评估(目前有很多这类评估工具)。也就是根据岗位本身的价值大小确定薪资水平,而淡化人自身能力大小的因素。

该体系的基本假设是,无论能力水平如何,只要承担的工作相对固定,那么对酒店所产生的价值就是相对固定的,酒店只能根据员工创造的价值支付薪水。实施这类体系时,除进行内部的岗位价值评估外,还有必要进行市场薪资调查,以确定本酒店的薪资水平基本线。必要时对部分与市场薪资水平差距过大的岗位进行薪资调整,以保全酒店关键人才。

以上两类薪酬体系孰劣孰优,不好做出评判。但若能将两类体系的优势整合在一起,梳理出适合本酒店需要的新薪酬体系,恐怕是人力资源管理者应更多考虑的问题。

由以上分析可以看出,开展人力资源管理工作,人员管理体系和岗位管理体系是基础,而基础中的基础就是建立完备、有效的人员档案(信息)系统和岗位档案(信息)系统。不仅如此,还应投入相当的精力进行人员和岗位的研究,以给人力资源管理实战提供厚实的基础。对于很多酒店来说,虽一般都会建立人员档案,却往往忽视了岗位档案(岗位说明书体系)系统,或者勉强编制了岗位说明书,但没有认真对待和实际落实、运用。这样,人力资源管理就好比瘸脚走路,自然难以走得顺畅。

当然,仅局限于建立基本管理面,也无法对酒店经营产生实际应用价值。只有深入研究四个支柱以及支柱与基本面相交产生八个交点衍生出的管理需求,才能将酒店人力资源管理推上一个新的层次。

人力资源规划流程

酒店战略性人力资源规划要求规划主体在组织愿景、组织目标和战略规划的指引下,针对酒店人力资源活动的特点,战略性地把握人力资源的需求与供给,动态地对人力资源进行统筹规划,努力平衡人力资源的需求与供给,从而促进组织目标的实现。

在编制酒店人力资源规划时,应注意两个问题:第一是在编制人力资源规划时,应注意到不同地区社会成员价值观的取向、就业政策和有关劳动法规的差异性、变化和调整;第二是为保证人力资源规划与人力资源政策和经营计划的协调,除了编制短期的人力资源规划外,还应编制动态的中、长期人力资源规划。

酒店人力资源规划的编制步骤如下:

①酒店人力资源评估是编制人力资源规划的第一步,主要包括员工年龄结构的分析与评估、性别比例的分析与评估、员工工作经验的分析和评估、员工学历结构的分析和评估、员工知识水平和能力水平的分析与评估等。

②对酒店未来的人力资源需求进行预测是编制人力资源规划的第二步。人力资源需求预测主要是根据酒店的战略目标和规模变化来进行预测的,可以根据时间的跨度而相应的采用不同的方法,具体包括以下三种:

a. 经营业绩预测法。

b. 平均业务预测法。

c. 利润曲线推算法。

③酒店人力资源规划编制的第三步是进行人力资源供需分析和比较。酒店在不同时期对人力资源的需求量总是在不断发生变化的。当工作总量降低时,人力资源的需求量减少;而当工作总量增加时,人力资源的需求量会加大。人力资源部应对酒店的人力资源需求量和供应量(内部供应或外部供应)进行分析和比较,找出人力资源供需的过剩期和短缺期。

④制订酒店人力资源供求协调平衡的总计划和各项业务计划,并分别提出调整供大于求或求大于供的具体政策措施。

解决人员短缺的政策和措施有以下几种:

a. 培训酒店员工,对受过培训的员工根据情况择优提升补缺,并相应提高其工资等待遇。

b. 进行平行性岗位调动,适当进行岗位培训。

c. 延长员工工作时间或增加工作负荷量,给予超时、超负荷的奖励。

d. 重新设计工作以提高员工的工作效率。

e. 雇用全日制临时工或非全日制临时工。

f. 改进技术或流程。

g. 制订招聘政策,向酒店外进行招聘。

h. 采用正确的政策和措施调动现有员工的积极性。

制订解决内部资源过剩的办法与措施有以下几种:

a. 永久性地裁减或辞退员工。

b. 关闭一些不赢利的部门或机构。

c. 缩编人员。

d. 重新培训、调换岗位或适当储备一些人员。

e. 减少工作时间。

f. 由两个或两个以上人员分担一个工作岗位,并相应的减少工资。

人员招聘流程

人员需求及招聘

①各分公司或部门依据酒店定岗定员编制及实际需要增补人员。增补人员需填写人员增补申请书,提前一周向人力资源部提出申请。注意:招聘前认真评估现有人员中有无胜任其岗位的员工。

②人力资源部汇总各部门人员增补申请书、填报的人数、条件等要求,填写相应的招聘计划,经总经理批准后进行招聘。

招聘方式

人才交流市场现场招聘、广告招聘、内部人才引进、校园招聘、临时工的人员储备、职业中介机构、自主来店、社会关系推荐。

人员录用

①经初步甄选适合人员。要考虑应聘者居住地址不同及往返车程需花费的时间等因素,提前电话通知其面试时间和地点。并要求应聘人员携带有关证

件,同时提前通知用人部门负责人参与面试。

②应聘人员到公司后,统一填写"人员登记表"再进行面试或测试。

③面试可分为初试、复试、核试三次进行。面试主试权规定如下:一般员工由各部门负责人面试,中层;基层管理人员应由部门主要负责人和人力资源部负责人面试,高层管理人员应由公司总经理或总裁和人力资源部主要负责人面试。

④面试合格人员的资料由人力资源部管理。并作好复试时间、地点等的通知等工作。

⑤未经公司人力资源部办理入职手续的人员一律不是公司正式员工,各部门未经人力资源部授权擅自批准录取人员的,一切责任由各部门负责人自负。

员工报到

①新员工报到时应提交身份证、毕业证、就业证、居住证、健康证等证件原件或复印件和相片 3 张。如有虚假证件,查实予以辞退。

②报到当天由人力资源部对新员工发放工号牌、考勤卡、更衣柜钥匙及服装等工作用具,并建立员工人事档等。

③对新员工进行公司简介、企业文化等宣传,以使新员工对公司经营管理理念及发展深入了解。

④组织新进员工学习相关规章制度,如"员工手册"等。

⑤训练完毕后,人力资源部把新进员工派到各需求部门,由需求部门进行部门专业知识和操作知识培训。培训合格后上岗,一个月后进行考核。

新员工入职流程

新员工报到前的准备流程

①整理报到人员个人资料,确定报到准确时间及方式。

②通知新报到人员应准备的物品,如个人本人学历证明复印件、近期彩照 1 寸 6 张,身份证复印件 2 份、体检健康证明原件。(需住宿舍人员还应准备洗漱用品、换洗衣物、床上用品等。)

③做好新员工基本工作物件的发放及工作内容及联系人的确定:

a. 做好"入职培训指南"、"员工手册"、工号牌、考勤卡、餐卡的发放准备。

b. 为新员工准备一位"入职联系人"。一般情况下,新员工的"入职联系人"为该员工的直接上司。

c. 通知相关部门领导做好新员工入职引导工作(包括介绍本部门人员、工作相关指导、流程介绍及具体工作内容),提前告知相关部门员工新进员工情况。

人力资源部办理入职手续

新员工报到日，人力资源部根据"新员工入职手续清单"，为其办理相关事项。

①填写员工履历表，人力资源部做好档案保存，更新员工花名册。

②向新员工发放"入职培训指南"，并告知其入职培训时间。

③确认该员工调入人事档案的时间。

④带新员工参观酒店，然后带到所属部门，介绍给部门负责人。

在参观时需要注意几点：

a. 在参观过程中要细心讲解，应答新员工提出的问题。

b. 带领新员工参观酒店前，应与各相关部门负责人作好沟通，以免影响各部门工作运作。

c. 就参观过程中的注意问题，如遇见客人微笑，然后礼貌地打个招呼，紧跟队伍，礼让客人，保持安静等对新员工提出要求。

由部门办理入职手续的部分

①人力资源部带新员工到部门后，由部门安排参观部门，并介绍部门相关人员。

②部门安排新员工的"入职联系人"将部门内其他成员的工作范畴及职责向新员工作介绍。

③"入职联系人"须让新员工了解部门内各类规章与要求，让新员工能准确无误地行使工作职责。

④"入职联系人"须针对新员工的穿着、打扮、言谈、礼貌等做出明确要求。

⑤部门管理者对新员工的工作安排应逐步升级，适时鼓励（新员工不能被安排太饱和、太复杂、责任太重大的工作。在新员工较好完成工作时给予及时鼓励）。

⑥部门应在例会上向大家介绍新员工并表示欢迎。

入职培训与试用期转正管理流程

入职培训

每周六安排本周入职新员工参加入职培训（特殊情况不能培训的根据经营情况临时安排）。培训内容包括：员工手册讲解、消防知识、礼节礼貌、仪容仪表讲解等。

试用期跟进

①新员工入职后到转正前应该有三次面谈,第一次面谈的时间为入职后第一周内,第二次面谈的时间是入职后一个月,第三次面谈的时间是转正前。

②面谈的对象包括员工本人、员工的领导、员工的同事等。面谈的目的是了解员工的工作状态以及员工在工作遇到一些问题等。

③面谈内容应包括:

a. 员工进入饭店后对饭店的印象与进入前对饭店的印象的差距。

b. 员工进入饭店后对目前岗位有哪些初步认识。

c. 员工入职后遇到哪些困难,需要何种帮助。

d. 员工对饭店企业文化的看法,感受到饭店或本部门是什么样的工作氛围。

e. 部门领导或直接上级有无对其关心指导等。

f. 是否明确自己每天需要做哪些事,或领导是否安排给予培训或指定人员来辅导等这些有关员工入职后的一些信息。

④了解了员工之后,再找员工部门领导或直接上级面谈,将员工面谈的一些信息反馈给他们的直接上级或部门负责人。与他们的部门主管或直接领导充分沟通,给予他们在新员工入职后如何培训和培养等一些专业指导和建议等,了解他们的领导对员工的了解程度以及员工的工作状态。

⑤了解了新员工的工作状态,对他们遇到的问题进行协调和得到一些信息反馈之后,作为人力资源部还要对自己进行总结,总结部门在招聘过程一些问题,当时招聘员工的期望与现在试用的结果是否有差距,以及在招聘中的一些招聘标准、面试方法以及招聘渠道选择上是否存在问题等。

需要注意的是,每一次面谈后,需将谈话内容整理后记入"新员工试用期面谈表",并作为人事档案保存。

转正评估

①转正是对员工的一次工作评估的机会,也是酒店优化人员的一个重要组成部分。

②转正对员工来说是一种肯定与认可,转正考核流程的良好实施,可以为员工提供一次重新认识自己及工作的机会,帮助员工自我提高。

③员工的转正由用人部门和人力资源部进行审批并办理有关手续。

④新员工工作满试用期时,由人力资源部安排进行转正评估及测试。员工对自己在试用期内的工作进行自评,由部门对其进行评估,部门的评估结果将对该员工的转正起到决定性的作用。

员工离职办理服务流程

离职管理

①员工离职包括：辞职、辞退、开除、自动离职。员工辞职应提前 15 天提出申请。

②劳动关系的延续与终止劳动合约期满，酒店对有意续签及工作表现良好的员工，将于 15 天提出书面通知延续劳动合约。对于未能达到酒店要求的员工，亦会于 15 天提出书面通知终止劳动合约。

③劳动合约的解除开除、自动离职的，除底薪外不发放其他任何形式的工资，不结算其他任何形式的费用（包括押金），不给予补偿。

离职步骤

①劳动合约的任何一方须提前 15 天，提出解除劳动合约。部门填写"离职申请书"后附因各种原因终止劳动合同之文件：

a. 辞职的须有"辞职报告"。

b. 违规的须有"行政处罚单"。

c. 员工合同期满但不再续签合同的须有部门或个人不续签合同的报告。

d. 其他原因离职的需附有有关报告。

②部门将上述表格和报告报到人事部，人力资源部调查了解后需做工作，尽量做工作后，作出意见呈执行总经理批准。

③离职员工 15 天后持"离职通知书"按表上的内容，清退酒店的用品。

④离职员工应在其最后工作日后 48 小时内离开酒店。

⑤将终止的劳动合同、人事变动表等有关资料存档。

第十六章
采购管理工作流程

招标工作服务流程

发布招标资格预审公告

①酒店采购部成立采购工作小组开展邀请招标工作，同时成立采购监督小组，负责制止和纠正采购工作小组在采购过程中的违纪、违规行为，同时提出处理意见上报总经理。

②采购工作小组会同使用部门根据采购申请编制招标文件。招标文件不得要求或者标明特定的投标人或者产品，以及含有倾向性或者排斥潜在投标人的内容。

③采购工作小组必须提前将酒店采购信息及资格预审公告登在酒店宣传栏，通过报纸或酒店网站公布投标人资格条件，要求投标人在资格预审公告期结束之前，按公告要求提交资格证明文件。

发出投标邀请书

①采购工作小组从评审合格投标人中通过随机方式选择三家以上的投标人，向其发出投标邀请书。

②投标邀请书的主要内容有：投标邀请，投标人须知（包括密封、签署、盖章要求等），投标人应当提交的资格与资信证明文件，合同主要条款及合同签订方式，招标项目的技术规格和要求（包括附件、图纸等），交货和提供服务的时间。

开标前期工作

①根据招标采购项目的具体情况，采购小组可以组织潜在的投标人现场考察或者召开开标前答疑会，但不得单独或者分别组织只有一个投标人参加的现场考察。

②开标前，有关工作人员不得向他人透露已获取招标文件的潜在的投标人的名称、数量以及可能影响公平竞争的有关招标投标的其他情况。

③采购小组负责收取投标文件，在招标文件要求的提交投标文件截止时间之后送达的投标文件为无效投标文件，应当拒收。

开标、评标、定标

①开标时，采购监督小组到现场监督开标活动，开标过程由采购工作小组

指定专人负责记录并存档备查。

②开标时，由采购监督小组成员检查投标文件的密封情况，经确认无误后，由采购工作小组成员当众拆封，宣读投标人名称、投标价格、价格折扣、招标文件允许提供的设备投标方案和投标文件的其他主要内容。

③采购工作小组组织有关专家成立评标委员会，评标委员会按照酒店有关规定进行评标，确定中标单位。

④采购工作小组向供应商发布中标、落标通知书。

⑤采购部与中标供应商签订采购合同。

工作总结

①采购工作小组负责编写评标报告，其主要内容包括：投标人名单及招标操作小组成员名单，开标记录和评标情况及说明，评标结果和中标候选供应商等有关资料，招标工作小组的授标建议。

②将评标报告交由采购监督小组审阅后加具意见上报总经理审批，审批结果由采购工作小组负责落实执行。

采购控制服务流程

制订采购计划

①采购部经理根据采购申请及采购物资库存情况制订采购计划，包括采购物资的具体信息（如名称、品种、规格、数量）、采购时间、采购预算等内容，经财务部经理审核后报酒店总经理审批。

②总经理审批通过后，采购部经理组织下属员工开始实施采购计划。

选择供应商

①采购员进行市场调查，找出三家以上有代表性的供应商进行综合考察，在考察中要重点了解供应商的实力、专业化程度、货物来源、价格、质量以及目前的供货状况。

②收到报价后，采购主管组织有关专家成立评价小组，对供应商报来的货品价格以及质量、信誉等进行评估后，确定其中一家信誉好、品质高、价格低的供应商。

签订采购合同

①采购主管就采购事宜与供应商进行谈判和磋商。

②采购主管与供应商签订采购合同，具体内容包括物资名称、规格、数量、单价、交货日期、付款方式、违约责任等。

③采购主管将采购合同报采购部经理、酒店总经理审批。

实施采购

①采购合同审批通过后,采购员向供应商发出订货单。

②供应商收到订货单后,按合同要求及时发运物资。

③采购员跟踪供应商的发货情况,如有问题,及时与供应商沟通。

验收、付款

①收到采购物资后,收货员依据检验标准进行检验,将厂商、规格、数量以及检验单号码等填入检验记录表。

②若判定合格,则将物资标示为合格,填写检验合格单,通知仓管员办理入库手续,根据合同中的付款方式办理结账手续。

③若判定不合格,则将物资标示为不合格,填写检验不合格单,通知供应商办理退货手续。

物品采购服务流程

制订物品采购计划

①采购部经理根据酒店营业计划和相关部门的采购申请制订物料年度、月度和临时采购计划,报财务部经理、酒店总经理审批。

②财务部经理、总经理审批同意后,采购主管组织物品采购员实施物品年度、月度和临时采购计划。

选择供应商

①物品采购员应根据采购计划的要求,进行市场调研,选择 3~5 家供应商,向其询价。

②收到报价后,采购主管组织专家成立评价小组,比较供应商所提供食品的质量和价格,最终确定一个质量好、价格低的供应商。

③采购主管与供应商就采购事宜进行谈判后签订合同,报采购部经理、财务部经理、总经理审批。

④如采购物品属新品种,则需会同使用部门与供应商联系洽谈,取回样品（样本）进行试用。

⑤对大批量或高档物品的采购及新品种采购,采购部经理应亲自参与采购工作并对质量、价格加以控制。

实施采购

①合同审批通过后,物品采购员向供应商发出订货单。

a.需购物品是酒店已确认或补充库存的,应按原定规格、型号、颜色、价格等要求办理,从原定供应商处按质、按量、按时购进。

b. 计划外和临时少量急需品，需经总经理或总经理授权的有关部门经理批准后，采购员才可进行采购，以确保使用部门需要。

②物品采购员要定期关注、跟踪订单的进程，根据需要催促供应商在交货期内交货。

验收入库

①物品采购后，收货员按照订单对物品的数量、质量等进行验收。

②验收合格后，直拨到使用部门的物品，收货员按照酒店有关规定办理领用手续，入库的物品，由仓管员办理物品入库手续。采购员根据合同约定为供应商办理结账手续。

③若发现物品同采购计划中的品名、规格、数量、价格质量不相符或有问题时，应及时通知采购员，由采购员与供应商联系，办理退货、换货手续。

食品采购服务流程

制订食品采购计划

①采购部经理根据酒店营业计划和餐饮部的采购申请编制食品年度、季度、日采购计划，经财务部经理审核后，报酒店总经理审批。

②总经理审批同意后，采购主管组织餐饮采购员实施食品年度、季度、日采购计划。

选择供应商

①餐饮采购员应根据采购计划的要求，进行市场调研，选择 3～5 家供应商，向其询价。

②收到报价后，采购主管组织专家成立评价小组，比较供应商所提供食品的质量和价格，最终确定一个质量好、价格低的供应商。

③采购主管与供应商就采购事宜进行谈判后签订合同，报采购部经理、财务部经理、总经理审批。

a. 对于年度采购任务，采购主管需同供应商签订采购合同，注明品名、规格、等级、数量、价格、交货方式、交货批量、验收标准、付款方式等具体条款。

b. 对于季度采购任务，指采购冰冻海、河产品等，因这些食品季节性强，只能进行批量采购。采购时，应同供应商签订合同，注明品名、规格，以及数量、单价、金额、交货方式、交货地、交货期以及验收、付款等具体条款。

c. 对于日采购计划，指采购蔬菜、鱼类、肉类等鲜活产品。采购主管同供应商签订采购合同，注明品名、规格、等级、数量、价格、每天的交货时间、验收标准、付款方式等具体条款。

　　d.进行大批量或高档食品及原料采购时,采购部经理应亲自参与采购工作,对质量、价格加以控制。

实施采购

　　①采购员根据采购申请表的品种、数量,在计算机订货单上输入价格,然后通知供应商按指定日期送货。

　　②对于特定的进口食品、数量或金额大的订货计划,根据使用部门的要求,上报总经理批准后才可订货。

　　③各部门的急需购买申请,使用部门须先文字通知采购员,后将需订货的商品品种、数量输入计算机,采购员以计算机采购申请表为准,按定价输入计算机并马上落实购买。

　　④在采购过程中,为使自己处于主动地位,采购部应尽可能在事先取得经餐饮部认可的食品样品后,支付供应商最少量定金。待符合样品原料全部到货后,再支付一定比例的货款并留有一定数额的尾款,以防原料中有不符合样品的原料夹带。

验收、结算

　　①食品采购后,直接进厨房的由收货员配合厨师长或其指定人员进行验收,入库的由收货员和仓管员一起验收。

　　②验收合格后,采购员将采购申请表、订单和验收单等交给财务部,由财务部与供应商结算。

　　③若在验收时,发现食品同采购计划中的品名、规格、数量、价格、质量不符,采购员应与供应商联系,及时办理退货、换货手续。

鲜活货品采购服务流程

填写鲜活货品采购申请表

　　①厨师长根据所需鲜活货品填写每日鲜活货品采购单,填写时注意以下内容:

　　a.所需货物量是否与第二天的需求量相符。

　　b.仔细检查是否有重复项目。

　　c.次日是否有临时团队或宴会。

　　②厨师长将采购单交行政总厨批准,行政总厨审核时注意以下内容:

　　a.货品量是否与第二天所需量相符。

　　b.检查是否有重复项目。

c. 次日是否有临时团队，如有将所需货品及需求量加上。

采购鲜活货品

①行政总厨批准后，厨师长将每日鲜活货品采购单交给采购部。

②采购员根据食品日采购计划和鲜活货品采购申请表，到指定供应商处采购货品或者供应商按照采购合同，每天到酒店取鲜活货品采购申请表，于第二日（或规定时间内）按质、按时、按量送货。

验收、结算

①收到鲜活货品后，收货员配合厨师长或厨师长指定人员对货品数量和质量进行验收。

②验收合格后，鲜活货品要直接入厨房，厨师长或厨师长指定人员应办理领用手续，采购员将采购申请表、验收单等交财务部，财务部与供应商结算。

采购中的主要控制点

整体进度控制

控制从订单评审开始，要善于发现异常，明确各个环节的交期。

采购下单时间控制

所有的下单必须在规定时间内完成（通常是 4 小时内）。

交期确认控制

采购下单完成后在 24 小时内与供应商确认并要求回签，立即将相关信息记录在"采购管制表"。

跟进进度控制

要求所有采购在交货前 3 天和交货前 1 天两次与供应商确认生产进度和交期。

采购周计划和日计划控制

采购科长根据"订单交期分解表"、"生产计划排期表"、"欠料跟踪表"和车间"欠料单"，制订采购内部的周交货计划，明确每周的采购任务。在每日的下午 16：00 前，采购科长制订并下发第二天各采购员的采购计划。

供应商承诺控制

与厂商签订协议，约定若没有按交期达成，分批次进行货款的扣罚。

退补料控制

将物料的退补记录在"采购管制表"上，在规定时间内（通常 2 个工作日内）退回给供应商，并要求供应商按要求补回。

物料跟进会议控制

采购计划下达后,采购课每天早上召开采购进度跟进会议(早会),明确当天采购重点。

稽核控制

稽核部负责根据"订单交期分解表"、"采购日计划"对采购的工作进度进行稽核,并将发现的异常及时反馈和奖惩,并在物料排查会议中提出。

第十七章
财务管理工作流程

年度预算编制流程

制订编制方针

①酒店总经理和财务总监根据酒店的战略发展目标,确定下年度酒店的整体经营目标和财务目标。

②酒店总经理召集预算管理委员会,根据酒店下年度的财务目标并结合之前的预算情况,制订预算编制方针和大纲。

各部门编制财务预算

①财务处向酒店各部门下发预算编制方针和大纲。

②酒店各部门根据预算编制要求,编制本部门的预算并报财务处。

③在各部门编制预算的过程中,财务处要为其提供各种预算资料(如现金流量、收入、成本、资产、负债)。

形成年度预算初稿

①财务处汇总各部门预算并经测算、平衡、审核后,形成年度预算初稿,上报预算管理委员会审批。

②预算管理委员会召开会议讨论年度预算初稿并提出修改意见。

修改年度预算初稿

①财务处召集酒店各有关部门,下达预算管理委员会的修改意见。

②各有关部门按照预算管理委员会的意见进行修改后再报财务处。

确定年度预算

①财务处再次汇总修改后的各部门预算,将酒店年度总预算上报预算管理委员会审批。

②预算管理委员会审批通过后,报总经理审批。

③总经理审批通过后,财务处向各部门下发酒店年度总预算。

融资管理工作流程

分析资金需求和融资风险

①投融资专员根据酒店的战略发展规划、经营情况、投资计划以及酒店当

前的资金状况,对酒店的资金需求进行预测和分析。

②通过收集酒店内部、金融市场等方面的相关融资信息,根据酒店的资金需求状况,分析并比较各种融资方式的融资成本和风险。

制订融资计划

①财务主管根据融资风险分析结果、酒店的资金周转情况等,制订酒店融资计划(包括融资的规模和用途、融资的方式和对象、融资实施的时间、融资失败的补救措施以及其他相关内容)。

②将融资计划交财务部经理审核后,报财务总监和酒店总经理审批。

执行融资计划

①投融资专员根据融资计划,开展融资活动,与融资对象(如银行、投资公司、证券公司等)进行协商谈判。

②财务主管在协商谈判的基础上,与融资对象签订融资合同(包括融资的金额、利率、偿还时间与方式等内容),经财务部经理审核、财务总监和酒店总经理审批后生效。

③当融资资金到位后,财务处要根据融资计划和酒店资金需求状况进行合理的分配和运用。

④会计处根据投融资专员提供的相关凭证进行融资财务管理,明确每一笔融资资金的到位情况、分配情况和收益情况。

编制融资评价报告

①财务经理对融资过程进行监督和指导,收集融资实施效果的相关资料。

②根据收集的资料,编制融资评价报告,对融资的各项工作进行全面、客观的评价,提出融资管理建议,向财务总监和总经理汇报工作。

日记总账制作流程

编制记账凭证

①会计粘贴原始凭证并分类编制成原始凭证汇总表。

②根据原始凭证汇总表编制记账凭证(收款凭证、付款凭证与转账凭证)。

登记日记账

①会计根据收款凭证、付款凭证登记现金日记账。

②根据收款凭证、付款凭证登记银行存款日记账。

登记明细账

①会计根据记账凭证和有关原始凭证或原始凭证汇总表登记明细分类账。

②在登记明细账时,可采用三栏式、多栏式和数量金额式。

登记日记总账

①会计根据记账凭证逐笔登记日记总账。

②在登记时,要尽量减少记账凭证的数量,以减轻登记日记总账的工作量。

日记明细账与总账核对

①会计核对总账各账户的余额是否正确。

②核对总账和明细账是否正确。

③核对总账和日记账是否正确。

编制会计报表

①会计根据日记总账和明细账编制会计报表,经会计主管审核后,报财务经理审批。

②财务经理审批同意后,上报财务总监、酒店总经理审批。

库存现金的控制流程

库存现金的管理制度

根据《现金管理暂行条例》及有关的规定,我国企业现金管理制度的内容主要有以下几个方面:

①现金的适用范围。这里的现金指人民币现钞。允许用现钞支付的款项有:

a. 职工工资、津贴。

b. 个人劳务报酬。

c. 根据国家规定颁发给个人的科学技术、文化艺术、体育等各种奖金。

d. 各种劳保、福利费用以及国家规定的对个人的其他支出。

e. 支付给不能转账的集体单位或城乡居民个人的劳务报酬和收购农副产品与其他物资的价款。

f. 出差人员必须随身携带的差旅费。

g. 结算起点(1 000 元)以下的零星开支。

h. 中国人民银行规定需要支付现金的其他支出。现金使用范围以外的收支,企业应通过银行进行转账结算。

②现金的库存限额。

开户银行根据企业 3~5 天(边远地区和交通不便地区可以多于 5 天,但不得超过 15 天)的日常零星开支所需,核定其库存现金限额。企业的库存现金高于限额,应及时送存银行;低于限额,应从银行提取现金补足。

③不得坐支现金。

企业的一切现金收入都应及时送存银行,不得从本企业的现金收入中直接支付(坐支)。因特殊情况确实需要坐支的单位,必须向开户银行申请,并核定坐支限额。

④不准挪用现金和白条抵库。

现金的收支是为生产经营服务的,任何人不能挪用公款。现金收支必须有严格的手续,不准用不符合财务制度的凭证顶替库存现金,即不得用白条抵库。

⑤严禁企业私设小金库。

企业的一切现金收入都必须入账,不得私自设立"小金库"。

⑥建立现金管理的责任制度。

企业必须根据不相容职务分离的原则建立现金管理的内部牵制制度和责任制度。

酒店现金控制的基本环节

(1)现金收入的控制

现金收入控制的基本环节主要包括以下几个方面:

①现金收据的及时清点。

总出纳应该每天清点各营业点交来的现金、正式收据、定金收据和所收到的现金支票,检查各个营业点所交来的现金和支票是否与各自的收银员现金报告及各种收据所列的数据相等,确保日清月结。

②及时将现金送存银行。

经审核、清点无误后,出纳员应将当日收到的现金送存银行,并每日终了清点库存现金,与现金日记账进行核对。

③出纳记账。

出纳员根据收款记账凭证以及所附原始凭证和银行收据通知,登记现金日记账,然后将各种单据移交给会计人员。

④复合记账。

会计人员将出纳员交来的各种凭证单据复核无误后,登记总账和有关明细账。

⑤对账。

月末,会计人员要负责现金总账和现金日记账的核对。若余额不符,要及时查明原因。

⑥抽查。

会计部门负责人与内部审计人员要定期检查出纳人员的现金收付工作,并经常不定期抽查现金库存。

（2）现金支出的控制

现金支出控制的基本环节主要包括以下几个方面：

①经办人签字。

现金支出的原始凭证一般有外来和自制两种。凭证在报销付款前必须要经办人签字，有些凭证还需注明原因。

②负责人核准并签字。

在经办人签字后，部门负责人还应进行核准，并在凭证上签字。例如，对于酒店"内部借款单"，在借款人写明借款理由、借款数额并签字后，还应由部门经理核准并签字。

③批核。

在部门负责人对有关凭证核准签字后，还应由有关人员对凭证进行批核。酒店的"内部借款单"，在申请人和部门经理签字后，还应由财务总监和总经理分别进行批核签字。员工报销差旅费时，应填写"差旅费报告单"，该单应首先由报销申请人签字，然后由部门经理、财务总监和总经理进行批核。

④审核。

会计部门负责人负责对凭证的审核工作。审核的要点是：凭证内容填写是否完整；经办人以及各有关负责人的签字是否齐备；是否符合酒店规定的批准权限。

⑤付款。

会计对原始凭证审核后并同意付款时要编制付款通知单，出纳员将原始凭证、付款通知单等有关数据核对无误后进行付款，付款后应在原始凭证上加盖"现金付讫"戳记，同时在付款通知单上加盖出纳员的印章，表示出纳业务的完成。

银行存款控制流程

对酒店银行存款的控制主要从以下几个方面着手：

①在当地银行开立结算存款户，以及办理银行存款的存取和转账结算业务。

②库存现金限额以上的货币资金，都应存入银行。结算起点以上的业务，都应采用非现金结算方式，由银行从付款单位的存款户中将款项划转到收款单位的存款户中。

③须使用银行统一规定的票据和结算凭证，严禁伪造票据和结算凭证。

④必须严格遵守银行的规定，不准出租、出借账户，不准签发空头支票和远

期支票,不准套取银行信用,不准将支票交给销售单位代为签发。

⑤建立银行存款管理责任制。出纳员负责银行存款的收支业务,保管、签发支票,登记银行存款日记账;会计人员负责银行存款收支业务的审核工作,并负责登记银行存款总账。

⑥定期与银行进行银行存款的清点核对。

现金的日常管理流程

加速收款

为了提高现金的使用效率,加速现金周转,企业应尽量加速收款,即在不影响未来销售的情况下,尽可能地加快现金的收回。加速收款的关键问题在于,如何既利用应收账款吸引顾客,又缩短收款时间。酒店要在两者之间找到适当的平衡点,并需实施妥善的收账策略。

控制支出

酒店在收款时,应尽量加快收款速度。而在支出款项时,应尽量延缓现金支出的时间。控制支出的方法有以下几种:

(1)运用"现金浮游量"

所谓"现金浮游量"就是银行存款账面余额与银行的企业存款账面余额的差额。从酒店开出支票,到收款人收到支票并存入银行,至银行将款项划出酒店账户,中间需要一段时间。现金在这段时间的占用称为"现金浮游量"。在这段时间里,尽管酒店已开出了支票,却仍可动用活期存款账户上的这笔资金。一般来讲,如果浮游量能被充分利用的话,会给酒店带来相当可观的经济效益。

(2)控制支出时间

为了最大限度的利用现金流,在不影响酒店自身的形象和信誉,不影响本酒店与信用提供者的关系的前提下,酒店可采用一定措施来延缓应付款的支出时间。合理地控制现金支出的时间是十分重要的。例如,酒店在采购物资时,付款条件是"2/10,N/30",如果酒店现金充裕,应尽量争取享受折扣,那么应该在第 10 天付款,而不是第 9 天或者第 11 天。这样,酒店可以最大限度地利用现金而又不丧失现金折扣。如果现金比较紧张,酒店可以放弃现金折扣,而在第 30 天付款。

(3)工资支出模式

酒店可以为支付工资设立一个专门的存款账户,并对未来一段时间内的情况做出合理的预计和结算,以相对准确的数字和时间将现金转存至工资账户,从而保证工资的如期支付,又尽量减少工资账户对现金的占用。

(4)力争现金流入和流出同步

如果酒店能合理编制其现金预算,就能尽量使它的现金流入与现金流出发生的时间趋于一致,就可以使其所持有的交易性现金余额降到较低水平,从而达到现金流入量和流出量的同步。

顾客赔偿操作服务流程

在店客人的物品赔偿程序

客房服务员在进行每日的清扫工作时,发现客人房间的酒店物品损坏或棉织品染色等问题时,处理如下:

(1)服务员发现客人损坏了物品

及时填写好"物品赔偿单",等待见到客人说明情况并请客人确认。

(2)同客人交涉赔偿事宜

见到客人向其说明情况时,态度要温和、诚恳并坚决,证据充足、理由充分,得到客人的认可并答应赔付时,询问客人的付费方式,是挂账还是现付,如是挂账,请客人签字确认,如是付现金,直接收取现金,并将"物品赔偿单"客人联交与客人。

(3)根据不同的付费方式进行操作

①挂账方式。

客房服务员将客人已签字的"物品赔偿单"(全联)拿到前台收银处,前台收银签字后(收银员请及时入机,以免漏账造成损失),客房服务员拿回客房联交回客房服务中心存档,客房服务中心以此联为证,到库房领取新物品补齐到客房中。

收银员入机后将收银联放入客人房间的相应账夹中,将审核联随同自己当日的账单及入账交易的所有单据一起,上交财务日审(如果是一式两联的"物品赔偿单",将单据复印,复印联作为日审单据当日上交财务)。

②现金方式。

客房服务员将现金及收银联一起拿到前台收银处,前台收银员签字确认,客房服务员拿回客房联(如果是一式两联的单据,复印后,将复印联作为客房联拿回到客房服务中心)。

前台收银员奖金额入到现金账户内(财务部规定的专门收取现金的账户),收回收银联,并将收银联作为入账凭证单同当日账单及入账交易的所有单据一起,上交财务日审。

(4)客人不认可赔偿时的操作程序

首先,应及时将此情况上报到客房部领班、主管或经理处,根据实际情况做出解决。

离店客人的物品赔偿程序

客人直接到前台退房、结账,客房检查时发现有物品需要赔偿时的操作如下:

①前台收银员礼貌地向客人询问是否有物品损坏(请问您××放在什么地方了,服务员没有看到)。

②得到客人认可后,收银员直接开"物品赔偿单",请客人签字确认(为缩短时间,如客人认可,收银员可以直接将费用入机),收银员签字。

第十八章
工程管理工作流程

日常报修、维修管理流程

填写报修单

①各部门服务员发现设备设施需要维修时,应立即报告部门领班。

②各部门领班填写报修单,填写时应写明申请日期、申请部门、维修地点、维修内容、维修申请人以及须注明的其他情况。

③填好报修单后,将其交给主管,由主管交值班工程师。

查阅报修单

①值班工程师收到报修单后,对报修单填写内容进行查阅,栏目内容不全或不符合要求的应拒收。

②验明无误后,注明受理日期,按时间进行登记(时间为签收时间),然后将第二联交给报修部门留底,第一联在本部门留存,第三联交给相应班组维修人员进行维修。

③若是需要优先处理的维修项目,应在报修单上盖上"紧急"字样章。

进行维修

①维修人员收到报修单后,立即带好必要的工具,准时到达维修点。若因工作原因在规定时间内不能到达现场,应主动与报修部门联系说明原因,征求意见。

②按质量标准完成任务后,请报修部门验收,核对使用材料,在报修单上由验收人员和维修人员本人共同签字认可。

③若因材料、人力、技术等原因不能按期完成维修任务时,则如实报告值班工程师,由值班工程师或工程部经理与报修部门协商解决办法。

④若是维修住客房,应由客房服务员陪同进房维修,双方互相监督。若因客人挂有"请勿打扰"牌未能完成维修任务,则应在报修单上写明原因。

维修工作结束

①维修工作结束后,维修人员必须清理现场(包括垃圾、材料、工具等),将搬动过的物品恢复原位。

②及时将签字后的报修单交给值班工程师,由值班工程师将其与留存的报修单核对后装订在一起保存。

③值班工程师按照完成任务的情况填写值班日志,在交班前将当日报修单整理汇总,若发现缺少报修回单应及时催促有关班组领班落实维修任务的完成情况并将回单速交工程部办公室。

④每日下班前,将值班日志交给工程部经理,请其审阅。必要时,工程部经理亲自或派人检查维修结果。若发现不合格,须责成有关人员返工。

⑤交班时,向下一班人员介绍说明未完成的维修项目及注意事项。

装修巡检管理流程

制订装修巡检计划

①综合维修组主管根据酒店设施制订酒店装修巡检计划,报工程部经理审批。

②工程部经理审批同意后,综合维修组主管按照计划对公共区域和客用区域的装修情况进行巡视检查。

巡视检查公共区域

①综合维修组主管应每天对公共区域进行例行的巡视检查,检查内容如下:

a. 检查吊顶板是否有短缺、发黄、变形、缺角、塌陷。

b. 检查各通道卫生间的门锁是否完好。

c. 检查客用卫生间的墙、地、顶是否完好。

d. 检查卫生间隔断门是否完好。

e. 检查固定的陈设家具是否有损坏。

f. 检查大堂门是否完好。

②在巡视检查过程中,若发现小项问题应立即安排维修;若发现大项问题则按临时维修项目安排处理。

巡视检查客用区域

①综合维修主管每月要对客用区域进行巡视检查,检查的内容如下:

a. 检查走道的墙纸、吊顶、地毯是否完好。

b. 检查走道月光灯采光板是否完好。

c. 检查客房内的采光板是否齐备。

d. 检查日光灯采光板是否齐备。

e. 检查卫生间的瓷砖、地砖是否完好。

f. 检查窗帘及窗扇是否完好。

②在巡视检查过程中,若发现小项问题应立即安排维修,若发现大项问题则按临时维修项目安排处理。

做好记录

①综合维修主管每次巡检时,都应详细地记录巡检时间、发现的问题、处理情况等。

②定期向工程部经理汇报工作并将巡检记录交工程部秘书存档。

特别抢修工作服务流程

接到抢修报告

①接到有关部门的抢修报告时,值班工程师应问清报告人的姓名、所在部门、维修内容和维修地点等情况。

②根据报告的情况确认需要特别抢修时,值班工程师向相应班组维修人员发出维修指令。

进行维修

①维修人员接到维修指令后,应带好必备的工具,在 3 分钟内到达现场,查明故障或损坏原因后,按相应的操作规范进行维修。

②对 VIP 客房的抢修要放在首位。维修工作完成后,工程部经理或值班工程师应亲自或指定专人检查维修是否合格。

③若维修住客房,应由客房服务员陪同前往客人的房间,在征得客人同意后迅速抢修。

④若是暂不能处理的故障,应报告值班工程师,由值班工程师向报修部门解释并协助报修部门做好应急措施。

补办报修手续

①抢修工作结束后,维修人员应清理设备设施上的油污和灰尘,对散落地上的垃圾、杂物应清除干净,移动过的设备应恢复原位,如维修现场有客人在场,应向客人表示歉意和道谢。

②请报修部门主管补填报修单,写明申请日期、申请部门、维修地点、维修内容、维修申请人并签字验收。

③将报修单的第二联交给报修部门,将第一联和第三联交给值班工程师,由其将两联装订在一起留存。

工程突发事件处理流程

制订突发事件处理预案

①工程部经理参考其他酒店的工程突发事件处理预案,并结合本酒店的实

际情况制订酒店工程突发事件处理预案,报总经理审批。

②总经理审批同意后,工程部按照预案处理相应的工程突发事件。

突发事件的处理

(1)停电事件的处理

①当酒店员工发现市电停供时,立即通知值班工程师,并按自备电投送程序操作,在 5 分钟内投入自备电。

②值班工程师立即通知强电班投送自备电,并且联系市供电局,确认是否停电并询问恢复供电时间。

③通知各部门恢复市电时间,请各部门做好节电工作。

④强电班加强自备电运行中的技术力量,不间断巡视发电机的运行状况,确保自备电的使用,在自备电使用过程中,若负荷过大,应先确保主要设备及营业部门的用电。

⑤市电恢复后,值班工程师立即通知各部门做好切换前的准备,确认后迅速切换。

⑥强电班关闭发电机,使其恢复到备用状态。

⑦值班工程师向工程部经理汇报停电经过及设备运行状况并做好记录备案。

⑧若是非市供电局停电,则通知强电主管组织专业人员查明原因,在最短的时间内解决妥当并做好停电记录备案。

(2)停水事件的处理

①各员工工作区域无水或水流过小时,应马上通知值班工程师。

②值班工程师接到通知后,马上和自来水公司联系,确认是否停水并询问恢复供水的时间。

③确认停水时,应指派专职人员在 10 分钟内完成高低区联通操作,并且专职人员应对供水系统进行仔细检查,每半小时巡查一次。

④通知各部门已停水及恢复供水时间,请各部门做好节水工作。

⑤保持与自来水公司的联系,在供水正常后,及时通知各部门并在 5 分钟内恢复正常状态下的供水。

⑥向工程部经理汇报停水经过,并做好记录备案。

⑦若不是自来水公司停水,则通知暖通主管组织专业人员查明原因,在最短时间内解决问题,做好停水记录备案。

(3)停空调事件的处理

①空调房在空调运行中出现异常情况,影响区域空调使用时,空调工应马上向空调领班汇报。

②空调领班接到报告后,组织专业维修人员赶到现场进行抢修。

③如异常情况无法在短时间内解决,若有备用时,空调工应启动备用设备,若无备用设备时,应向动力主管汇报,由其指挥抢修工作。

④空调领班通知各部门空调状况、修复时间,请各部门做好解释工作。

⑤恢复正常后,立即通知各部门已恢复正常。

⑥向动力主管、值班工程师汇报空调停运经过并做好记录备案。

（4）停气事件的处理

①锅炉房在锅炉运行中出现异常情况,影响供气的正常进行时,锅炉工应立即向锅炉领班汇报。

②锅炉领班接到报告后,应组织专业维修人员赶到现场。

③如故障在两小时内无法排除,锅炉房应立即将备用锅炉投入运行。

④投入备用锅炉过程中,锅炉工应严格控制用气,确定优先供给营业部门的原则。

⑤锅炉领班通知各部门,做好解释工作,协助做好节气工作。

⑥恢复正常供气后,立即通知各部门已恢复到正常状态。

⑦向动力主管、值班工程师汇报停气经过,并做好记录备案。

（5）运行电梯发生故障的处理

①电梯运行中发生故障时,酒店员工或客人应立即通知值班工程师。

②值班工程师接到通知后,马上联系电梯工赶至现场。

③通知酒店值班经理、保安经理和大堂副经理,做好协助及对客人的解释工作。

④组织工程部电气及机械专业人员配合电梯员工作。

⑤强电主管必须在现场协助、督促问题的解决。

⑥维修人员查明故障原因后,要彻底解决、杜绝事件的再次发生。

⑦值班工程师记录事件的原因、经过和处理方法并备案。

（6）电话中断事件的处理

①电话发生突然中断后,酒店员工应立即通知值班工程师。

②值班工程师接到电话后,指派电话维修工到总机,检查中断原因。

③联系市电信局,问清是否为电信局故障并要求提供业务指导。

④通知客房部及相关部门,做好对客的解释工作,告知故障修复所需时间。

⑤恢复正常通话后,立即通知各部门通话已经正常。

⑥向工程部经理汇报事件的发生、经过、原因和处理方法并记录备案。

做好工作记录

①维修人员在维修后及时填写维修记录。

②故障排除后,值班工程师做详细的处理记录,编写事故分析报告,将事故原因、事故状况、处理方法、预防措施汇报给工程经理并抄报总经理。

③若经调查发现是人为事故,则由工程部提出对责任者的处分意见,报总经理和人力资源部批准后执行。同时,由工程部技术人员再次对有关人员进行培训和教育,以防止类似事故再次发生。

重大活动工程服务流程

制订设备安装和维护方案

①酒店承接重大宴会、酒会、会议、联欢活动时,公关营销部根据接待方案,事先向工程部通报举办活动的内容、时间、地点及其对灯光、音响、舞台、讲台等设备安装布置的要求。

②工程部收到通知后,工程部经理和专业主管及时同使用部门联系,明确重大活动设备安装布置的具体要求和任务,提出设备安装和维护方案(在方案中要明确此次活动的总工程师),上报总经理。

③总经理审批同意后,工程部开始实行设备安装和维护方案。

安装和维护设备

①在重大活动正式开幕前,总工程师组织技术人员按照设计方案架设电源电线,安装音响、灯光、舞台、讲台、麦克风、投影仪等。

②在安装过程中,工程部经理和总工程师应全面督导,协调各班组落实完成落实各项任务。

③设备安装完成后,技术人员要进行全面调试和试运行。若发现问题,及时调整和改装,以保证设备与重要活动内容要求相协调,保障设备运行安全。

④在重大活动举办期间,工程部经理指定各主管和维修人员在现场值班,负责设备的使用和调试,满足活动和客人的需要。

撤除设备

①重大活动结束后,工程部技术人员会同使用部门及时撤除各种设施设备,清理好现场,恢复原状。

②总工程师将设备安装和维护方案、使用材料及完成效果(拍成图片)存档,以备下次活动时参考。

万能工日常检修服务流程

准备工作

①万能工查看当天的检查项目表(检修区域包括客房、公共区域、餐厅、酒

吧、娱乐场所），了解要完成的工作。

②按照要求准备好工具，确定所需各类零件及更换用品，放入万能工具车中。

进行日常检修

①万能工按照低压操作规范要求，对检修区域的各种电气设备进行检修。

②熟悉各检修区域的冷、热水及排水系统的分布情况，排除冷、热水及排水系统的一般故障。

③熟悉各检修区域的卫生洁具和五金配件的构造，掌握易损易松零件的情况，及时修理和调整零件间隙。

④熟悉各检修区域空调设备和冰箱的结构、性能，排除空调设备和冰箱的一般故障，做好温控器调整及过滤网清洁和冰箱除霜。

⑤及时修理检修区域的家具、门窗装饰的一般损坏，调整、紧固各活动部位。

⑥按各检修区域墙面油漆性能、制作工艺要求和墙纸的特性、裱贴工艺，做好修补剥落破损的油漆和墙纸，使色差基本恢复并达到原来的视觉效果。

⑦修理或更换各检修区域的各种锁具、小五金零件，并调整间隙。

⑧按各检修区域沙发的结构与面料质地、地毯的质地与铺设工艺要求，做好修补工作。

⑨进房检修时，若客人在房内，应由客房服务员向客人说明情况并征得客人同意后才可进行，检修完毕应清理现场，恢复原来布置，达到整洁要求。

⑩在检修过程中，若需对设施设备进行大修，应及时向值班工程师汇报，经其同意后再进行维修工作。

填写检查项目表

①万能工根据检修情况认真填写检查项目表，向值班工程师汇报工作。

②向下一班员工介绍未完成的工作和注意事项。

第十九章
康乐管理工作流程

健身房服务流程

上岗准备

①服务人员做好仪容仪表的自我检查。

②检查各种健身器材和设备并摆放整齐。

③做好健身房的清洁工作。

为客人办理登记

①热情主动地接待客人，使用礼貌用语问候客人。

②若是住店客人，请客人出示房卡，核对客人姓名、房号、入住日期后，向客人介绍健身项目、收费标准等，登记其姓名、房号，开具消费时间及消费项目账单。

③若是非住店客人，则向其介绍服务项目、收费标准等有关事项后，为客人开具消费时间及消费项目账单。

提供健身服务

①客人登记后，向客人发放毛巾、更衣柜钥匙。

②服务员引领客人到健身器材旁，对初次到来的客人应主动为其介绍设备的性能和操作方法。

③征求客人意见，播放音乐或电视、录像等，如客人自带唱碟，采取先到先用的方式，做好沟通、协调工作。

④细心观察场内情况，及时提醒客人应注意的事项。

⑤及时清理客人使用过的毛巾和废弃物。

⑥在客人运动间歇，服务员要主动递送毛巾，根据客人需要及时提供饮料或茶水等服务。

⑦客人运动结束，服务员主动征询客人意见，如客人需要淋浴，则将客人引领到淋浴室并为客人准备好毛巾和拖鞋。

办理结账手续

①客人示意结账时，服务员应及时在账单上注明健身终止时间并递送给客人过目。

②询问客人是否挂账，按客人要求为其办理结账手续，并出具相关票据。

送别客人

①客人离开时，向客人道谢并将客人送到门口，欢迎其再次光临。

②及时清洁、检查、擦拭、整理健身房设施设备，做好迎接下一批客人的准备。

游泳池服务流程

服务人员的服务标准：

①熟悉游泳池工作内容、工作秩序。

②具有游泳池设施（设备）维修保护知识、清洁卫生知识和水上救护常识。

③能区别不同接待对象，准确运用迎接、问候、告别语言。

④对常客和回头客称呼姓名或职衔。

⑤服务态度主动、热情。

预订的服务标准：

①要用规范语言主动、热情接待客人预订。

②客人电话预订，铃响 3 声内接听，如因工作繁忙，请客人稍候。

③准确记录客人姓名、房号（酒店宾客应登记房号）、使用时间，并复述清楚，取得客人确认。

④对已确认的客人预订，要通知有关服务人员提前做好安排。

接待服务准备工作的标准

①每日营业前整理好游泳池、休息区、更衣室、淋浴室与卫生间的清洁卫生。

②将设备设施摆放整齐。

③检查池水水质和温度是否符合标准。

④检查各种设备、救生器材是否完好。

⑤池水水质每日检测 2 次。

⑥水温每日上午、下午、晚上测量 3 次。

⑦室内及池水温度、湿度按时向客人公布。

⑧正式营业前准备好为客人服务的各种用品，整理好个人卫生，准备迎接客人。

接待服务的标准

①客人来到游泳池，要准确记录客人姓名、房号（酒店宾客应登记房号）、到达时间、更衣柜号码。

②客人进入游泳池,主动引导,提供毛巾、更衣柜钥匙及时。

③客人游泳期间,照顾好客人物品。

④客人休息时需要饮料、小吃,主动及时询问需求,做好记录,并迅速提供服务。

⑤客人离开时,要主动告别,并欢迎再次光临。

安全服务的标准

①游泳池"客人须知"中应明确公告:"饮酒过量者谢绝入内"、"皮肤病患者谢绝入内"、"本池无救生员"等。

②服务过程中发现客人中有饮酒过量者时,应婉言谢绝入内。

③服务人员须受过救生训练,注意水中客人情况,发现异常,及时采取有效措施。

④池边要备有救生圈,配有两倍于池宽的长绳和长竿救生钩。

⑤对带小孩的客人,提醒注意安全。

⑥整个服务过程中,保证无客人衣物丢失和溺水等安全责任事故发生。

歌舞厅服务流程

营业准备

①歌舞厅服务人员应提前 10 分钟到达工作岗位并作好自我检查,做到仪容仪表端庄、整洁,符合要求。

②开窗或打开换气扇通风,做好歌舞厅的环境卫生及音响设备测试工作。

③补齐各类营业用品和服务用品,整理好营业所需的桌椅。

④查阅值班日志,了解客人预订情况和其他需要继续完成的工作。

⑤最后检查一次服务工作准备情况,处于规定工作位置,做好迎客准备。

迎接客人

①领位员面带微笑,主动问候客人并询问客人是否有预订,如有预订将客人引领至预订位置,如无预订将客人引领至客人所选择位置。

②迎宾员热情主动地迎接客人并尽可能按客人的意愿来安排客人的座位或包房。

询问客人服务要求

①服务员主动介绍歌舞厅情况以及节目安排的内容。

②服务员主动询问客人需要哪些酒水、饮料、果点等。

③服务员要仔细倾听客人的要求并准确记录在酒水单和点歌单上,等客人点完后,服务员应清楚地复述一遍。

提供相关服务

①服务员用托盘端送酒水、饮料、果点并报出酒水和果点名称,请客人慢用。

②在客人娱乐时,服务员要注意观察桌台,当发现客人酒水、饮料、果点用完后,主动询问客人是否添加。

③如果客人要增加消费,需随时送上酒水单和点歌单并提供适宜的建议,清晰准确地记录在单据上。

④及时收走桌上的垃圾,保持桌台清洁。

办理结账手续

①客人示意结账时,服务员主动上前递送账单给客人确认。

②询问客人付款方式,为其办理结账手续,并出具相关票据。

送别客人

①客人离开时要主动提醒客人带好随身物品,帮助客人穿戴好衣帽。

②送客人至歌舞厅的门口并礼貌地向客人道别,欢迎其再次光临。

清理桌台

①及时清理,查看有无遗漏物品,如有则尽快交给客人或上交经理。

②迅速清洁桌台,整理好桌椅,做好迎接下一批客人的准备。

台球活动室服务流程

岗前准备

①上岗前作自我检查,做到仪容仪表端庄、整洁。

②检查球杆,每张球台的台面、台边是否有破损,球是否齐全。

③做好台球厅的清洁卫生。

迎接客人

①热情主动地迎接客人,为客人登记并引领客人到指定球台。

②若客满,则商请客人排队或先进行酒店的其他休闲活动。

提供相关服务

①服务员协助客人挑选球杆并为客人码球。

②如果客人需要陪练员或教练员,则做出相应安排。

③配合客人计分,白球进袋应主动拾球并定位,客人需要杆架时应及时服务。

④客人休息时,服务员要根据客人需要及时提供饮料、面巾等服务。

⑤每局前递上毛巾,及时添加饮料、茶水,迅速清理好台面。

办理结账手续

①客人结束娱乐,先检查设备是否完好,如有问题应及时报告。

②及时递上账单,请客人确认后办理结账手续,出具相关单据。

送别客人

①礼貌送客,致谢"谢谢光临,欢迎下次再来",微笑目送客人离开。

②及时清理场地,如发现客人遗留物品,应尽快交客人或上交经理处理,清理好球台,做好迎接下一批客人的准备。

棋牌室服务流程

营业准备

①上岗前作自我检查,做到仪容仪表端庄、整洁。

②检查棋盘室内设备,做好清洁卫生。

迎接客人

①面带微笑,主动招呼客人并询问客人是否有预订。

②征询客人意见,引领客人至适当的包厢。

提供相关服务

①客人入座后,送上小毛巾,服务员为客人准备好所需的棋牌。

②根据客人的服务要求,提供客人所需的棋牌服务和饮料、茶水服务。

③客人在玩棋牌时应退出房间,站在房间门口,随时听候客人的吩咐。

④客人活动期间,服务员应每隔 15 分钟巡视一次,根据需要添加饮料和茶水。

办理结账手续

①客人结束娱乐后,应先检查棋牌是否完好,如有损坏应及时报告。

②及时为客人递交账单,请其确认后办理结账手续并出具相关票据。

送别客人

①礼貌送客,致谢"谢谢光临,欢迎下次再来",微笑目送客人离去。

②及时清场,如发现客人遗留物品应尽快交还客人或上交经理处理,清理好包厢,做好再次迎客的准备。

桑拿房服务流程

为客人办理登记

①客人光临,桑拿室服务员应主动问候,并向客人介绍桑拿室的服务项目、

收费标准等。

②为客人办理登记手续。

a. 若是住店客人，请客人出示房卡，核对客人姓名、房号、入住日期后，登记其姓名、房号，发放手牌和毛巾。

b. 若是非住店客人，则向其介绍服务项目、收费标准等有关事项后，进行登记并发放手牌和毛巾。

提供相关服务

①客人登记后，服务员根据手牌引领客人到相应更衣柜更衣。

②客人更衣后，将其领入淋浴区，为客人调试水温并询问客人对水温的意见。

③向客人介绍浴区的浴种，各种设备设施的位置、特点及使用方法。

④客人进入桑拿房后，向其提供免费的饮料或酒水。

⑤服务员注意观察蒸汽温度和客人情况，检查设施设备是否正常，以防客人烫伤或昏厥。

⑥客人蒸桑拿后服务员要及时递上毛巾并根据客人要求引领客人至淋浴室冲洗。

⑦客人淋浴结束后，服务员为其更换浴衣，如客人需按摩，则引领其至按摩室；如果客人需要休息则引领其至休息厅休息，根据客人需要递上茶水。

⑧客人休息完毕后若无其他要求，服务员为客人打开更衣柜，协助客人穿衣，并且提醒客人检查一下有无遗漏的物品。

办理结账手续

①客人示意结账时，服务员将手牌交给收银处为其办理结账手续并将票据交给客人。

②客人离开时，将客人送至门口并道别，欢迎其再次光临。

按摩室服务流程

服务人员的服务标准

①熟练掌握按摩室的工作内容、工作程序。

②具有医疗保健和按摩服务专业技术知识，熟悉人体穴位和全身与局部按摩操作技巧。

③受过两年以上专业培训，有一年以上实践经验。

④穿按摩室专用工作服上岗，颜色标志醒目。

⑤服务热情、礼貌、大方，但又要掌握分寸。

⑥常客、回头客能够称呼名称或职衔。

⑦服务操作规范，能够回答客人的问题。

预订服务的程序与标准

①按摩室设服务台，配预约电话。

②客人预定按摩服务，接待主动热情。

③电话预约，电话铃响三次内接听。

④预约准确。

⑤主动向客人介绍按摩种类、特点，耐心、细致地帮助客人选择按摩项目。

⑥准确记录客人姓名、房号(酒店宾馆应登记房号)、电话、按摩项目、使用时间，指定按摩员准确，复述清楚，取得确认。

⑦及时通知有关人员做好准备，使客人有方便感。

接待服务工作的程序与标准

①提前换好工作服，整理好服务台卫生专用品。

②每日营业前做好按摩室、休息室、沐浴室与卫生间的清洁卫生工作。

③认真细致地检查按摩设施、设备，保证按摩设施完备和卫生。

④保持各种设备完好。

⑤正式营业前准备好为客人服务的各种用品，整理好个人卫生，精神饱满地准备迎接客人。

按摩服务的程序与标准

①客人来到按摩室，主动问好，热情礼貌地迎接和询问客人有无预约。

②向客人说明各项按摩的费用标准，并按标准收费。

③按摩前 15 分钟，向客人提供整洁干净的专用按摩衣和消毒后的拖鞋。

④请客人更衣。

⑤询问客人是否需要做桑拿浴。

⑥按摩室能够提供全身和局部五种以上按摩服务项目。

⑦开始按摩前，热情、礼貌、耐心地询问客人需要按摩的项目、部位。

⑧按摩过程中，每一个按摩项目均按操作程序和技术要求操作。

⑨做到时间够，按摩时穴位准确，力度掌握适当，保持安静。

⑩细致观察客人反映和面部表情并做调整。

⑪征求客人的意见，及时改进工作。

第二十章
安保管理工作流程

消防器材检查工作流程

制订检查规范与标准

①消防主管负责制订酒店消防器材检查规范与标准,报保安部经理、总经理审批。

②保安部经理、总经理审批通过后,消防主管组织消防安全员学习和执行酒店消防器材检查规范与标准。

执行检查规范与标准

(1)灭火器的检查

①消防安全员检查是否各楼层都放置灭火器,且放在指定位置。

②检查灭火器的周围有无放置障碍物影响其使用。

③检查灭火器有无变形或损伤。

④检查灭火器标志的位置是否正确。

⑤检查蓄压式的灭火器,其压力有无下降。

⑥检查水雾、泡沫、二氧化碳、干粉灭火器的灭火剂量是否充足。

(2)室内(外)消火栓的检查

①消防安全员检查室内(外)消火栓的周围有无放置障碍物影响其使用。

②检查周围是否整理干净。

③检查控制盘的电源是否被切断。

④检查水带、锚子有无破损或被撤除。

⑤检查消火栓箱的门开启是否困难,操作有无障碍。

(3)自动洒水设备的检查

①消防安全员检查自动洒水设备的控制电源是否断线。

②检查帮浦周围是否整理清扫。

③检查控制阀是否被关闭。

④检查洒水头是否变形,操作有无障碍。

⑤检查送水口是否变形,操作有无障碍。

⑥检查探测头及洒水头周围有无障碍。

修订、归档

①在执行消防器材检查标准和规范的过程中,消防主管请消防安全员指出检查标准和规范中不合理或不适用的地方。

②消防主管根据消防专员的反馈意见对消防器材检查标准和规范进行修订,报保安部经理、总经理审批通过后存档保管。

火警报警处理工作流程

接到火警

①监控员接到报警后,问清报告人的姓名、部门、起火地点、人员和火势等情况后,迅速通知附近的保安员到现场检查。

②如属误报,监控员立即解除火警信号;如确认起火,消防主管带领消防员携带消防器材立刻赶赴现场,根据火情决定是否报告给消防部门。

③监控员通知医务人员、保安部经理、出事地点负责人、大堂副理等有关人员赶赴现场。

现场处理

(1)火势较小

①保安员及时疏散着火区域及附近区域的酒店客人、员工和行李物品。

②如有伤员,医务人员要及时救护,情况严重者,应立即将其送往医院。

③消防员进入着火房间,使用水枪灭火时,应先窗后内,先上后下,从窗户上方房子顶部之字形摆动喷射,向后移动到角落处,把房顶和开口部位的火势扑灭后,再射向起火部位。

④在灭火期间,若发现房间内有处于或可能受火势威胁的易燃易爆物品,应迅速清理出去。

⑤消防主管还要派人到着火房间的相邻房间和上下层的房间,查明是否有火势蔓延的可能,如有,及时扑灭蔓延过来的火焰。

(2)火势较大

①若火势较大,保安部要立刻向消防部门报警并向酒店值班经理和总经理汇报情况。

②总经理立刻成立救火指挥部并下达紧急疏散命令。

③保安部根据指挥部的指示成立现场指挥组,由消防主管负责指挥。

④客人根据现场指挥组的安排离开酒店。

⑤消防主管指挥消防员和就近员工救人、灭火、抢救物资。

⑥消防组准备好手推消防器材车和现场必需的大容量灭火器、防烟防毒面

具等工具。

⑦消防主管指派保安员在着火层执行警戒任务,防止有人趁火打劫、捣乱破坏。

⑧消防监控中心严密注视无人警戒的楼面及出入口,及时处理火势蔓延情况和制止违法犯罪分子进行打劫和破坏行为。

⑨停车场保安员清除车道上的路障,指导疏散酒店周围和店内的无关车辆,为专业消防队到场展开灭火行动维持好秩序。

⑩专业消防队到场后,消防主管交出指挥权并主动介绍火灾情况,根据其要求协助其做好疏散和扑救工作。

事后处理

①火破扑灭后,保安部负责调查起火原因,追究有关人员的责任。

②保安部经理写出详细的火灾事故报告向总经理汇报并存档。

施工现场检查服务流程

制订施工现场检查制度

①消防主管制订酒店施工现场检查制度,明确施工现场检查的标准,报保安部经理、总经理审批。

②保安部经理、总经理审批通过后,消防主管组织消防安全员学习并执行酒店施工现场检查制度。

执行施工现场检查制度

①消防安全员应检查施工单位的动火手续是否齐全。

②检查施工人员的身份证明,外省市的施工人员应持有公安部门核发的暂住人口证明及本人身份证,当地的施工人员应持有本人身份证。

③检查电工、焊工及化学危险物品管理人员等特殊工种人员是否持有特殊工种操作证。

④检查施工单位的安全员是否在岗。

⑤检查施工所用的建筑装修材料是否有严格的保管制度,尤其是价值较高的物品,是否有专人管理,领用手续是否清楚。

⑥检查施工单位是否超负荷用电,是否乱拉乱接电线以及各种电器设备能否正常工作。

⑦检查安全疏散通道是否畅通,防止因堆放各种建筑、装修材料而堵塞,影响安全。

⑧每天施工结束后,检查施工现场是否有用剩的危险品、易燃品,临时堆放

垃圾的地方是否远离火种。

问题整改

①消防安全员将发现的问题及时通知施工单位负责人,责令其整改并规定整改期限。

②整改结束,消防安全员要复查问题整改情况,如还有问题,请其继续整改,直到消除问题为止。

日常巡逻工作流程

制订工作计划与规范

①外保主管结合酒店实际情况制订日常巡逻工作计划与规范,报保安部经理、总经理审批。

②保安部经理、总经理审批通过后,外保主管组织外保组保安员学习和执行日常巡逻工作计划与规范。

执行工作计划与规范

①外保组保安员按间隔时间和路线进行巡视,巡逻要到位,巡逻过程中遇到客人要主动问好。

②发现可疑的人注意观察、查询和报告,必要时带至保安部办公室。

③仔细检查巡逻区域的消防器材和设备能否正常使用。

④遇到打架斗殴、火灾等突发事件要按照酒店相关规定进行处理。

⑤夜间巡逻要留意是否有故意破坏行为,如果有,要立即向主管汇报并采取措施。

做好工作记录

①外保组保安员详细记录当班期间的工作情况。

②下班时向接班人员交代须注意事项和需要完成的工作检查并做好交接记录。

停车场安全管理服务流程

制订安全管理制度

①停车场保安员上岗前进行自我检查,做到仪容仪表端庄、整洁。

②与交岗人员进行车场交接工作并仔细阅读交岗人员的工作记录。

执行安全管理制度

①停车场保安员为进入停车场的车辆指明停放地点,验明车况是否完好,

如反光镜、车灯等明显部位,做好详细记录并请车主签字确认。

②客人停车离开时,礼貌提醒客人带走车内贵重物品并锁好门窗。

③对车辆安全进行仔细检查,发现问题及时上报,如发现车辆车门、车窗未关好者,应立即通知主管,报客房中心检查后,按规定处理。

④对开出车场的车辆要做好验证工作,证件齐全、无误才可放行。如验证发现手续不齐和可疑情况,要立即进行查询、拦阻并及时报告领班。

⑤对夜间进出车辆要认真查看其车门、车窗有无被撬痕迹,如有疑问,核查清楚,详细记录核查内容和夜间进出车辆牌号和时间。

⑥维护好整个车场的秩序,有大片纸屑、废品及时清理,保持各通道畅通。

修订日常管理服务标准

①在执行停车场安全管理制度的过程中,外保主管请停车场保安员就制度的正确性和合理性提出意见和建议。

②外保主管将保安员的意见汇总,修订停车场安全管理服务标准,报保安部经理、总经理审批后将其存档。

员工进出管理服务流程

上岗准备

①员工通道保安员根据上岗要求着装整齐,提前到岗。

②保安员与交岗人员进行工作交接并仔细阅读当班工作记录。

员工进店检查

①员工通道保安员根据酒店规定引导员工从规定的员工通道进入。

②员工通道保安员要仔细查验进店员工的证件、查验人和证是否相符、是否在有效期内等,以确认是否是酒店在职员工进入酒店。

③对于员工携物品进入酒店的,员工通道保安员应查验物品,如有与酒店物品相同或相似的,请携物人在携物登记本上登记姓名、部门、员工号、物品名称、数量及进店时间。

④员工通道保安员提醒员工打卡,对代打卡者进行劝阻、登记,并有权按照酒店规定扣下员工卡。

员工出店检查

①员工通道保安员根据酒店规定引导员工从规定的员工通道离开。

②员工在工作时间内离开酒店时,应填写出门单,经部门主管签字交保安员登记、查验员工随身携带物品后方能离开酒店。

③员工下班离开酒店,员工通道保安员应查验随身携带物品后提醒员工

打卡。

④保安员需查验员工所带物品,如有酒店物品或与酒店物品相似的,应以如下方式处理:

a. 核对员工在携物登记本上登记的信息,核对正确并在携物外出单上签字后,员工方可出店。

b. 员工带酒店物品出门,应出具携物外出单,保安员核对物品与携物外出单是否相符,经核对正确并在携物外出单上签字后,员工方可出店,如有不符,将物品扣留,记下携物人的姓名、部门后让其补开。

c. 如员工不能提供携物外出单,保安员要详细询问情况,判断是否属于偷窃物品,若判断是偷窃物品,则应立即将人及所携带物品扣留并向上级汇报。

交岗工作

①员工通道保安员交岗前打扫本岗位区域卫生。

②交岗前详细记录本岗位当天的工作情况,并向接岗人员交代一些注意事项和需要完成的工作。

暴力事件处理工作流程

接到报告

①总机值班员接到报告时,问清报告人案发的时间、地点及简要情况,立即通知大堂副理、保安部经理、发生案件的部门经理、医务人员等有关人员立即赶到现场。

②保安员携带必要器材和电警具、对讲机、记录本等迅速到达现场。

③保安部根据事件的具体情况决定是否向公安部门报告。

现场处理

①保安部经理布置保护现场,划定警戒线、控制人员进入、维护现场秩序。

②保安员向当事人、报案人、知情者了解案情并做记录。

③如发现罪犯正在行凶或准备逃跑,立即抓获并派专人看守,同时报告公安部门,待公安部门来人后交给公安人员处理。

④如有人质被绑架、扣押案件发生,应立即报公安部门,控制事态发展,采取必要措施:

a. 要求遭劫部门人员或客人保持绝对的冷静,不要贸然行事,以免造成不必要的伤害。

b. 稳住犯罪分子,先尽量满足和答应其要求,以便争取时间和人员进行处理。

c. 控制案发现场,通知酒店各出口保安员做好围追堵截工作。

d. 公安人员到场后,协助公安人员制服犯罪分子。

⑤保安部协助医务人员抢救伤员,如需要,将其送往医院,并且酌情向伤员了解有关案件发生的情况并做好记录。

善后工作

①保安员协助发生案件的部门清理现场,登记并保管客人遗留下的财物及行李物品。

②保安员将与此次事件有关的所有资料整理存档保管。

紧急疏散工作服务流程

制订紧急疏散预案

①保安部经理根据酒店的安全制度规定和实际情况,制订酒店安全紧急疏散预案,报总经理审批。

②保安部经理组织保安人员学习、演练、实施领导审批的酒店安全紧急疏散预案。

下达紧急疏散命令

①当酒店遇到火灾、爆炸等紧急情况时,保安部经理立即上报给酒店总经理,由总经理决定并下达紧急疏散命令。

②保安部经理接到总经理紧急疏散的指示后,通知酒店客人和员工配合保安人员有秩序地离开酒店。

紧急疏散措施

①客房保安员先疏散着火或发生爆炸楼层以上的客人和员工,再疏散出事楼层以下各层的客人和员工,并做好出事层以下客人的安抚工作。

②前厅保安员维持好大堂秩序,确保酒店财产不受损失并阻止无关人员进入酒店大堂。

③员工通道保安员要立即阻止外来人员进入,请无关人员离开酒店,引导救援人员通过此处进出酒店。

④地下停车场保安员阻止车辆驶入,检查该区域,引导已疏散下来的人员离开停车场到指定地点集合。

⑤地上停车场保安员清理车道,迎接急救车辆的进入。

⑥保安部在疏散路线上设立哨岗为疏散人员指明方向并劝导疏散人员有秩序地疏散。

⑦保安员要及时清除疏散路线上的路障,保持道路畅通无阻。

⑧总机值班员与当地交警联系,请其控制酒店周边的交通。

疏散完毕

①保安部协助酒店各部门清点人数,确保所有客人和员工安全撤离。

②危险解除后,保安部要协助有关部门调查事故发生原因。

配合拘捕嫌犯服务流程

发现可疑人员

①总机值班员接到可疑情况报告时,问清报告人的姓名、部门、身份及可疑人员的活动地点,通知附近保安员到现场查看。

②保安员迅速赶赴现场,将可疑人员带至保安办公室审查。

审查可疑人员

①保安部审查可疑人员时要与服务部门经理及服务主管联系,相互配合,以恰当的口气询问,避免发生误会。如果可疑人员是女性,应由一名女保安员参与;有两名可疑人员的,应分开审查。

②问清其姓名、单位、来店事由。

③查验其证件及随身物品。

④在没有确实证据的情况下,不得闯入及搜查客人房间。

⑤注意发现可疑之处,若发现客人有违法行为,要详细询问客人的违法过程,并找相关人员了解情况,做好记录。

作出处理

①若经审查是误会,保安员应向其道歉,并感谢其协助工作。

②若客人的可疑情况属实,保安员根据审查结果作以下处理:

a. 客人违法行为情节较轻,且非主观违法,也未造成后果的,由保安部经理对其批评教育后放人。

b. 若客人违法行为情节严重,保安员要严密控制、监视出入人员,经请示批准后立即报告公安部门。公安部门来人后,将客人和所掌握的资料移交给公安人员,同时要记清公安部门处理该事件的部门、人员,以便日后联系。

③保安员将可疑人员审查记录和处理措施形成报告存档保管。

第三部分
酒店部门管理制度与规范

内容提要

- 前厅部工作制度
- 餐饮部工作制度与规范
- 公关营销部工作制度与规范
- 客房部工作制度与标准
- 人事部工作制度与规范
- 采购部工作制度与办法
- 工程部工作制度与规范
- 康乐部工作制度
- 安保部工作制度
- 酒店从业人员素质要求与管理趋势

扫码下载制度与规范文件

第二十一章
前厅部工作制度

前厅管理制度

总则

每位从事酒店服务工作的人员都应该遵守以下基本原则：

每位员工必须遵守诚实守信、团结互助、爱岗敬业的道德规范，以诚实的态度对待工作是每位同事必须遵守的行为准则，同事之间团结协作、互相尊重、互相谅解是做好一切工作的基础，以工作为重，按时、按质、按量完成工作任务是每位同事应尽的职责。

考勤制度

①按时上下班签到、签离，做到不迟到，不早退。

②事假必须提前一天通知部门，说明原因，经部门批准后方可休假。

③病假须持医务室或医院开出的证明，经批准后方可休假。

④严禁私自换班，换班必须有申请人、换班人签名，由领班、经理签字批准。

⑤严禁代人签到、请假。

仪容仪表

①上班必须按酒店规定统一着装，佩戴工号牌，工服必须干净、整齐。

②酒店要求保持个人仪容仪表，站、立、行姿势要端正、得体。

③严禁私自穿着或携带工服外出酒店。

劳动纪律

①严禁携带私人物品到工作区域。

②严禁携带酒店物品出店。

③严禁在酒店范围内粗言秽语，或散布虚假或诽谤言论，影响酒店、客人或其他员工声誉。

④工作时间不得无故串岗、擅离职守，下班后不得擅自在工作岗位逗留。

⑤上班时间严禁打私人电话，做与工作无关的事情。

⑥严格按照规定时间换班，除用餐时间外，不得在当值期间吃东西。

⑦严禁在工作时间聚堆闲聊、会客和擅自领人参观酒店。

⑧上班时间内严禁收看(听)电视、广播、录音机及阅读任何书报杂志。

⑨严禁使用客梯及其他客用设备。

⑩严禁在公共场所大声喧哗、打闹、追逐、嬉戏。

工作纪律

①严禁私自开房。

②当班期间要认真仔细,各种营业表格严禁出现错误。

③不得与客人发生争执,出现问题及时报告部门经理与当值领班,由其处理。

④服从领导的工作安排,保质保量完成各项工作。

⑤服务接待工作中坚持站立、微笑、使用敬语、文明服务,使宾客感觉亲切、安全。

⑥积极参加部位班组例会及各项培训工作,努力提高自身素质和业务水平。

⑦工作中严格按照各项服务规程、标准进行服务。

⑧认真做好各项工作记录、填写各项工作表格。

⑨自觉爱护保养各项设备设施。

⑩工作中要注意相互配合、理解、沟通,严禁出现推诿现象。

⑪严禁出现打架、争吵等违纪行为。

⑫严禁出现因人为因素造成的投诉及其他工作问题。

⑬工作中要有良好的工作态度。

酒店前台交接班管理制度

①只要是与整个部分或者各个分支部门有关的信息,都要记录在交班本上。

②所有记录交班本的信息必须注明日期、时间以及记录接待员和执行接待员的姓名,如果有必要,要将执行结果记录下来,签上日期和时间。

③前厅部的不同部门的员工在当班前要仔细阅读上班的交班记录,为紧接的工作做好准备。

④接班人阅读后要签名,交由接班人监管,如果没有接班人签名,应该追查交班人的责任。

酒店前台管理制度

①当班时应该保持良好的个人形象,仪容仪表整洁,热情礼貌地为客人服务。

②工作时间不得吃零食、吸烟,不得与客人高声谈笑,不得在当班时间睡觉、看小说和听录音机。

③不得随便进入总台办公室,当班时不得让朋友或者其他无关人员进入工作台闲谈。

④不得做不道德的交易,不得向客人索取小费和其他报酬。

⑤不得私自使用酒店电话处理私人事务。

⑥当客人入住时,接待员必须要在登记表上签名,以便工作检查,转房、转租手续需要办理完善。

⑦遵守酒店客房折扣政策,房价填写需要认真准确,不得私自减免房费。

⑧电话铃响第二次前必须接听,并用规范化服务用语作问候,声调需要亲切、友好。

⑨电话房员工不得漏叫或者迟叫"叫醒服务",漏报电话单或订单者除了要扣奖金之外,还应该赔偿损失。

⑩电话房员工应该按时开关酒店的背景音乐。

⑪商务中心员工收到传真后应该立即通知前台接待处,及时通知客人,避免造成对方不必要的损失。

入住登记制度

酒店散客入住登记管理制度

①在前厅部设专人负责接待客人的入住登记工作,24 小时不间断值班。

②凡在酒店入住的客人,一律凭护照、身份证、旅行证等有效证件登记入住。

③先由住客本人填写"入住登记表",然后由负责接待的服务员验证无误后填写完表内所列内容,收取住宿押金后再将入住房间的钥匙交给客人。

④对于那些没有证件或证件有问题的旅客,要问明情况和原因,先安排入住,并立即报告保安部、值班经理处理。

⑤长包房的客人,需在租房协议上注明住客的人数及其基本情况,第一次入住要在前台接待处办理入住登记手续,并建档管理。

⑥旅行团客人的入住手续,统一由代理人代办,并负责发钥匙。

⑦对 VIP 客人可由接待单位、值班经理先行引带进房,然后由接待单位工作人员代为办理。

酒店团体入住管理制度

①当酒店订房员接到团体订房时,先要请旅行社将相关资料传真到酒店,然后将资料交给客房部经理,由客房部经理决定是否接待此团。

②确认团队订房之后,应了解清楚旅行社团体确切的房间数、付款方式、是否需要订餐、是否需要在酒店适当场所举办一些欢迎仪式等。

③团体到达的前一天,将资料再复查一次,落实有关部门准备工作,避免团

体到达酒店后产生混乱。

④团体到达的当天,酒店接待员应预先将有关资料整理好,用塑料袋装起来,以便团体领队分配房间。

⑤团体领队预先到酒店分配团体用房时,由接待员将房卡交给领队,领队可在车上或餐厅帮助办理入住手续。

⑥团体上楼层前,行李员最好使用一部专用电梯疏通团体的团员。

⑦团体入住后,接待员要向团体领队获取一份团体名单及对应房号,送交电话房及客房部,同时将团体叫醒服务写上,以便电话总机及客房部帮团体做叫醒服务。

住宿登记安全管理制度

①总台接待员负责接待旅客住宿登记工作,每天 24 小时当班服务。

②所有中、外旅客必须凭有效身份证件如实填写旅客住宿登记单,登记合格率 100%。

③对零散旅客实施登记时必须做到"三清,三核对"。

a."三清"即:字迹清、登记项目清、证件检验清。

b."三核对"即:核对旅客本人和证件照片是否相符,核对登记年龄和证件的年龄是否相符,核对证件印章和使用年限是否有效。

④旅行团体客人的住宿登记可由旅行社陪同或销售代表代办填报。

⑤VIP 客人可先领进房,在房内办理登记手续或由省、市接待部门代为登记。

⑥接待员在实施住宿登记时,应负责协助公安机关切实做好有关通缉协查核对工作,发现可疑人员采取内紧外松策略,先安排入住,后设法报警,避免打草惊蛇。

⑦旅客资料和公安机关下发的有关通缉协查对象应及时准确输入电脑,以便核查。

⑧接待员在办理住宿登记的同时,应提醒旅客贵重钱财需妥善保管,证件可由酒店免费代为保管。

⑨按照公安部门规定:访客须登记,访客时间不超过 23 点。

受理客人续住制度

①每日中午 12 点之后,接待员即打印出当日预计离店的客人名单,并根据该名单主动打电话联络客人,具体落实客人的退房时间。

②接待员必须得到客人的确认后,才可将其确定为续住。

③确定客人续住后,接待员应该为客人更换新的有效的酒店欢迎卡,并发"接待通知书"送交前台收银处。

④以现金付账的客人,如果未交当日房租而又要求续住,接待员应该提醒客人到前台收银处补交续住期间的押金。

⑤如当日预期离店的客人在晚上 12 时尚未返回酒店,由接待员将有关资料送交房务主任,由房务主任决定是否为客人办理续住或退房手续。

客房预订管理制度

普通受理预订管理制度

①带着热情而诚恳的笑容欢迎并招呼客人。

②如果不知道客人的姓名,可以有礼貌地问一下:"先生/女士,您是否有预订房间?"

③仔细检查一下电脑中的信息或预订客人的名单,以确认是否有预订。

④将登记表递给客人,请客人填写入住登记表。

⑤检查是否所有的内容已填写清楚,如果有遗漏未填的,应礼貌地让客人补填上。

⑥将填好的登记表再检查一遍,看客人的姓名拼写是否清楚,其他内容的书写是否清楚,如有疑问或不明白的地方,应有礼貌地再向客人核对一下。

⑦因有关治安管理部门会对客人登记表进行检查,该表必须正确地填写完整,同时有礼貌地告知客人仔细填好每一项内容的重要性。

⑧所有登记入住的客人都应出示有效护照或其他有效证件,前台接待应仔细检查客人的证件。

⑨应仔细地按顺序填写客人的姓名,客人出生的年、月、日也应正确地填写清楚。

⑩填写国籍时应填全称而不能用缩写。

⑪护照签证号码要填写清楚,接待员应仔细检查签证的有效日期,如果客人所居住的日期超过了签订的有效期限,应有礼貌地告知客人去有关部门办理延长有效期的相关手续。

⑫再次确认客房类型、房价及离店日期是否准确。

⑬有礼貌地询问客人的支付方式,如果客人用信用卡付账,应有礼貌地请客人刷卡。

⑭仔细检查信用卡的有效期、真伪,并对照其背面的签名是否与登记单上签名相同。

⑮如果客人要求公司、旅行社或机场转账,应做确认。

⑯有礼貌地询问客人如何结算他(她)的其余费用或杂费。

⑰将房间钥匙、欢迎卡交行李员带上房间。

⑱将所有登记本上的客人入住信息输入电脑。

前厅受理特殊预订管理制度

(1)客人指定房间

接到这种预订,首先通过电脑尽快查清客人要求的居住时间内指定的房间是否可以出租。如果可以,则接受客人的预订,并把该房在电脑中锁定,在预订单上注明房号。其他的程序和散客预订的程序相同。

(2)优惠、佣金预订

处理此类预订应该按要求填写预订单。优惠预订要将优惠房价标明在预订单上,根据酒店的规定,由经理级领导签字才可以接受签订。佣金签订时旅行社、商社代替客人预订客房,酒店根据与旅行社、商社所签的租房协议中的条款,向其支付一定比例房费的佣金。

(3)预订订金的收取

当客人要求保证其预订时,为了避免因为客人没有到而造成的经济损失,应该请客人预付订金,并引领客人到前台收银处办理交付订金的手续,订金收据给客人一份保存。预订单上应该注明订金的金额,然后在电脑输入时注明,以保证客人的预订,同时向客人讲明如果需要取消订金预订,应该在抵达日前24小时办理取消手续,否则订金不予退还,订金要计入当日的营业收入。

(4)预订未到

先根据夜审报表了解未到原因以及情况,将未到预订单取出并注明"未到"字样并存档,每日统计并计入营业日报表。

延迟退房制度

①酒店客人退房时间规定为中午12时之前。

②延迟退房时间至14时,延迟退房时间至晚上6时前应加收半晚房租,延至晚上6时后退房应加收全晚房租。

③如客人因故要求延迟退房时间又要求免收房租时,可根据实际情况和具体退房时间给予考虑。延迟退房时间免收日租需经部门经理同意。

④以下客人应予以优先考虑给予减免房租:

a. 重要客人。

b. 酒店常客。

c. 酒店协议价客人。

d. 由酒店行政人员介绍的客人。

⑤客人需延迟退房时,应及时在电脑中更新,避免其他同事再次打扰客人。

意外情况处理制度

向顾客索赔的处理制度

①调查接到服务员通知客人损坏酒店财物的报告后,当值主管、领班应亲自检查被损物品,与客人核实情况。

②查阅被损物品的赔偿价格。

③直接与客人联系,有礼貌地讲明酒店制度并要求赔偿。

被损物品较低廉,价值少可及时弥补的处理:

a. 向损害者表明酒店将保留向其索赔的权利,或即时判断赔偿金额付现金,或打入房账并填写赔偿单。

b. 若客人不在场时先打入其房账并填写赔偿单,再留言请其与大堂经理联系,由大堂经理向其解释说明。

c. 用相机拍摄现场。

被损物品贵重,价值大而无法及时弥补的处理

a. 判断是否有潜在危险,通知工程维修人员到现场勘查即时拆换或封锁现场危险区。

b. 向损坏者表明酒店将保留向其索赔的权利,或第一时间判断金额进行索赔,或付现金或打入房账,填写赔偿单。

c. 填写酒店财物损坏报告,连同现场照片一起呈交上级或有关部门。

客人离店后的处理:

a. 若客人已经离开酒店而找不到当事人索赔,须详细记录事情经过于日志上并及时向上级汇报。

b. 将该客人列入酒店特别人名单中,下次客人住店时加以留意并即时汇报上级。

④填写物品损坏赔偿单,请客人签字确认。

a. 住店客人:将赔偿费用直接入其房费。

b. 非住店客人:用现金或信用卡支付。

⑤通知有关部门进行事后跟进,将详细情况记录于值班日志上并向上级汇报。

顾客意外伤病的处理制度

(1)安抚并检查客人受伤程度

①发现客人受到意外伤害后,立即帮助受伤客人移至安全位置。

②向客人表示歉意，查验客人伤势，并尽量安抚客人。

③如情况紧急（发生客人溺水、骨折事件），服务员应该利用自身急救知识立即组织抢救。

（2）通知医务室和领班，并维护现场秩序

①将客人受伤经过和伤势情况迅速通知医务室和领班。

②征询客人意见或者视当时的具体情况，决定是否到医务室治疗。

③维护现场秩序，避免其他无关人员围观。

（3）送客人到医务室

如果需要将客人送至医务室，需要通知大堂经理到场，由大堂经理组织人员护送客人并安排人员留守。

（4）记录事故经过

将事故发生的经过和处理结果详细记录在值班日志上，以备日后查阅。

顾客意外死亡的处理制度

（1）如遇顾客意外死亡，应维护现场并立即报警

①妥善封锁并维护现场，避免消息泄露，不得随意进入以免破坏现场。

②立即报警并向有关领导反映情况。不得向闲杂无关人员泄露信息。

③维持秩序，稳定附近客人情绪。

（2）顾客死亡时酒店责任问题

①如顾客因为自身原因（自杀、自身疾病、意外操作电器、意外磕碰等）造成死亡的，酒店不承担任何经济或法律责任。

②如因酒店设备安全、人员安全问题造成顾客死亡，应移交司法机关解决。

顾客有违法行为时的处理制度

①如发现顾客有违法行为，应当予以警告，严重的应当立即报警。

②顾客在酒店内部私自进行违法活动，酒店不负相关经济及法律责任。

顾客物品丢失处理原则

①酒店人员拾到顾客遗失物品，应送交前台登记保管，如发现私自藏匿将处以相关处罚，情节严重的送交司法机关处理。

②顾客在离开前应妥善检查自身财物，对于丢失且无法寻觅物品酒店不承担赔偿责任。

意外情况处理原则

①如因非顾客原因的意外情况（水管爆裂、电线漏电等）造成客户损失的，经双方协商，酒店承担一定责任。

②如遇不可抗力的自然灾害（如洪水、台风等）造成顾客损失，酒店不承担相关经济及法律责任。

顾客拒付账务处理制度

①当得知客人拒付账务的事件,值班经理应向客人讲明酒店各项收费的规章制度。

②与相关部门核对客人的明细账单。

③如果是酒店的问题应及时向客人道歉。

④如果是客人的问题,值班经理向客人讲明酒店各项收费的规章制度。

⑤如果客人拒付的金额较低,如房间的饮料、小吃等,值班经理可视情况减免,如果金额较高应即使请示上司。

⑥整个事件应详细记录在记录本上。

投诉管理制度

客人投诉处理办法

①认真聆听客人投诉。

②所有投诉都表示理解、接受,并给投诉者以安慰。

③不允许与客人争论,应理解客人的感受,并站在客人的立场上来了解其意向。

④在投诉过程中,如客人大声吵闹或喧哗,为了避免影响他人,应将投诉者与其余客人分开。

⑤在当天值班日记上记录下投诉事项,可请客人说话放慢速度,并使客人感到酒店对此投诉的重视。

⑥在接到客人的投诉后,应代表酒店致歉。

⑦如客人的投诉需转告有关部门,应及时和有关部门协商处理,并尽可能在最短时间内给予客人明确的答复。

⑧恰到好处地处理客人的投诉,如有可能,应给客人提供选择的机会。

⑨在处理投诉后要注意跟办,如发觉不当应及时纠正,务必使投诉者感到酒店当局对其提出问题的重视。

⑩事后将详情包括结果、牵连部门、姓名、房号等记录在值班日记上并向上级主管汇报。

⑪切勿轻易向客人做出权力范围之外的许诺。

前厅投诉管理制度

(1)接到客人的投诉

①接到任何投诉,接待人员都需要保持冷静,仔细聆听客人的诉说,与客人目光接触,并致以歉意,表明理解客人。

②安慰客人,无论客人对错,接待人员都应该要先向客人道歉,及时通知当班管理人员或者经理帮助解决。

(2)解决客人的投诉

①如果客人投诉其他部门,应该及时向其他部门转述客人的投诉。

②将解决办法告知客人,并征求客人的意见。

③随时关注其他相关部门对客人投诉问题的处理。

(3)将处理结果及时通知客人

①处理完毕客人的投诉事项,及时将结果通知客人本人,以表示酒店对客人的重视。

②向客人致谢,表示欢迎客人的投诉,使酒店在客人的心目中留下美好的印象。

前厅部与其他部门的沟通与协作制度

①前厅部应及时将当天抵、离店的 VIP 客人报表送交客房部,以便客房部有足够时间做好客房布置和迎客准备。散客和团体客人抵达酒店时,前厅部总服务台接待立即电话通知客房部房务中心。

②礼宾处在迎送散客和团体客人行李时,如客人不在房内,应通知客房部房务中心由楼层服务员陪同进房。

③客人换房时,前厅部应及时通知客房部房务中心,并同时由接待员和行李员带上新房号的房卡,替客人换房开门,并送行李至房间。

④大堂经理应配合客房部做好行政楼层客人的迎、送工作。

⑤电话总机在叫醒服务中,如三次叫醒无效时,应立即通知客房部房务中心,请楼层服务员迅速前往客人住房叫醒。

⑥前厅部应将每天的客房营业报表、VIP 报表和抵、住、离团体客人情况送交营销部,以便营销部掌握了解住客情况。

⑦前厅部预订组应在当月末和下月初向市场营销部递交下月客房预订情况和当月住房情况各一份,内容包括旅行社团体和散客入住天数及人数、各公司和对外合作机构客户输送的团体和散客入住天数及人数、网络客源入住天数及人数、上门散客入住天数及人数,以及长包房入住天数。

⑧当订房出现饱和时,前厅部应及时将信息传递给营销部,以避免出现超额预订的发生。

⑨旺季时,前厅部应及时与营销部沟通,决定团体和散客的比例。

⑩提前住店或推迟离店的外地全程陪同,经营销部同意,前厅部应按陪同

房价接待。

⑪商务中心收到有关订房的传真、电传应及时通知场营销部。

⑫前厅部应积极为营销部的各种销售活动提供方便,并配合市场营销部做好各种信息的反馈工作。

⑬前厅部大堂经理应配合财务部处理好与客人之间发生的争议和纠纷。

⑭前厅部在收到保安部发来的通缉、协查通知后,应及时在"通缉协查登记簿"上进行登录,同时在电脑中做客史,并在办理住客登记时,做好核查工作。

⑮前厅部在办理客人住宿登记时,应将印制的早餐券发放给客人,并按餐券上指定的餐厅用餐。如系团体客人,在入住时还应向领队或陪同问清次日早餐的用餐时间,并及时通知餐饮部。

第二十二章
餐饮部工作制度与规范

餐饮部服务规范

餐厅领位服务流程

①引座时,应视不同对象、人数,引领至最合适的位置。

②引领每一批客人结束时,应在当日的"餐厅客流登记单"上做好记录,记清日期、时间、房间号、人数。

中餐点菜铺台操作流程

(1)准备

①洗净双手,准备各类餐具、玻璃器具、台布、口布或餐巾纸等。

②检查餐具、玻璃器具等是否有损坏、污迹及手印,是否洁净光亮。

③检查台布、口布是否干净,是否有损坏、皱纹。

④检查调味品及垫碟是否齐全,洁净。

(2)铺台

①台布中缝居中,对准主位,四边下垂长短一致,四角与桌脚成直线垂直。

②拿餐具:

a. 一律使用托盘,托盘用干净毛巾或口布铺垫,左手托盘,右手拿餐具。

b. 拿酒杯时,应握住脚部,拿刀叉钥匙应拿柄部,拿瓷器餐具应尽量避免手指与边口的接触,减少污染,落地后的餐具不得继续使用。

③铺台布:

a. 点菜铺台无主次之分。

b. 每个席位铺一只骨碟定位,距桌边 1 cm 距离,如有店标,应对客人。骨碟内叠放一块口布。

c. 骨碟左前放一只汤碗,间距为 1 cm,小钥匙放在汤碗内,钥匙柄向左。

d. 骨碟右前放一只水杯,间距为 1 cm,与汤碗间距为 1 cm,杯上花纹或店标应对正客人,水杯中点与钥匙柄平行。

e. 筷架放在水杯中点与钥匙柄平行点上,筷子搁在筷架上,筷子底部与桌边距 2 cm。

f. 茶碟上沿与筷架平行,茶杯放在茶碟上,商标朝上,摆正。

g. 服务台配齐酱、醋瓶(壶)一副;胡椒、牙签盅各一个;小方桌放烟缸一个,小圆桌放烟缸两个,大圆桌放烟缸四个。

h. 桌子中间放鲜花,鲜花右边可放台号卡,号码要朝进门处。

i. 按照铺设的席位,配齐椅子,椅子与席位对应。

④检查:

a. 检查台面铺设有无遗漏,是否规范、符合要求。

b. 检查椅子是否配齐,完好。

中餐点菜准备服务流程

(1)班前会

①接受个人仪表仪容检查,制服穿戴干净整洁,符合要求。

②接受工作安排。

③听取部门工作指令。

④了解厨房当天菜点水果供应情况和当天特色菜点的原料、口味和烹饪方法等。

(2)服务员自查

①复查本档分区内的台子、台面、台布、台面餐具、各种调味品、烟缸、牙签、火柴、台号牌等是否齐全整洁,放置是否符合要求,椅子与所铺的席位是否对应等。

②备好点菜单、酒水单、笔,整洁的菜单、托盘、备用餐具、小毛巾、工作台内储存品等。

③检查完毕,餐饮部经理及管理人员组织部分服务员站立餐厅门口等候第一位客人,然后各就各位站立于分工区域规定的迎宾位置,站姿端正,两手下垂交叉于腹前,仪态端庄,微笑自然,迎候客人。

中餐点菜服务流程

(1)上饮料

服务员站在客人的右后方,对客人表示欢迎,并作简单自我介绍。

①按顺时针方向,为客人逐一打餐巾。

②在客人阅读菜单时,可轻声征询主客:"是否先要些饮料?"

③如客人暂时不要饮料,可在点菜时再征询。

④上饮料用托盘,托盘内放垫巾。

⑤上饮料、酒水,为客人斟第一杯,一律用右手从客人右边进行,啤酒、可乐等有气泡饮料要沿杯壁倒下,一般斟至八分满左右。

⑥斟酒时,酒瓶标签朝向客人。

(2)点菜

①见客人有点的意图,即上前征询:"我现在可以为您点菜吗?"

②点菜服务时,站在客人斜后方可以观察客人面部表情的地方,上身微躬。

③如客人不能确定点什么菜肴时应向其介绍,推荐合适的菜肴:"请允许我向你们推荐××菜,这是我们餐厅的特色菜,××菜是我们厨师长的拿手菜,我想你们会喜欢的。"

④将客人点的菜输入点菜宝。

⑤将客人点菜内容复诵一遍,请客人确认。

⑥客人用餐时间较紧的话,如点的菜费时间较长,则应及时提醒客人征求意见:"您点的××烹制可能需要较长时间,您有时间等候吗?"

⑦如客人对菜肴有特殊要求,要注明,留底单备查。

中餐上菜服务流程

(1)餐车与托盘

①上菜一律用餐车,除非不需要保温食物或推车不够使用时,可用托盘服务,左手托盘,右手上菜。

②份重的菜放在当中,熟菜放在一起,冷菜只能与冷菜放在一起。

(2)上菜

①上菜前,先检查一下所上的菜肴与客人点要的是否相符。

②上菜前,可把花瓶和台号牌撤去。

③中菜按冷盘、炒菜、鱼、蔬菜、汤、饭(点心)、水果的顺序上菜。

④上菜时要轻步向前,轻托上桌,到桌边右脚朝前,侧身而进,托盘平稳,放盘到位,报准菜名,作适当介绍,放菜时要手轻,有造型的菜和新上的菜要放在主客面前。

⑤上整鸡、整鸭、整鱼时,要主动为客人用刀叉划开,做到鸡不献头,鸭不献掌,鱼不献脊的礼俗。

⑥用完腥、辣、甜和骨刺多的菜肴后要换骨碟。

⑦在尚需用手抓的菜肴前,要先上毛巾,毛巾应该放在毛巾碟内。

⑧菜上齐后,向主客示意,询问客人还有什么要求,然后退至值台位置。

餐间服务流程

①勤观察,提供小服务。

②随时与厨房联系,调整出菜的速度。

③随时注意添酒、饮料、茶水、面点、稀饭等。

④调换弄脏的餐具,或有失落的刀、叉、筷等。

⑤如客人将上衣放在椅背上,要主动帮助将衣服放好。

⑥为吸烟区的客人点烟,换烟缸。

⑦满足客人其他要求。

餐后服务流程

①如客人就餐点用水果、甜点等,先收去客人用过的餐具,上甜点、水果。

②送小毛巾,左手托盘,在客人右边,用右手送上毛巾,同时说:"×先生/×女士,请用毛巾。"

送客服务流程

①客人离开时,应为其拉开座位。

②为客人递上衣帽,在客人穿衣时配合协助:"这是您的衣服。"同时提醒客人别忘记自己所带的物品。

③微笑向客人道别,并再次表示感谢。

④及时检查有否客人遗忘的物品,发现后及时送还客人或前台。

收台服务流程

①客人离开后,要及时翻台。

②收台时,先收餐巾、毛巾、玻璃器皿、银器,然后由小件到大件依次收去桌上的餐具。

③按铺台规格重新铺好台,擦净台料用具,摆好椅子,迎接新的客人。

餐饮部管理制度

酒店餐饮部奖励制度

有以下成绩者给予奖励:

①严格控制开支,节约费用,成绩显著。

②主动完成工作任务,积极推销和创造经济价值显著。

③拾金不昧,优质服务为酒店获得声誉。

④业务技能考核成绩特别优秀者。

⑤为酒店的发展和服务质量的提升提出合理化的建议,经过实施有显著成效。

⑥发现事故隐患并及时排除,在消防安全方面作出突出贡献避免重大损失。

⑦全年出满勤,表现良好。

酒店餐饮部轻微过失处罚制度

有以下过失者给予轻微处罚:

①未按酒店规定上,下班迟到或早退。

②衣冠不整上下班,上班不佩戴工号牌。(签到,签退或交还物品和钥匙)

③仪容仪表不整和个人卫生不好。

④楼层内奔跑,大声喧哗,惊扰和影响客人用餐。

⑤未按时做好工作分担区卫生或两处不合格。

⑥未按规定及时关闭空调、电视、主灯及水龙头,造成浪费。

⑦拒绝管理人员进行检察工作岗位。

⑧不严格按照操作标准进行工作。

⑨进出厅房时不敲门和反手关门。

⑩工作期间随意去洗手间。

⑪酒店组织活动或培训,未经批准擅自空岗和缺席。

⑫电话铃声超过 3 声未接听,而且不使用礼貌敬语。

⑬未经批准私自为客人外出购物。

⑭将就餐客人姓名,职位随意外泄他人。

⑮见到客人不主动问好和行礼。

⑯上班前食用刺激性较大的食品,并口腔带有异味。

⑰未经批准私自离岗,串岗。

⑱超越客人时不使用礼貌用语,或不带领客人到指定地点。

⑲见到上级和同事不打招呼。

⑳未按规定时间到岗站位。

㉑面对客人无表情或埋头工作。

㉒不做好备品或备品不足。

酒店餐饮部一般过失处罚制度

有以下过失者给予一般处罚:

①上班时间打口哨,讲笑话,聊天,哼唱歌曲。

②背后指责客人和同事或聚堆聊天。

③私自使用酒店设施及电器、电源。

④私自将个人物品及食物带入酒店。

⑤在酒店内洗漱或洗衣服。

⑥上下班不走员工通道。

⑦私自穿工服外出。

⑧私自带亲人和朋友或他人进入酒店参观。

⑨上班时间睡觉或上班前饮酒并带有醉意上岗。

⑩上班时间擅自离岗或做私事。

⑪不服从上级管理并顶撞。

⑫蓄意破坏酒店设施及公用物品。

⑬当班时间看书、报,吃东西,吸烟。

⑭利用酒店电话办私事或打私人电话。

⑮私自翻看客人资料和物品。

⑯清洁厅房时发现客人物品时不及时上报。

⑰私自将酒店物品送予他人。

⑱发生意外事件不及时上报。

⑲酒店资料、机密外泄。

⑳上下班不接受保安员进行的检察。

㉑收餐时抓餐造成影响。

㉒在收银台私自兑换零钱,或将客人未带走发票私自留下。

㉓酒店专业知识考核时不能通过考核。

㉔私自陪同客人饮酒。

㉕不认真做好工作笔记和交接班日记。

㉖消极怠工,不服从上级指挥和领导。

㉗在酒店或宿舍墙壁上乱写乱画。

㉘未及时完成客人及管理人员安排的工作,留言、指令未及时传达或不准确。

㉙未经批准私自进入库房领货。

㉚下班后在公共区域逗留串岗,使用客人设施或电梯。

㉛与客人交谈时语气生硬。

㉜不及时为客人更换餐具及烟缸。

㉝上班时打私人电话或私自会客。

酒店餐饮部严重过失和重大过失处罚制度

有以下过失者给予严重处罚:

①指责、漫骂、侮辱、殴打客人及同事。

②将钥匙私自带出配制。

③工作期间饮酒或浪费客人食物和酒水。

④向客人索取小费、物品或兑换本、外币。

⑤蓄意破坏酒店设施及客人物品。

⑥因工作失误造成酒店及客人财物受到损失。

⑦偷盗酒店、客人及同事财物。

⑧违法犯罪,串通勾结,牟取私利。

⑨酒店或宿舍内酗酒滋事,赌博打架。

⑩组织及煽动同事聚众闹事。

⑪连续旷工3天或一个月累计旷工3天。

⑫将客人遗留物品据为己有。

⑬私自涂改、损毁单据。

⑭隐瞒事实真相,蓄意说谎。

⑮利用职务之便营私舞弊,牟取私利,使酒店的经济受到损失。

宴会厅员工管理制度

(1)行为规范

①见到客人或同事时应主动微笑,并有礼貌的问候,使客人感到亲切,员工感到友善。

②员工要具备强烈的责任感,对酒店的一切设备设施及物品应小心予以保护,同时应保持环境卫生,了解酒店的经营状况与各部门经营项目等,及时负责解答客人提出的问题,将日常工作做到尽善尽美。

③服从并完成上级下达的各项工作任务,发扬合作精神,提高日常工作速度和效率,做到"快、准、稳"的基本工作要求。

④员工不得偷拿或索要酒店所属区域物品及客人的任何物品,不得使用客用设施,如电梯、电话、洗手间等。

(2)仪容仪表

①头发:经常洗发,头发梳理整洁,做到前不遮眉,侧不遮耳,后不遮领。

②胡须:男员工上班前应剃干净胡须,保持面部的清洁度。

③化妆:女员工应着淡妆上岗,切忌不要浓妆艳抹、不涂抹艳丽色彩的指甲油。

④员工制服:员工上班应着酒店统一订制的工服,并佩戴员工本人名牌,名牌佩戴在外装左胸前的位置。

⑤工卡:员工上、下班时应打卡,杜绝迟到、早退或者委托他人代打卡。

(3)员工考勤制度

①员工上班时应至少提前10分钟刷卡,用餐后提前5分钟到岗。

②严格按照排班表当班,如需调换班次应先征得部门经理/主管允许,擅自调换班次将视为旷工。

③员工在公休或休假期间如无特殊工作原因不得随意返回酒店。

④不得代人打卡或者委托他人刷卡,否则双方均应受到违纪处分。

⑤未按规定刷卡的按照旷工情况处理。

⑥员工请病假需出示正规医院开具的病假证明,事假应提前申请经部门经

理批准后,填写酒店内部请假条,经批准后方可准许休假。

宴会餐前工作标准

①圆桌主位面向大门,正主位和副主位在同一条线上。

②各套餐具间距离相等。

③小方桌扶手椅横竖在同一条线上。

④圆桌上玻璃转盘干净且居于圆桌正中,转动底盘转动自如。

⑤沙发及桌椅上干净,无米饭粒、牙签之类的杂物。

⑥酒车以及餐车干净并配有干净的口布。

⑦服务工作柜干净,工作柜铺有干净的口布。

⑧地面和地毯干净。

⑨工作柜内需要放干净无破损的餐盘 60 个以上,碗 30 个以上,勺以及筷架各 30 个以上,筷子 30 双以上,小味碟 30 个以上,瓷勺 30 个以上,烟灰缸 30 个以上。

⑩工作柜内餐具分类摆放整齐。

⑪工作柜里抽屉内应该放 10 包以上的新火柴以及一盒牙签。

⑫工作柜外侧柜内放大台布 10 块,小台布 20 块,边柜内侧柜内发折叠好的口布 50 块以上。

⑬开餐前半小时打开所有照明设备,如果发现故障,立即通知工程部维修更换,保证开餐时所有照明设备工作正常。

⑭检查空调情况,在开餐前半小时打开空调,保证餐厅正式营业时的温度在 20 ℃～24 ℃之间。

⑮开餐前半小时打开背景音乐,调节好音量。

⑯开餐前 15 分钟做好开餐准备,在每个工作柜上面放好 5 个圆托盘,干净且无破损的酱油壶一个。

⑰准备 2 个干净的不锈钢桶架以及冰桶,2 个红酒篮以及 4 块叠好的专用口布。

⑱所摆餐位要符合宴会预订人数。

⑲检查客用宴会菜单中英文打印情况。

⑳检查鲜花是否新鲜,插制是否美观。

㉑检查宴会指示牌是否干净及内容是否正确。

㉒在营业时间开始前 5 分钟开餐厅门。

工作餐供应规范

①员工餐厅为酒店所有员工免费提供早、中、晚、夜四餐工作餐,要求在规定的开餐时间内保证供应,并保热、保鲜,以此使员工在岗位上能保持良好的工作情绪。

②员工餐厅拟定每周菜谱,尽量使一星期每日饭菜不重样,按菜谱做好充足的准备。饭菜要讲究色、味、香、形,严格操作规程。

③热情、礼貌地接待员工就餐,负责在入口对员工餐卡加盖就餐戳记,对特殊口味的员工要尽力满足要求。

④员工餐厅负责为员工提供餐具,用餐完毕由员工本人送到指定地点,由员工餐厅进行刷洗、消毒。

⑤为体现酒店对员工的关心,员工餐厅负责为带病坚持工作的员工做好病号饭。

⑥严格各项卫生制度,保证不进、不用、不制作、不出售腐烂变质原料及食品,厨房每次就餐后进行一次大清理,使桌、椅、餐具整洁有序,除就餐时间外,还可供员工休息。

餐饮部工作沟通与协作规范

餐厅与厨房

①餐厅经理应与厨师长核对按备忘录要求的前、后台准备工作是否一致。

②宴会时,餐厅应及时通知厨房客人开始吃第一道菜的时间,遇到领导讲话,要马上通知厨房,暂缓出菜。

③零点服务时,餐厅应及时将菜单及客人要求通知厨房,督促厨房及时上菜。

④将宴会进行的情况及时转告厨师长,便于厨房能正确调节出菜速度。

⑤用餐结束,餐厅经理应征询客人意见,对菜肴的评价应及时转告厨师长或厨房领班。

⑥主动了解厨房推出的新菜肴,并主动向客人推荐。

餐厅与管事部

①餐厅经理应根据任务所需各种餐具、酒具、茶具、用具通知管事部,并写清楚数量、规格和完成时间。

②管事部根据餐厅的通知、要求,按时准备好全部餐具、酒具、茶具、用具。

咖啡厅与厨房

①咖啡厅每天与厨房沟通,了解菜单上各项点心与便餐菜式的供应变化及报出的新品种。

②咖啡厅接到预订单或客人有特殊要求,及时通知厨房准备,减少客人等候时间。

③咖啡厅适时地征询客人意见与建议,及时转告厨师长改进,以便更好地满足客人要求。

客房送餐处与厨房

①咖啡厅客房送餐处每天晚上把收集的第二天早餐卡及时填写小票通知厨房和收银员准备。

②客房送餐处对住客临时点要的菜点品种,应迅速填写小票送交厨房准备,并随时留意出菜速度,确保送餐服务的及时、快捷、准确。

③主动了解厨房推出的新品种,主动向客人推荐。

④适时地征询客人意见与建议,及时转告厨师长,以便改进。

厨房与管事部

①厨师长应根据开设菜单的内容,通知管事部准备餐具的品种、规格、数量和完成时间。

②管事部应根据厨房通知时间准备好各种合格的餐具、炊具和用具。

餐饮部与采购部

①厨师长应提前根据菜单的内容向采购部开出货源申购单。

②写清申购货源的品种、数量、规格和到货时间。

③货到厨房,厨师长要检查数量和质量,对不合格食品应及时退货。

④工作中如发生矛盾,应请餐饮部经理出面协调。

餐饮部与总经理办公室

①有重大接待任务通知内容,写清宴请时间、地点、人数、标准、菜单、宴请单位等。

②有重要领导人出席,应写清姓名、职务、到(离)店的具体时间,提醒店领导迎送准备。

③写清宴请或重大活动所需要的舞台布置、会标、标示牌等要求和具体完成时间,并请总经理审阅。

④由餐饮部经理撰拟的以酒店名义行文的文稿,应送总经理办公室审核后报酒店领导签发。

⑤部门与办公室秘书沟通办好内部文件与档案工作并接受指导性意见。

餐饮部与客房部

①沟通协作做好宴请重要宾客的红地毯布置工作。

②沟通协作做好客房部行政楼层的饮料供应和服务工作。

③沟通协作做好客房送餐服务工作。

餐饮部与保卫部

①如有重要宴请或大型宴会和会议要事先用备忘录与保卫部沟通并请协助维持治安秩序，做好重要客人的安全保卫工作和安排好乘坐车辆的停靠泊位。

②部门前、后台如发现可疑的人和事或可疑物品和不明物品，在立即做好监控工作的同时，应及时报告保卫部。

③各营业点如发生酗酒闹事，影响治安秩序要立即报告保卫部。

④使用各种设施设备过程中，如发生异味、异声、漏电、短路、裂管等不安全因素时要立即报给工程部检修，同时报保卫部。

⑤主动与保卫部联系做好易燃易爆用品的管理和消防设备、消防器材的检查维护。

⑥餐饮部各部门应组织和教育员工自觉参加保卫部开展的"四防"宣传教育及保安业务知识。

⑦餐饮部各部门应主动接受保卫部对安全保卫工作的指导和检查，对保卫部提出的工作建议和意见应及时进行整改，并将整改情况复告保安部。

餐饮部与工程部

①部门的设备管理和操作人员应自觉接受工程部进行的安全生产教育及专业技术和管理知识的培训，提高业务技能。

②接受工程部定期对本部门设备设施管理制度的检查。

③在本部门自查设备设施安全生产时发现隐患立即通知工程部及时排除。

④主动配合工程部对本部门厨房设备、炊事机械、冷藏、水、煤气、空调、除油、除烟等设备定期进行检测和计划维修，确保运转正常。

⑤配合工程部做好餐厅、厨房等设施、设备的更新改造，并与全能技工密切合作，搞好餐厅、咖啡厅设备的日常维护保养，确保各种设备完好。

⑥有大型和重大接待任务，应提前通知工程部，便于工程部对宴请场地进行全面整修。

餐饮部与财务部

①请财务部协助并指导编制部门的经营预算，和落实以部门为成本中心的成本费用控制管理。

②加强与财务部计划分析员和成本核算员的联系，做好食品和酒水毛利的日清日结核算工作。

③做好财务二级账和与财务部财物一级账的定期核对工作。

④与采购部密切联系,做好每日鲜活货的采购、验收工作和原料物资的申购工作。

⑤配合财务部认真做好食品、酒水小票的管理与汇总上交工作。

⑥在财务部的指导下按月做好餐饮经济活动分析、财务管理和定额消耗管理。

餐饮部与人力资源部

①根据工作需要向人力资源部提出用工申请,参与录用员工面试,并负责做好新进员工的岗前技能培训以及现聘员工的岗位资格培训工作。

②根据本部门工作需要和人力资源部安排,做好部门之间员工岗位调整工作和转岗培训工作。

③及时做好本部门考勤统计、汇总,并积极配合做好工资奖金的审核,上报人力资源部。

④本部门员工因故离岗,离职,终止、解除合同,在职员工退休、死亡,按酒店有关政策和规定,积极配合人力资源部办理各种手续,以及解决相关的劳动争议。

⑤做好本部门员工餐券发放工作,以及新进、调岗、离岗人员的工作服和更衣箱钥匙发放和收回工作。

⑥协同人力资源部,做好本部门员工的职称和技术等级评定考核与审核审报。

餐饮部与销售部

①餐饮部应及时向销售部发送四季菜单和各种宴会菜单,以及年度、季度和月度的促销设想,以便销售部进行餐饮促销计划工作。

②涉及餐饮场所进行的重大促销或经营活动,餐饮部在接到销售部的任务通知书后,应及时与销售部协调沟通工作。

客房餐饮服务中心作业规范

客房餐饮服务中心早餐的服务要项

①收回的订餐卡先按送餐时间顺序排列,准备好银盘,上置垫布摆置次日早餐的餐具及附带品。

②根据订餐卡,登记在订餐记录本内,填明送餐时间、房号、订餐饮名称、数量、人数。

③开列一式四联的订餐单,第一联送厨房准备(如需厨房准备),第二、三联夹在订餐卡上置于银盘上。

④银盘按送餐时间先后排列,同时间、同层楼尽量放在一起,以方便送餐。在客人指定时间前 15 分钟备妥。

⑤若使用银碗,则登记于银碗控制登记本内,填明数量、房号。

客房餐饮服务中心午餐或晚餐的服务要项

①接到点餐单,立刻依所订餐食排好餐具,同时通知厨房。

②一律以餐车服务客人,除非不需要保温食物或推车不够使用时,可用托盘服务。应先在餐车上铺上干净的布再摆餐具及附属品,如花和收餐卡。所用餐具应填"餐具每日清点表",若用银碗也须登记在"银碗控制登记本"。

③所有热食须加盖,并视所点的餐食放置于加热箱,其他需时时保温,服务须随身携带服务中以便从加热箱内将热盘取出。

④若客人所点非实时食物,热食仍要放在保温箱内保温。

⑤在摆设时向客人介绍所点的菜肴,顺便推销酒品。

客房餐饮服务中心餐饮的服务要项

①到达客房时先敲门或按铃再进门,门须保持敞开。

②请问客人,使用托盘时,应放于何处。若放于桌上,餐具必须向着客人,并将椅子安置妥当。

③若使用餐车时,先将餐车推至光线较好、场地较宽阔处,帮客人拉窗帘,然后开小灯,视人数摆好椅子,摆设餐具。

④先服务汤、沙拉、冷盘等,征求同意后把主菜保温于保温箱内,点心可以放在冰箱内。若有点叫饮料或酒品,为其开瓶并倒酒。

⑤请教客人是否需要一道道的服务。

⑥安排妥当后请客人签账单,并递上"餐具卡",请其用完餐后通知来收取餐具,然后请客人慢慢享用,再告退。

客房餐饮服务中心收拾客房餐具的服务要项

①若客房事先指定时间,或以电话临时传唤时,应立即前往收拾餐具。

②各班次值班人员,每班次至少两次前往各楼层检视收拾,或于较空闲时间送餐时,顺便巡查收取。

③收拾餐具时,应与"餐具回收表"核对种类、数量,若客人尚未送出房门时,应于表上注明,并询问楼层人员。

④将收回的餐具略为分类,连同餐车一并送给洗碗区洗涤。

⑤检查餐盘,若有未使用的奶油、果酱等可留存再使用,但必须确定未曾开封过。

凡送往客房的咖啡壶应登记于"咖啡壶记录控制本"内,将规格、号码、房客,翔实记载。交接班时应列为盘点事项,并提醒交班人员收回。

招待用餐管理制度

用餐程序

①各部门在营业餐厅安排用餐须报告总经理批准,并提前将报告交订餐部。报告要列明招待单位、时间、标准、人数及用餐名称。

②在内宾餐厅用餐,手续同第一条,并于就餐前两小时将报告送到内宾餐厅。

③在职工食堂用餐,须接待部门的经理批准,在该部门秘书处领取餐票用餐。

④如遇特殊情况,可口头请示同意后先用餐再补手续。

用餐标准

饭费标准。营业餐厅用餐标准分为 A、B、C 三个档次(酒水除外)。也可按以上标准单点,但需在报告上说明,一般客人用 C 档,提供四菜一汤及软饮料。

酒水标准

除有明确批示外,酒店内部招待一律只供应适量的本地啤酒及软饮料。其余如香烟,洋酒、葡萄酒、烈酒、冰淇淋等需批后,方可按量供应。

用餐后的核算

①所有内部用餐及饮料,统一使用职员单,接待部门须及时注明及签字。

②店内使用的职员单,一律用销售价,不加服务费。

③职工食堂月底将招待用餐数核准无误后,交财务部拨款。

④对不符合手续,不按规定办的,各有关岗位可以拒绝提供服务。否则,将追究有关人员的责任。

大型宴会接待确认规范

宴会的人员分工与岗位职责

(1)基本人员配置与要求

宴会服务的岗位设有迎宾员、值台服务员、传菜服务员、宴会组织指挥员,每个岗位人员的工作量要根据宴会的类别具体确定。

中餐宴会服务:看台服务员 1 名,要为 20 位左右客人提供餐桌的就餐服务;传菜服务员 1 名,要为 40 位客人提供传菜的服务工作,迎宾员 1 名,要为 50～80 位客人提供欢迎及引位的服务。

（2）看台服务员的职责

①宴会前做到"八知"、"三了解"，即知台数、人数，宴会标准开餐时间，菜肴品种和出菜顺序，主办单位或房号、收费办法、邀请对象。了解宾客风俗习惯，了解宾客生活忌讳，宾客特殊需要。

②餐前准备好各种餐用具，保证干净，无破损。

③准备好餐厅服务所用餐具、茶叶和开水、毛巾/纸巾。

④准备好各种调味品、调味小菜（根据酒店的实际情况）。

⑤按要求摆台，准备好酒水饮料。

⑥整理好个人的仪表仪容，做到整洁、干净、精神饱满。

⑦客人来到时主动打招呼问好，拉椅让座。

⑧主动斟酒。

⑨按要求上菜，介绍菜点，分让菜肴（根据酒店的实际情况），撤换骨碟。

⑩主动为客人上毛巾（根据酒店的实际情况），洗手盅等。

⑪礼貌服务，做到敬请服务，规范服务。

（3）传菜服务员的职责

①服从指挥，统一行动。

②餐前协同看台服务员做好各项准备工作，准备好传菜工具。

③掌握宴会服务要做到的"八知"、"三了解"的各项内容。

④及时将菜肴、点心、主食、水果等送到看台服务员的手中，不错、不漏、不提前、不落后。

⑤餐中协助看台服务员做好联系工作，当好助手。

⑥注意个人的仪表着装。

⑦熟悉指定的传菜行走路线。

（4）迎宾服务员的职责

①宴会前做到"八知"、"三了解"。

②仪表仪容符合要求。

③提前进入工作岗位。

④迎客人主动热情，主动打招呼问好，主动引领客人进入宴会场地。

⑤主动为宾客接拿衣帽并妥善保管（具体根据各店的规定执行）。

⑥客人离开时，主动相送，使用敬语，主动向客人表示感谢。

⑦用餐高峰期，解决客人的相关问题。

（5）宴会指挥员的职责

①将宴会的各种情况了解清楚，掌握宴前的全部准备工作。

②认真审阅宴会菜单，拟定宴会服务的组织方案和具体服务措施。

③根据主办单位的要求,确定宴会场地布置的形式,布置的具体时间,并指挥落实。

④及时与客人沟通,了解客人的满意度,并与有关部门协作配合(与宴会有关的各部门)。

⑤根据宴请的标准,拟定宴会成本核算单,拟定酒和饮料所需种类和数量。

⑥拟定宴会服务人员的需要量。

⑦筹备宴会所使用的餐具、酒具及其他一切用品。

⑧确定各服务区域的负责人和负责贵宾席、主宾席的服务人员及其他各个岗位人员的名单。

⑨确定宴会前准备工作会议的内容、要求及注意事项。

⑩向酒店有关领导汇报宴会组织安排。

⑪餐中掌握宴会的进餐速度,控制好宴会的进度,一般大型宴会的时间不少于100分钟。具体应服从宴会主办单位的要求,确定各道菜肴之间的间隔时间应在3分左右,如在宴会进行过程中宾主临时有其他活动需要加快速度或延缓时间时应马上对宴会速度进行调整,并及时通知厨师宴会中的巡视及时纠正服务上的各种问题,重点放在主宾席的服务上,检查服务是否按规范的程序进行,发现不规范之处立即纠正保证宴席圆满成功

宴会的物质准备和宴会前的检查工作

物质准备:从宴会场地布置到餐具,酒水、水果、菜肴的准备等每一项准备工作都应有具体的要求和标准。

(1)场地布置的要求

布置场地时要考虑到宴会的规格、标准、性质目的及参加宴会宾主的身份等情况,使场地的布置既能反映出宴请的目的,又要使宾客进入厅堂后有清新、舒适和美好感受,以体现高质量、高水平的服务。

(2)备齐餐桌的餐具及服务用具

宴会服务中使用量最大的是各种餐用具,组织者要根据宴会菜肴的数量和进餐人数,列出所需餐用具种类、数量,及时通知有关部门进行准备。

(3)餐厅与餐桌安排

大型宴会由于人数多、桌多,投入的服务力量大,为指挥方便行动统一,应视宴会的规模将宴会厅分成若干服务区,如:主宾席区,一般设5桌,即1主4副,主宾餐桌位要突出于副主宾餐桌位,同时台板也要略大于其他餐桌来宾席区,可分为来宾席一区、二区、三区。这种大型宴会的主宾席区与来宾席区之间应留有一条较宽的通道,如果条件许可的话,通常宽度应在2米左右以便宾主出入席间通行方便。大型宴会要设立与宴会规模相协调的讲台(在宴会厅正上方的右侧为宜),如有乐队

伴宴,可将乐队安排在主宾席位的两侧或主席台对面的宴席区外围。

(4)餐桌安排注意事项

①宴会餐桌安排应做到合理、美观、整齐、大方、餐桌排列要突出主宾席,并且主宾席餐桌要大于其他来宾席餐桌。

②合理使用宴会厅场地,宴会如安排文艺演出或乐队演奏,在安排餐桌时应为之留出一定的场地。

③尊重不同宾客的饮食风俗习惯,如欧美地区的大部分人信仰基督教,忌讳数字 13,因此编排桌号时应避开"13"号桌台。

④多桌宴会餐桌之间的距离应不少于 1.5 米,餐桌间的通道不少于 1.2 米,餐桌距四周墙壁不少于 1.2 米。

(5)宴会的宾主位次

①首先确认主桌:主桌的主人位应设于圆桌正面的中心位置,副主人设在主人的对面,第一客人位于第一主人的右侧,第二客人位于第二主人的右侧,或相对式。第三客人位与第四客人位分别在第一主人位与第二主人位的左侧,也呈相对式,如第一客人、第二客人均携夫人出席时此席位则分别为夫人席位。

②第一客人位与第二客人位的右侧分别为翻译席位,第三客人位与第四客人位的左侧分别为陪同席位,其他桌的第一主人位应于第一桌的第一主人席形成一个遥相呼应的整体,以保证饮宴每一阶段的进行都做到步调一致。

③摆台按照宴会具体要求,及时做好摆台的工作,具体的要求:餐具摆放要规范化,各种餐具、酒具齐全、卫生、无损坏,餐巾花的折叠和摆放要美观,符合宴会要求,台面布局要合理,花草摆放要规范。

(6)准备好酒水饮料

如宾客对酒水有明确要求,按宾客要求到吧台领取酒水并填写数量;如客人自带酒水领班或主管应与客人对数量进行书面交接并征询客人分配意见。

(7)取凉菜

在宾客预订就餐时间提前 10 分钟到冷菜间取冷菜。在转盘两则均匀摆放,注意颜色、荤素搭配放置;装饰花全部朝向转盘中心;盘边不能有污迹。

(8)宴会前的检查工作

①台面餐具的检查。

摆台是否规范,每桌的餐用具是否齐全。服务桌上的备用餐具数量,种类是否配好,酒水饮料的摆放是否合适。

②卫生检查。

个人卫生、餐用具、环境、食品菜肴。

③安全检查。

检查宴会场地各出入口有无障碍物,安全出口标示是否清晰,各种灭火器周围有无障碍物,宴会场地内桌、椅等家具是否牢固可靠,地板有无水迹、油迹,地毯接缝处是否平展,宴会需要酒精或固体燃料是否有专人负责,放置地点是否安全可靠。

④各种设备设施。

宴会开始前要将开关全部打开检查,保证宴会安全用电,检查各灯具是否完好,电线有无破损,插销、电源开关处是否漏电。温度是否适宜,夏季温度26 ℃最佳,厅堂面积越大空调设备开始工作的时间也越应提前,宴会主持所用的音响,应提前调整好音量,同时进行试音,如需连线应放置在地毯下面防止客人经过绊倒。

⑤站立迎宾。

提前 10 分钟在餐厅门口外侧,面向宾客走来方向,不依不靠,双手自然交叉放于身前,收腹挺胸,双腿并拢直立,目光自然平视前方,面带微笑。当宾客进入视线,面带微笑,注视客人;当宾客走进时,致问候语:"您好,欢迎光临。"语调柔和,音量适中,表情自然大方;协助迎宾员拉椅请宾客入座,并接挂客人衣物,动作要敏捷、迅速;根据来宾实际人数增减餐具。

宴会前物品准备服务规范

餐具和用品的准备

①瓷器类:餐碟、碟垫、味碟、茶盘、茶杯、饭碗、汤碗、汤钥匙、烟灰缸等。餐具用量的计算方法是:餐具数量=客人人数×1.2。

②银钢器类:主菜刀叉、水果刀叉、银钥匙、点心叉钥匙、服务叉钥匙、筷子架等。其用量计算方法与瓷器类同。

③玻璃器皿类:水杯,红、白葡萄酒杯,白酒杯,香槟杯,白兰地酒杯等。其用量计算方法与瓷器皿类同。

④布草类:桌布、餐巾、小毛巾等。布草用量的计算方法是:餐巾数量=客人人数×1.2;小毛巾数量=客人人数×4.2×1.2。

⑤其他:筷子、胡椒瓶、牙签、席次牌、冰桶、冰夹、托盘,宴会所需的桌面、桌子、椅子等。

⑥如餐厅原有的设备不能满足主办单位的需要,应与主办单位协商寻找解决方法。

酒水和烟茶的准备

根据宴会通知单要求,填写领料单,向食品库领出酒、饮料、香烟及茶叶,将酒水瓶擦拭干净,将需冷藏的酒水存入冰箱。

宴会前餐厅设备和设施的检查和报修

①检查照明、空调、音响等设备能否正常运作;宴会用的桌椅、台柜是否完好;设备设施是否符合宴会通知单的要求。

②如设施、设备有问题,立即通知工程部加紧维修,并做好跟踪检查。

第二十三章
公关营销部工作制度与规范

酒店营销部工作沟通与协作制度

营销部与前厅部、客房部

①营销部对收到的每份海内外客户的订房电传、传真、电报应该及时填写"委托书"并交到前厅预订组。

②营销部应该将所接待的 VIP 客人等级以及餐饮、住房安排标准等内容及时填写"委托书"交前厅部预订组，由前厅预订组负责通知其他相关部门。

③预订单上有关旅游团队、散客餐饮标准信息的，营销部应该根据规定及时通知前厅预订组。

④营销部应该将所有的海内外客户的详细地址、邮政编号、电话、电传、传真、联系人名单以及酒店给予该公司的折扣标准等信息以表格的形式递交前厅预订组。

⑤关于旅游团队延长住房的房价，营销部应该将与前厅部协商后的价格通知团队领队。

⑥营销部应该将海外订房中心以及网络的销售价格、产品组合、订房情况和流量报告及进程告知前厅部。

⑦营销部应该及时向客房部反馈宾客的意见，并与客房部一起共同安排好来店参观者的有关工作。

营销部与餐饮部

①营销部接到海内外客户有关餐饮预订内容的电话、电传、传真、电报以及信函时，应该填写有关通知单送交餐饮部。

②给予赠送水果、鲜花、点心、蛋糕、饮料或者洋酒等待遇的重要客人，应该由营销部填写"生活委托书"，交餐饮部负责落实。

③营销部对特殊团队、散客需要免费、优惠用餐的，经呈报总经理审批同意后送交餐饮部执行。

④涉及在酒店餐饮场所进行的重大促销活动或经营活动，营销部应该事先向餐饮部送达任务通知书，并就任务落实进行协调、拟写备忘录。

⑤营销部应该将接到的订餐、大型酒会、宴会以及其他有关任务及时通知

餐饮部。

⑥营销部负责帮助餐饮部进行营业场所内所需要的广告、横幅、装饰设计以及各项餐饮促销活动的宣传单片设计、制作的工作。

营销部与计划财务部

①营销部与任何旅行社、公司、个人签订的合同,都应该将正本送交计财部。

②营销部签订的各类合同如果做了修改或者调整,应该及时通知计财部。

③营销部应该将制定的各项促销价格、网络价格及时通知计财部。

④营销部收到计财部每月初开具的长包房付款账单时,应该根据实际的情况配合做好催款工作。

营销部与总经理室

①营销部将获取的宾客意见和投诉及时以书面的形式报告总经理室阅示,遵照指示妥善处理,并将处理结果反馈给宾客。

②营销部要将每年的市场计划、重大活动计划、市场信息报告以及各类预算上报总经理室。

③接受总经理办公室对秘书行文、归档等工作的业务指导,定期上交由总经理办公室留存的各种材料。

④根据本部门工作需要和人力资源部安排,做好员工岗位调整工作和岗位培训工作。

⑤根据工作需要提出用工申请,参与录用员工面试并做好新进员工培训。

⑥营销部除了做好自身各项业务培训之外,还应该积极配合总经理办公室做好本部门员工的岗位资格培训,提高员工的业务能力和素质。

⑦营销部应该配合总经理办公室做好考勤、业绩考核和工资奖金的评议和发放工作以及部门员工福利性待遇和医疗费用的审核。

营销部与工程部

①营销部接到重要团队或者重大接待任务需要临时增加设备、设施时,应该将有关计划或者要求预先通知工程部,以便工程部及时做好准备。

②营销部接到租赁或者承包酒店经营场所,或者租用长包房等业务时,应该将租用户需用的电器设备的情况及时通知工程部,由工程部负责对租用区域内的电路容量进行测定审核后方可使用。如果承租方提出需要对租用场所进行必要装修改造时,营销部应该与工程部共同研究提出实施方案,上报酒店领导批准后,由工程部组织实施。

营销部与保安部

①营销部应该做好长包房的住店登记管理,积极配合保安部做好长包房承

租人有效证件的查验和安全协议书的签订工作。

②由营销部组织的大型活动应该事先将活动方案报给保安部,请求协助维持治安秩序和现场安全检查。

公关营销部各岗位职责

市场销售总监岗位职责

①根据市场动态及酒店实际情况,全面确立酒店目标经营市场,制定销售经营战略和决策,并组织贯彻实施。

②负责制定全年销售计划及经营目标,并确保计划的实施与目标的完成。

③回顾客房收入等主要目标实现情况,每周召开一次销售工作分析会,对市场竞争发展状况及存在问题采取及时的改进措施,最大限度增加收入。

④负责市场的开发、发展。

⑤确保熟悉总部的各种促销政策,并结合当地市场认真组织实施。

⑥定期走访客户,掌握其他酒店出租率、平均房价,分析竞争态势,就销售策略、销售活动等向总经理提出意见和建议。

⑦负责处理重大客户在酒店期间的投诉。

⑧负责制定酒店年度广告计划、宣传推销、公共关系发展等计划及预算。

⑨密切监督本部门员工的工作情况,指导下属员工的工作,确保规范的工作标准和方法。

⑩负责制定对销售队伍的整体培训计划并组织落实,确保销售人员自身素质和销售技巧的不断提高。

⑪定期对下属进行业绩评估,组织实施奖惩。

⑫协调与其他部门的关系,确保信息交流与合作渠道的畅通。

⑬完成上级交办的其他任务。

销售经理岗位职责

①根据企业目标市场和客户的潜在需求,制定对重要客户及潜在客户的销售计划。

②搜集、整理市场信息,为市场销售总监提供准确可靠的最新资料,并向市场销售总监提出可行性计划和建议。

③协助市场销售总监进行市场开发、发展,不断增加潜在客源,巩固现有客源。

④负责各种销售工作报告和市场预测。

⑤负责重要客户及潜在重要客户的资料收集、分析,对销售人员进行协助

和指导。

⑥协助销售总监确定邀请参加酒会的重要客人名单,与客人树立长期的合作关系。

⑦负责协助其他部门处理重要客户或影响较大的投诉。

⑧协助对部门内员工进行培训,确保员工能够掌握高效完成本职工作必要的专业知识和销售技巧。

⑨负责对下属员工的工作范围及工作重点的划分,确保销售人员分工明确,合作默契。

⑩负责定期对下属进行绩效评估,并将结果报告销售总监。

⑪完成市场销售总监交办的其他临时任务。

高级销售代表岗位职责

①协助销售经理研究市场情况,制定酒店销售策略及市场客源分配政策。

②根据市场需求,分析报告及统计资料确认潜在客户及其需求,并做出具体销售计划。

③定期访问竞争酒店,了解竞争对手的状况,做出分析报告呈交销售经理。

④与客户保持联络,通过定期销售拜访巩固与现有客户关系,及时发现客户的潜在需求。

⑤负责与客户的谈判工作,根据酒店价格政策确定价格合约。

⑥负责搜集、整理市场信息,与旅游代理机构、酒店订房机构保持良好关系。

⑦负责建立并不断完善客户档案。

⑧负责邀请重要客户参加酒店鸡尾酒会,收集整理客人反馈意见并及时提供改进意见。

⑨定期完成市场销售进展报告并上报市场销售总监,对销售决策提出合理建议。

⑩负责重要客户或团队在酒店期间的所有服务工作,及时解决客人需求。

⑪负责对销售代表的工作重点及区域的划分,确保销售队伍分工明确。

⑫负责对销售代表进行销售技巧方面的培训。

⑬负责与财务部、前厅部等其他部门协调处理好团队及长住客人的账务结算等工作。

⑭及时完成上级交办的其他任务。

销售代表岗位职责

①根据市场需求,分析报告及统计资料确认潜在客户及其需求,制定销售拜访对象及日程,并及时做出拜访报告。

②负责与客户的谈判工作,根据酒店价格政策确定价格合约。

③负责搜集、整理市场信息,与旅游代理机构、酒店订房机构保持良好关系。

④负责收集竞争酒店的信息、客户反馈意见,完成市场调查分析报告。

⑤负责建立并不断完善主要客户档案。

⑥负责重要客户或团队在酒店期间的所有服务工作,及时解决客人需求。

⑦负责收集整理客人反馈意见并及时提供改进意见。

⑧确保了解酒店所有设施和状况及姐妹酒店的概况,积极销售酒店各种促销和姐妹酒店。

⑨定期完成工作报告并提交销售经理,对销售决策提出合理建议。

⑩及时完成上级交办的其他任务。

销售联络员岗位职责

①负责将酒店各种宣传资料定期传真或邮寄给商务客户。

②负责所有客户资料的妥善保管和及时更新。

③负责为销售经理和销售代表准备每月住房状况报表。

④负责搜集、整理市场信息,完成分析报告提交市场销售总监。

⑤处理客户打来的业务电话并跟进落实,认真做好电话记录。

⑥热情接待每位访客,了解客人需求,积极联系相关人员给予解决。

⑦负责外地客户的电话营销工作。

⑧负责合约、宴会通知单等业务文件的打印和分发工作。

⑨负责销售会议的记录和会议纪要的整理、打印和分发。

⑩完成各种办公室文件的打印、分发工作。

⑪分类保存各种进出文件及客户合约,确保档案系统的清晰明了。

⑫及时完成上级交办的其他任务。

公关经理岗位职责

①制定本部门工作计划并组织实施。

②发展、安排、协调和具体实施下列公共关系职能:与酒店主要客户的关系;与新闻媒体的关系;与旅游和商务机构的关系。

③负责通过以下公关手段,宣传酒店的公众形象和提高酒店的社会声誉:新闻记者招待会、新闻及报纸广告稿件、酒店的通讯刊物、酒店介绍、酒店的照片和幻灯片。

④负责策划重要客户联谊会、大型公关活动、公益活动和其他特别活动。

⑤协助市场销售总监制定本部门的广告预算并跟进实施。

⑥负责邀请重要客户参加酒店酒会,保持与客户的良好关系。

⑦负责酒店宣传品和促销传单的设计和制作。

⑧负责指导和监督印刷品及音像制品的制作,以确保出品的质量。

⑨负责监督、指导下属员工工作,管理员工表现并进行绩效评估,组织实施奖惩。

⑩将外界的反馈信息及时报告市场销售总监。

⑪负责与其他部门协调,确保合作渠道的畅通。

⑫完成上级安排的其他临时性任务。

公关文员岗位职责

①协助公关经理处理日常行政工作,跟进所有交办事宜。

②保持与旅游和新闻机构以及记者的良好关系。

③协助指导和监督印刷品的印制,确保符合酒店标准。

④负责制作各种宴会和会议的指示牌。

⑤协助准备各种对外宣传或内部沟通文稿。

⑥负责酒店内部宣传手册和宣传品的订购。

⑦负责做好剪报工作,存档酒店的宣传记录,并及时将媒体中的市场动态信息反馈给部门经理,供管理层参考。

⑧协助策划一些重要客户联谊会、宴会和其他特别活动。

⑨参加总经理鸡尾酒会,维持良好的客户关系。

⑩负责酒店各种活动的摄影,并确保各种摄影照片的分类保存。

⑪完成上级交办的其他临时性任务。

美工岗位职责

①负责设计、制作和布置酒店的各种活动和促销的背景、雕刻、装饰等工作。

②协助重要会议、宴会等会场的布置工作。

③负责酒店宣传品的设计与制作,并提出创造性建议和意见。

④完成美工单要求的其他部门美工制作。

⑤及时完成上级交办的临时性任务。

第二十四章
客房部工作制度与标准

客房管理制度

客房工作人员基本管理制度

①自觉遵守公司规章制度,要讲文明,讲礼貌,讲道德,讲纪律。要积极进取,爱岗敬业,善于学习,掌握技能。

②要着装上岗,挂牌服务,要仪表端庄,举止大方,规范用语,文明服务,礼貌待客,主动热情。

③客房服务员,每天要按程序,按规定和要求清理房间卫生,要认真细致;要管理好房间的物品,发现问题及时报告。

④安排住宿,必须有部门领导和服务中心主任签单;外来住宿人员,要有本人身份证或有效证件进行登记后,方可入住。

⑤不得随意领外人到房间逗留或留宿,未经中心主任同意不准私开房间,为他人(含本公司职工)提供住宿、休息及娱乐等。

⑥检查清理客房时,不得乱动和私拿客人的东西,不准向学员和客人索要物品和接收礼品;拾到遗失的物品要交公。

⑦不准他人随意进入前台;前台电脑要专人管理与操作,不准无关人员私自操作;打字、复印、收发传真,要按规定收费。

⑧工作时间不准离岗,有事向领导请假,不准私自换班和替班,不准打扑克、织毛衣、看电视及做与工作无关的事情。

⑨认真做好安全防范工作,特别是做好防火防盗工作,要勤检查,发现问题要及时报告和处理。

客房钥匙管理制度

①为妥善保管客房钥匙,按规定正确领取、使用、收回客房的钥匙,特制定本制度。

②本制度适用于酒店客房钥匙管理工作。

③酒店钥匙的种类共有以下五种:

a.万能钥匙。

使用万能钥匙,可打开酒店内所有客房的门锁,并且能够实施客房双重锁和能够打开客房双重锁。此钥匙由总经理(驻店经理)和值班经理(大堂经理)保管,财务总监保管一把钥匙封存备用,便于总经理检查任何客房或值班经理于紧急情况下使用此万能钥匙。

b. 客房总钥匙。

使用客房总钥匙,可打开酒店内所有客房的门锁,但不能打开双重锁及实施双重锁。此钥匙由行政管家(客房经理)保管使用,便于客房部经理人员检查房间的工作。

c. 楼层主钥匙。

使用楼层主钥匙,只能打开一层楼所有客房的门锁。此钥匙由楼层领班保管使用,便于楼层领班检查房间状况和清洁卫生,以及楼层各班服务员整理客房、开床或客人丢失、忘带钥匙时为客人开门。

d. 客房钥匙。

客房钥匙是住店客人于住宿期间使用的钥匙,由接待处(问询处)保管。

e. 公共钥匙。

公共钥匙是各营业场所每日使用的工作钥匙,也便于公共清洁及领班安排非营业时间清洁营业场所时开门之用。此钥匙应统一保管于前台收银处的专门钥匙箱内,通常只有指定人员可领用,并留存可领用人的签名名单于前台,便于签领时登记核查之用。

④客房钥匙的分发须严格控制,客房部的所有钥匙,平时必须锁在保险箱中。

⑤客房服务员每天早晨 6 点领取楼层客房的万能钥匙和楼层工作间的钥匙,22 点送回,并在客房钥匙交接表上签字。

⑥客房钥匙领用人领用钥匙时,必须详细填写领用时间、钥匙号码、领用数量和自己的姓名,并负责钥匙的使用与保管工作。

⑦非住店客人若要取用客房钥匙一定要出示住客的书面授权或书面证明方可,非住店客人如有特殊情况必须进入客人房间时,一定要有大堂副理和保安人员在场陪伴。

⑧注意与前台收银、大堂副理、团体领队及陪同保持联系,提醒离店客人归还钥匙。

⑨从客人手中收回钥匙时,应将钥匙放入相应的钥匙格内,以免到处放而丢失。放入钥匙时一定要看清楚房号,不要放错,避免引起工作不便。

⑩每天晚上 22 点以后,不准随意领用楼层客房的万能钥匙和楼层服务间的钥匙。特殊情况需使用时,须经夜班楼层主管签字批准。

⑪服务员工作期间须做到钥匙不离身,不得乱丢、乱放客房及服务间的钥匙。

⑫钥匙不可带离酒店范围或交与他人,如钥匙领用人因公离店,领用人须先将钥匙交还客房服务中心,返回酒店时再重新领取。

⑬如发现钥匙损毁,应立即向客房服务中心报告,并将损毁钥匙交回,同时领取备用钥匙,随后再申请重新配制一把备用钥匙。

⑭客房钥匙丢失,须马上报告主管和领班,并要在第一时间内寻找;无法找到时,部门须立即对门锁做相应的处理,避免发生安全事故,并对丢失钥匙的责任人予以处分。

楼层公共区域卫生标准

①地面吸尘干净、无污迹。

②地角板上无污迹、无灰尘。

③墙纸干净、无破损。

④落地烟灰筒位置摆放正确,清洁无污迹光亮(不能超过三个烟头)。

⑤消防器材、安全指示灯正常完好、无灰尘。

⑥天花板无污迹、无破损。

⑦走廊空气好,无异味、烟味。

⑧服务间、走廊、东、西楼梯无蜘蛛网。

⑨服务间卫生整洁,不凌乱、无私人衣物。

⑩工作车整洁、物品摆放齐全、到位。

⑪东、西楼梯无杂物、地面无污迹、扶手无灰尘、每天早班下班前清洁一次。

⑫公共区域照明灯完好。

⑬木制的墙板、门光滑、无灰尘、无污迹、无破损。

夜床服务卫生标准

①每天 17:00 到 21:00 提供客房的开夜床服务。

②如果遇到"请勿打扰"牌,在门下或门把手上放置开床卡片。

③床边垫巾和拖鞋放置到位。

④窗帘平整地全部拉拢。

⑤床头灯在打开状态。

⑥房内用早餐卡及环保卡放置在醒目位置。

⑦废纸篓要清空。

⑧烟灰缸已洗净清空。

⑨所有用具归于原处。

⑩客人散乱的衣物折叠整齐、码放有序。

⑪所有鞋子成双整齐码放。

⑫补足文具用品。

⑬更换已用过的餐具和炊具。

⑭报纸、杂志码放整齐。

⑮电视机柜已经打开,遥控器放置床头柜方便取用的位置上。

⑯电视节目单齐全有效。

⑰应宾客的要求更换用过的毛巾。

⑱清洁和更换卫生间的水杯。

⑲补足浴室内的用具。

⑳将宾客的个人浴室用品摆放整齐。

㉑清洁卫生间的各项设施,无毛发、无污迹。

㉒提供冰桶并配冰夹。

办公室夜值服务员工作程序与标准

上、下班

上、下班须准时到办公室翻牌。

巡楼

①夜间 22 点开始第一次巡楼。

②每隔 2 小时巡楼一次,每次巡楼不准超过半小时。

③巡楼时遇有特殊情况,须马上打电话通知客房部办公室,说明自己所在位置和事情的经过,报请夜值主管处理。

④巡楼时须认真仔细,做到逐间地巡视房门是否锁闭,楼层照明等是否完好,楼层有无安全隐患及超时访客等。

钥匙

①拿取、归还楼层钥匙前,须通知电话员,报请主管同意,办理签字手续后,方可拿取、归还楼层钥匙。

②巡楼时,不准携带房门钥匙。

③在完成指定的输送服务或房间卫生清扫时,可携带房门钥匙上楼;工作完成后,须在 5 分钟内将房门钥匙交还给办公室。

输送服务

严格按输送服务程序进行操作。

卫生清扫

严格按房间卫生清扫程序、卫生间清扫程序进行操作。

其他

①收集客人的早餐卡、送洗衣物。

②完成办公室留下的加工活计。

客房部工作沟通与协作制度

部门内部沟通与协作

①客房中心应该准确掌握客房状态,并在电脑中及时核对修改,每天 9:00、17:00、23:00 分别打印一份房态表送交总服务台。

②服务中心或楼层服务员如果发现有空气不流通和未检查的房间,应该及时与前厅部沟通联系,共同查明原因,做出适当的处理。

③当日离店的客人,如果在 12 点钟还未离店,客房中心应该迅速通知总服务台,总台接待问讯组在与客人确定离店时间之后,应该电话通知客房中心。

与酒店其他部门沟通与协作

(1)客房部与前厅部

①前厅部应该及时将当天抵达、离开的 VIP 客人报表送交客房部,以利于客房部有足够的时间做好客房布置和迎宾准备。

②团队客人抵达酒店之前,前厅部总服务台接待问询组应该将团队通知单送交客房中心,并写清团名、编号、抵达和离开的时间、用房的房号、对服务的特殊要求以及领队、陪同姓名和住房房号。

③散客和团队客人抵达酒店时,前厅部总服务台接待问询组应该立即电话通知客房服务中心,并及时将住宿登记表送交客房中心。

④礼宾处在迎送散客和团体客人行李时,如果客人不在房内,应该通知客房部客房中心,由楼层服务员陪同进入房间。

⑤客人换房时,前厅部应该及时通知客房服务中心,并将房间和房价变更单送交客房中心,同时由接待问询员和行李员带上新房号的钥匙,替客人换房开门,并送行李至房间。

⑥大堂副经理应该配合客房部做好行政楼层客人的迎接和护送工作。

⑦电话总机在叫醒服务中,如果三次叫醒无效时,应该立即通知客房部客房中心,请楼层服务员迅速前往客人住房叫醒。

⑧总服务台在住宿登记时,应将客人所需要的报纸种类及时输入电脑,每天由礼宾处相关人员将住客所需要的报纸统一送交客房部客房中心,客房中心

从电脑中获取住客所需报纸的信息后，由各楼层送报进房。

⑨客人换房或者延迟退房，前厅部应该及时将房间和房价的变更单和延迟退房的通知单送交财务部前台结账收款部。

⑩客房部应该预先通知前厅部需要维修的楼层和客房，并在电脑中修改房态，以取得前厅部的协助，及时控制房客。

⑪客房部应该积极配合前厅部及时收回离店客人的房间钥匙。

（2）客房部与康乐部

康乐部应该保持与客房部之间的沟通联系，掌握住店客人信息，共同做好对客服务和促销工作。

（3）客房部与销售部

及时掌握 VIP 客人以及普通客人的入住要求，做好客人到店前的准备工作。

（4）客房部与餐饮部

①房金含早餐的客人，前厅部在办理客人住宿登记时，应该将餐饮部印制的早餐券发放给客人，并按照餐券上指定的餐厅用餐。如果是团队客人，在入住时还应该向领队或者陪同问清次日早餐的用餐时间，并及时通知餐饮部。

②客房部应该按照客人接待提出的要求，协助做好餐饮各营业点的台饰和环境布置所需要的鲜花和盆栽。

③客房部应该配合餐饮部做好客房送餐服务，需要由客房楼层服务员收取餐具时，应该在送餐时将开列餐具品种和数量的送餐单递交给楼层服务员，以便在收取餐具时清点核对后代为保管，并电话通知餐饮部派人员收回。

④客房部应积极支持和配合康乐部和餐饮部等有关部门将宣传资料分发至每个客房的客人，协同做好促销工作。

（5）客房部与财务部

①客房中心做好客人洗衣、客房内小酒吧的账单累计工作并配合财务部前台结账收款部处理好与客人之间发生的争议和纠纷。

②客房部应该做好各种布草和工作服的洗涤统计，以及各类物料用品的领用报账和清点盘存工作，并按照财务部物资管理规定，按时制表填报。

（6）客房部与人力资源部

①客房部各部门应该及时将用工情况与人力资源部进行沟通并配合人力资源部做好员工招聘、面试和新进员工培训等工作，协同把好人员素质关。

②客房部各部门应该积极支持和配合人力资源部主持的各项培训活动，在确保正常工作的同时，认真做好人员安排，教育员工主动接受和参加培训，不断提高员工队伍的素质。

③客房部各部门应该配合人力资源部做好员工的出缺勤和考勤统计,按月填报员工出勤情况月报表,经客房部审核并汇总后,送报人力资源部。

④根据本部门需要和人力资源部安排,做好部门之间员工岗位调整和转岗培训工作。

⑤协同人力资源部做好部门员工的职称和技术等级评定考核与审核申报。

(7)客房部与工程部

①客房部各部门的设备管理和操作人员应该自觉接受工程部进行的安全生产教育及专业技术和管理知识的培训,提高业务技能。

②客房部各部门要主动配合工程部做好设备的管理和计划检修工作,并与工程部全能技工密切合作,搞好日常的维护保养,确保各种设备完好有效。

③发生设备故障和事故,应该及时报告工程部,并协助工程部查明原因,视情况做出处理。

(8)客房部与保卫部

①客房部各部门应该组织和教育员工自觉参加保卫部开展的"四防"宣传教育以及保安业务的培训和演练,提高全体员工的安全防范意识和保安业务知识。

②客房部各部门应该主动接受保卫部对安全保卫工作的指导和检查,对保卫部提出的工作建议和整改意见,应该及时进行整改,并将整改情况复告保卫部。

③配合公安部门以及保卫部做好对通缉犯的抓获、协查,应该及时在通缉协查登记簿上进行登记,同时在电脑上做客人历史记录,并在办理住客登记时,做好核查工作。

④客房部在处理挂有请勿打扰牌的客房时,或前厅部电话总机在叫醒服务中,发现房门反锁时,应该及时报告保卫部,并会同保安人员进行处理。

⑤在客房部管辖的范围内,如果发现各种可疑的人和事,应在做好监视工作的同时,立即向保卫部报告,由保卫部负责查证和处理;如果发生各类突发事件,应该按照酒店保安管理中制订的处理各类突发案件、重大事故的流程和火灾应急处理办法妥善处理。

⑥客房部如果需要扩大或改变经营项目,应该及时与保卫部沟通联系,需要变更或办理经营许可证中涉及消防、治安方面的手续,由保卫部负责办理。

⑦客房部如果遇到公安、政法部门需要对客人或者员工执行公务,或对客房和娱乐场所进行安全检查时,应该立即与保卫部沟通联系,并配合做好工作。

(9)客房部与总经理办公室

①由总经理办公室下发的文件材料,应该按照文件处理单中拟办或批办意

见办理,并按文书档案管理规定办理或者存档。由客房部撰拟的以酒店名义行文的文稿,应该送总经理办公室把关审核后上报酒店领导签发。

②每天的 VIP 报表、客房部各部门的重大活动和任务,以及客人的投诉和意见书均要及时上报总经理办公室了解掌握,或者由总经理办公室转报总经理阅示。

③客房部各部门要配合和协助总经理办公室安排来酒店参观者的接待工作。

客房部服务工作质量标准

客房设施设备

客房设施设备的配备符合标准,能为客人提供安全、舒适、方便、清洁、美观的休息和工作场所,各种装饰材料和设备材质不得有害人体健康。

①房门选材优良,与室内装修协调;有较好的隔音性能;美观光洁,完好无损,开闭自如,无杂音,手感轻松。

②窗户表面光亮,有较好的保温、密封、隔音性能;内外层窗帘色彩、图案高档美观,与室内装修协调,有较好的遮光效果;完好无损,开闭自如,无杂音。

③天花板有较好的反光、吸音性能;表面平整,色彩柔和,无开裂、起皮或掉皮。

④墙面选材适当,色彩和图案美观柔和,与室内装修协调;墙面应有衣镜或梳妆镜及饰物,挂放位置合理,协调美观,尺寸大小适宜,与客房规格档次相适应;墙面完好无损,无开裂和伤痕。

⑤地毯选材符合高档次标准,地面色彩与室内装修协调;地毯铺设平整;地毯完好,无破损。

⑥顶灯、壁灯、台灯、镜灯、落地灯、夜灯等各种照明设备,与室内装修协调,数量齐全,安装位置适当,区域照明良好,照度不低于 50Lx;灯具控制开关安全、有效、方便,插头处线路隐蔽;各种照明设备应保持完好状态。

⑦采用中央空调,室内有自控装置,可随意调节室温,夏季保持 22 ℃～24 ℃,冬季 20 ℃～24 ℃;室内通风良好,空气新鲜,新风量应达到 20 平方米/小时/人;设备完好有效,开启自如,无噪声。

⑧客房和房内卫生间配电话和电话列机,色彩协调,性能良好,功能齐全,并带留言灯;房间内配有 18 寸以上带遥控装置的彩色电视机,有国际卫星天线,收视节目不少于 16 套;房内配有小冰箱,并有音响装置;电话、电视、音响、冰箱等设备完好有效,始终处于正常运转状态。

⑨客房内配置软垫床和床头板、多功能床头柜、沙发椅(扶手椅)和茶几,写字台(或梳妆台)和坐椅、衣橱和行李柜(或行李架)、小酒吧酒水架(或酒水柜)等家具;各种家具材质、功能和规格尺寸与客房档次标准相符、工艺精湛,色彩、造型与客房装修协调,分区设置合理;各种家具完好无损,处于常新状态。

⑩卫生间墙面、地面满铺瓷砖、地砖或大理石,选用材料高档,地面防滑防潮、有地漏;盥洗台满铺大理石台面;墙上配多面化妆镜,光亮、宽大完整;面盆、浴缸和淋浴设备齐全、分区设置合理、质地档次符合标准;卫生间有 110/220 伏的电源插座,并配有吹风机和体重秤;室内和区域通风照明良好,照度充足;各种设备使用安全方便,完好无损。

⑪房门门锁安全可靠,门窥镜和防盗链等安全装置齐全;房内有烟感装置,并有应急疏散及安全通道示意图和应急照明装置;客房各楼层设有与客房数相适应的疏散楼梯,并保证畅通;通往疏散楼梯的门应向外开启,并在通道的显著位置配设指示灯箱;通道和疏散楼梯顶部或墙面的适当位置,设有应急照明装置,其最低照度不低于 50LX,照明供电时间不少于 20 分钟;客房各楼层配置保安电视监控,安装的摄像机视角能监控整个楼层的通道,且根据保安巡逻线路配置的巡逻到位;各种安全设备,装置安装位置合理,齐全完好无故障,始终处于正常运转状态。

⑫客房设备整体装修设计良好,配备齐全,协调美观,并分区设置、摆放合理,形成分区功能;设备维护保养制度健全,具体执行落到实处,发现设备状态异常,立即报修;各种设施设备处于正常状态,完好率不低于98%。

客房用品

①每床配床单、被单、枕芯、枕套、毛毯、床罩及备用毛毯或鸭绒被;卫生间内配有方巾、面巾、浴巾、脚巾及浴衣;各类布草用品完好无损,质地符合标准。

②每房内应配有服务指南(含本地区公安部门颁布的旅客须知),电话指南及本地区常用电话号册,电视频道指示说明,价目表,宾客意见书,"请勿打扰"和"请速打扫"牌,晚安卡和"请勿在床上吸烟"告示牌,送餐菜单及送餐服务挂牌,洗衣单和洗衣袋及中英文市内交通图。各种服务指示用品质量优良,造型设计美观、并逐步做到与酒店视觉形象设计相统一;各种服务指示用品摆放规范,平整完好。

③客房内备有供茶具、红绿茶(配茶叶缸)或袋装咖啡、热水瓶、热水杯、冷水壶、冷水杯、酒杯、调酒杯和调酒棒、冰筒和冰夹;各种酒水、饮品、饮具品质优良,符合优质期限,摆放整齐美观取用方便。

④客房内配备文具、便签夹(放在电话机旁)、信纸、传真信纸、信封和航空信封、小便签(放在便签夹内)圆珠笔和铅笔;各种文具用品质量优良,印制精

致,设计美观,平整完好,规范摆放,取用方便。

⑤卫生间配备香皂、浴液、洗发香波、牙刷、牙膏、浴帽、发梳、用品盘、漱口杯、卫生纸、擦手纸、卫生袋、棉球签和酒精棉球、垃圾筒;各种用品质量优良、包装精美、摆放规范,便于取用。

⑥房内应配有衣架、裤架、裙架、衣刷、拖鞋、擦鞋用具、鞋拔、烟缸和火柴、杯垫、针线包、标贴及防火废物筒;各类用品制作精良、美观;各类用品摆放规范,方便取用。

⑦客房服务中心应备有适量的多插座电源接线板、变压器、电熨斗、熨衣板和吹风机、体重秤(房内配有的除外)等物品,供客人借用。

⑧各种用品集中管理,分类定点定额存放保管、领取、发放及耗用报账等管理制度健全,做到定期统计、盘点、账物相符;在各类物品的供应工作中来龙去脉清楚、数量准确、无虚报等责任事故发生。

客房卫生

①天花、墙面光洁明亮,无蜘蛛网、灰尘、水印和污渍,墙饰、壁画整洁美观;地面干净整洁、无垃圾、污渍及死角。

②房门、门铃、把手、门锁、门牌号、门窥镜、安全链光亮整洁、无灰尘、无污渍;窗、窗台、窗框干净整洁,玻璃明亮。

③各种灯具光洁无灰、灯罩无污渍和污物,电线及电源插座干净清洁;各种家具表面光亮,清洁无灰、无水印、无污渍;镜面干净明亮、花卉、盆景等修剪整齐,盆内无落叶和垃圾。

④空调出风口定期清擦,干净无灰、无霉斑;电话机每天清洁消毒、表面光洁;电话机、冰箱表面光亮无灰、冰箱内无霜、无污垢。

⑤马桶表面及内壁清洁、无水印、污渍和异味;浴缸、面盆及盥洗台面干净明亮,各种五金配件光亮清洁、浴帘干净、无污渍;揩布、刷子等清洁用具,分开放置,严防交叉污染。

⑥各种布草、毛毯、床罩干净平整、无破损、污渍和毛发;各种饮具清洁光亮、用过的水杯、酒杯等必须按食品卫生法规定经消毒处理;各种服务指示用品和各类文具用品清洁、平整、完好、无破损、无皱痕、无渍印;衣架、裤架、裙架及垃圾筒等其他用品光洁无灰。

⑦饮用水必须符合卫生部门规定标准,透明、无色、无异味、无异物,不含病源微生物和寄生虫卵;客房内噪声最高不得超过 40 分贝,房外无噪声源,走道噪声不得超过 45 分贝。

客房服务

①当班的客房工作人员必须按规定着装,服装完好整洁,穿戴整齐,仪容端

庄,仪表整洁,合乎"员工手册"的要求;当班的客房工作人员,都应具有文明礼貌的职业道德,做到礼貌待客:见到客人主动问好,礼让先行,同客交谈亲切和蔼,落落大方,语气温和,语言清晰,既不懈怠漠视、漫不经心,也不过分亲热,随便谈笑;为客服务主动热情,想客所想,急客所急,体贴入微;向客告别要说"谢谢"和"再见"。

②按接待要求布置客房,达到总台抵店客人通知单上的布置要求;房内清洁,达到客房卫生质量标准;各种设施设备完好有效,各类用品齐全,完好无损,摆放规范、整齐;实行当班员工自我检查,领班全面检查,主管重点检查,部门经理巡视抽查的客房四级检查制度,保证客房质量符合客人入住要求;根据抵店客人通知单上的抵达时间,提前做好迎宾准备和提供香巾、茶水等服务;及时通过客房服务中心和总台,从积累的客史档案中了解客人的习性和爱好,主动地做好工作;接到客人抵达通知,当班服务员在2分钟内站到电梯梯口相应的位置,迎候客人,并按迎宾服务流程做好各项服务工作。

③按照清洁客房次序和工作流程,每天进行清扫,做到符合客房卫生质量标准;仔细检查客房内各种设施设备,要求完好有效,并补齐各种客房用品。利用客人晚餐或外出时间,每天傍晚为住客提供做夜床服务;按照做夜床流程做到操作规范,符合要求;结合每天的客房清洁和做夜床服务,对房内小酒吧进行二次检查和补充,VIP房应结合小整理随时检查补充;检查补充时,必须做到:小酒吧内的酒水、饮料和食品,确保在有效期限内,客人使用过的小酒吧,要核对客人填写的酒水单,未填酒水单的要代为填写,耗用报账和补领手续完备,准确无误;客房保证24小时供应冷热饮用水及冰块;客人要求提供茶水或冰块时,要保证在5分钟之内送入客房;客人来访,必须征得住客同意后方能引领访客进入房间;客人要求加椅和提供茶水服务时,应保证在5分钟内提供服务;访客离开后,要及时入房收回椅子和茶具,并对客房作快速整理;每天清扫客房时,要及时收取客人放入洗衣袋并已填好洗衣单的客衣,如在其他时间接到客人需要交洗客衣的要求,应在5分钟之内前往收取;收取和送交客衣时,应按照收客衣流程,做到操作规范,符合要求;客人需要借用物品时,如在借用品之列,应在10分钟内将客人所需借的物品送进客房,并向客人告之使用方法;如需借用会议、办公用品和餐具等,应与前厅、餐饮等有关部门联系,并请有关部门直接与客人接洽,帮助解决;借出的物品按客人约定时间收回,借出和收回的物品均应检查完好情况,并做好登记;客人提出看护要求,应准确记下客人的房号、姓名,以及要求看护的婴儿的情况及时间,同时准确地向客人介绍收费标准;按照"看护婴儿服务流程"操作,做到服务规范,无差错。

客房安全管理制度

①客房服务员、清洁员同时也是保安人员，要掌握旅客情况，在作好服务和清洁的同时要保障安全。

②客房内必须标有安全疏散指示图，并在房内摆设公安部门颁布的《酒店、旅馆旅客须知》。

③严格执行进房清洁时将房门敞开，并用工作车挡住房门，严禁翻动客人的物品，做完清洁离房时必须关闭房门，进出客房分别填写进出时间。

④旅客退房离店时，及时进房检查，发现遗留物品及时归还旅客，客人已离店应将遗留物品上交，并登记备查。

⑤掌握旅客情况，发现长时间挂有"请勿打扰"牌的客房和旅客住宿不登记及时查明情况，并及时上报酒店的领导。

⑥客房区域工作人员必须熟悉岗位环境，明确安全出口的方位和消防灭火器材的设置，以及正确地使用方法，并保持安全信息畅通，发现安全疏散指示灯故障及时保修。不得擅自挪用消防灭火器材。

⑦一旦发生火灾事故，首先要保持镇静，迅速报告，讲明地点，燃烧物及火势情况，并及时疏散周围旅客，就近取用灭火器进行扑救，有人被困应先救人再救火。

⑧严格执行公安消防部门关于易燃易爆物品的管理制度，烟花爆竹等各类危险物品不准带入酒店。

⑨客房内严禁私接电源，严禁使用电炉和电加热器具。

布草房、员工更衣柜管理制度

布草房管理员职责

①酒店设布草房管理员 1 名，上班时间为：14:00～22:00。

②以身作则，严格遵守并执行"员工守则"及公司各项规章制度。

③负责制服的验收、日常发放、保管、缝补、熨烫和盘点。

④负责包房内沙发、靠背等需要的缝补工作。

⑤负责办理离职员工衣物收回及新放发职员工制服派发的工作，并做好登记手续。

⑥若发现公司员工在布草房内破坏，及不遵守布草房守则者，应立即加以制止，若不能处理，则书面通知部门经理处理（写清楚所犯事由、姓名、所属部

门、日期及时间)。

⑦每天收货、发放制服及每月盘点制服工作,要认真准确地点算。

⑧每天 19 点之后到二楼存包室协助存包室管理员取存,义务帮助员工取换工服。

布草房制服收发程序

(1)发放

①有薪部门新入职员工必须凭人事部开出的"调制服通知单"才发放制服。

②无薪部门新入职员工须凭人事部开出的"调制服通知单"或财务开出的买工服收据和"调制服通知单"才发放制服。

(2)收回

公司离职人员必须凭人事部发出的"辞职表"经各部门主管签批后,离职人员必须将制服清洗干净后才能收回,布草管理员需在"辞职表"上签名确定已收回。如有破损则需在"辞职表"上注明。

布草房管理制度

①布草房内应保持干净、整洁,布草房是帮员工存放员工工作制服布草的地方,不作任何物品的存放,不得存放化学物品、食品和个人物品,不允许任何人在布草房休息或做与工作无关的事情。

②布草员必须严格按照制服收发程序发放制服,不得乱借员工制服,特殊情况不能为员工换发制服时,应向员工做好解释,并及时通知对方换发制服时间。

③如实填写"制服收发登记本",各部门制服的签收,日常发放,库存数量及制服号码应与"制服收发登记本"上相符。

④布草制服要分部门、分类、分码放置整齐并保管好,新的制服与旧的制服,干净和需洗的布草应严格分开存放,防蛀防潮。

⑤布草房应将有破损或污迹的布草分拣出来单独摆放以便处理,但无论破损或污迹布草有多少,布草总数应保持一致。

⑥布草房严禁无关人员进入,做到随出随锁门。

⑦有关工作单据和交接记录应注意保存。

⑧凡购买任何用品,应先填写采购申请书,由仓库签字确定没有再交予总经理签名,若未经同意,不得自行购买。

⑨如因工作失误或损坏布草,按公司有关规定进行处理。

⑩逢每月 31 日(月底)布草房所有物品盘点,将盘点表交给人事部及财务部各一份。

⑪布草员在休假前后(超过 3 天假期)必须与交接人员盘点交接,双方签名。

电梯服务管理制度

酒店电梯的两种情况

①装有自动控制的电梯，一般不需要工作人员来操作，但若有重要客人，如国家元首需要乘用专梯时，则需安排工作人员操作。

②需要工作人员操作的电梯，如老式和玻璃电梯。

重要客人乘梯服务

①掌握客人乘梯的准确时间，提前几分钟在客人登梯的楼层开好电梯门并在门外等候。

②客到时，电梯员先进梯，用一只手按住梯门，等客人登梯。客人登梯时要向客人表示欢迎，并提醒客人注意脚下。

③人多时按定员先照顾主要客人乘梯，请其他客人稍等片刻。

④熟练掌握电梯操作规范，操作时站在电梯的中间。

⑤电梯到达客人所到楼层时，待停稳后再开门请客人下梯，注意客人下完后再关门，绝不可让梯门夹到客人。

⑥接候梯的客人时，要向客人致歉，然后迅速将客人载到需到的楼层。

一般客人乘梯服务

①关照一般客人乘梯也要注意安全、热情周到。客人上梯要问客人所到的楼层，客人讲明到几层或直接按几层钮后，所到各层都要关照到该层的客人下梯，若梯外有客人候梯，要用手势示意电梯的升或降。

②电梯无论升或降，在运行过程中所停楼层，若有客人上下梯时，要让客人先下后上。

③电梯无论升或降，停到各楼层时，电梯与楼道均要对齐，防止伤及客人。

第二十五章
人事部工作制度与规范

人事部管理制度

①为规范酒店人员配置、招聘、入职、离职程序及操作标准，充分调动员工的工作积极性，发挥员工个人才能，使酒店人事管理工作科学化、规范化、系统化，特制定酒店员工入、离职规范程序及操作标准。

②酒店人员配置秉持定岗定编、精干高效、合理适用三项原则，以建立一支管理、技术、营销、服务为一体的高素质、专业化的员工队伍。

③酒店人员配置采取计划方式。每年12月份，各部门结合本部门该年度实际经营情况及下一年度业务发展需要，分析部门工作量和人员需求，向人力资源部提交"定岗定编计划表"，行政人事部审核汇总后报总经理室及董事会审定。

④行政人事部根据审定的酒店定岗定编计划，编制酒店"人力资源编制计划"报总经理室审定，审定后的计划作为下一年度酒店人员配置的依据。

⑤如酒店年度经营情况发生变化，致使部门工作量有所增减，工作量发生增减的部门以书面形式向人力资源部提交本部门岗位设置及人员编制调整申请，经行政人事部审核并报总经理室审定后下发执行。

⑥未经申报，各部门不得擅自调整部门年度岗位及编制。

⑦酒店人员招聘根据酒店年度"人力资源配置计划"，按照德才兼备、公开选拔、公平竞争、量才适用、择优录取的原则对外招聘。

⑧酒店人员招聘工作由行政人事部统一负责。

⑨行政人事部根据各部门人员招聘需求，定期或不定期地通过大专院校、职业学校、人才市场、职业介绍所、广告（报纸、电视、杂志等）及推荐、自荐等方式招聘符合条件的人员。

⑩人员招聘按以下程序进行：所有应聘者需凭身份证及相关证明，往行政人事部领取"求职申请表"，并按表格的要求如实填写。应聘人员按表格要求填妥"求职申请表"后，行政人事部对其进行目测和第一次面试（初试）：

a. 测试语言、度量身高、称量体重等相关内容。

b. 核验有效身份证、健康证明、学历证书等相关证明。

c. 根据岗位职务要求,对符合五官及外形要求的人员进行技能的初步考核。

d. 行政人事部面试人员需对应聘者的相关考核结果及评定,填写在"求职申请表"评语栏中。

e. 对初试不合格的人员,或可作为备用人选的人员,可将应聘资料分别保管,不合格者档案保留一个月,备用人选资料保留三个月。

⑪部门复试。

a. 对符合初试要求的特殊专业的岗位,行政人事部在求职申请表栏目填写意见并与相关部门约定复试时间。由行政人事部人事专员带领至相关部门进行复试。

b. 部门对行政人事部推荐复试的人员,应根据其岗位职务的技能及相关素质需求,对应聘者进行表达及实操考核。

c. 部门对符合岗位要求的人员,应在其"求职申请表"栏目中填写"同意试用"或"同意试工"。

d. 经用工部门复试符合岗位要求的无特殊专业的岗位,应聘者至行政人事部办理相关入职手续报到上班。

e. 应聘领班以上管理人员(含领班)、技术工种、财务人员需经总经理室相关人员面试考核后方可办理入职手续。

f. 对不合格或可备用的应聘人员,部门需在求职申请表中注明原因及意见,交行政人事部作存档处理。

⑫注意事项。

a. 经复试通过的应聘者,行政人事部需向其介绍酒店的基本情况,并讲明其将入职的部门、职位、职责、试用期限及其试用期的薪金待遇及需承担的责任义务,雇、佣双方都在自愿同意的情况下,行政人事部方可为其办理入职手续。

b. 应聘车辆驾驶员、财务部收银员需由本市户口人员担保,无担保者不得录用。

⑬员工凭"求职申请表"往行政人事部办理相关入职手续。

⑭行政人事部验证部门签批,核对员工面试的"入职申请表"查验员工相关证件及资料的准确性,并收取相关资料。

a. 身份证原件及复印件,收复印件5张,退回原件。

b. 员工1寸彩色登记相片5张(主管级以上人员需交彩色登记相片1张用于公告栏张贴,如无相片,于入职后一周内补交)。

c. 验收本市有效健康证原件(如无健康证必须先体检合格方可上岗)。

⑮酒店员工入职必须交工衣保证金。

⑯员工因正常原因离职,酒店将退还其工衣保证金。

⑰财务部收到员工工衣保证金后,需向员工开具内部收据,由员工本人保存;如有遗失,酒店概不负责。

⑱按员工部门及职务编排工号,并编注于"求职申请表"工号栏中。

⑲电脑资料:录入姓名、性别、部门、职务、身份证号、身份证地址、学历、入职日期、合同日期、健康证期、居住证期等相关资料。

⑳电脑登记及编排员工的宿舍房号及床号、工衣柜号、电子卡。

㉑行政人事部按员工部门及岗位,发放"员工手册"、"培训手册"、"酒店刊物"、工牌、IC卡、工衣柜钥匙、员工守则等相关工作备品,由领用员工签名。

㉒与员工签订试用合同或正式劳动合同,讲解合同条款。

㉓开具"制服分发单"、"住宿通知书"、"新员工报到通知书",行政人事部带领新员工至制服房领取工衣,带领新员工至打卡处做指纹留样并告知指纹考勤、考勤相关规定、操作程序及注意事项,带领至员工宿舍安排宿舍并与其讲解住宿相关规定,带领至员工餐厅并告知员工餐厅就餐时间及相关规定。带领新员工至部门报到。

㉔新员工至部门报到后,所属部门相关责任人应带领新员工熟悉其部门工作环境,告知其岗位工作内容及相关事项并安排专人带领新员工上岗。

㉕资料处理:将"求职申请表"、员工证件复印件、领用物品单、部门录用通知、员工相片等与电脑录入核对无误后,进行对号装订,归入员工档案袋中进行归档。

㉖新入职员工须经过一个月的试用期。

㉗提前转正:根据新入职员工的表现,酒店可予以提前转正,但试用期最少不得小于一个月(经总经理室特批除外)。

㉘如无须试用的员工必须经总经理助理特批(主管以上人员须经总经理批准)。

㉙新入职员工经试用不合格的,部门可随时出具"人事变动表"做试用期不合格处理,不需要再延长试用期。

㉚如新入职员工在试用期内违反酒店规章制度或不符合岗位任职要求,酒店有权随时与其解除试用关系。

㉛酒店对员工的考核分为转正考核、月度考核、晋升考核、年终考核等四种形式。

㉜除平时考核外,其他三种考核均按德、能、勤、绩四个方面有所侧重的对员工进行考核。

㉝酒店基层员工不需进行专门的转正考核,由其直属上级填写"员工试用

期转正考核表",交部门主管签署转正意见,报行政总监审定。

㉞除基层员工外,其他员工在试用期内,无论其提前或按期转正,均须对其进行专门的转正考核,考核内容侧重德、能、勤三个方面。

㉟原则上试用期内员工不享受岗位绩效工资,转正后由部门每月对其进行绩效考核,考核结果与员工岗位绩效工资直接挂钩,部门根据当月经营指标完成情况、员工工作表现进行考核评定。以 100 分制进行考核。总评分≥50 分,依实际分数计算岗位绩效工资,总评分低于 50 分,不享受当月绩效工资,总评分 95 分以上,享受全额岗位绩效工资。

㊱每月 5 日前,由员工直属上级对下属员工做绩效考核,经部门主管签后交行政人事部汇总,后报总经理室审核后交财务执行。

㊲总经办每月 5 日前,对各部门主管进行绩效考核,经总经理审批后交财务执行。

㊳部门根据岗位需要或员工表现,可对员工晋职或晋级。

㊴部门主管以下员工的晋职(级)由员工所在部门申请,由行政人事部会同申请部门主管对其进行考核。

㊵部门主管以上员工的晋职(级)由总经理室提名,由分管总经理助理对其进行绩效考核,报总经理批准。

㊶每年年末,员工须对本年度工作进行总结。

㊷各部门根据个人总结,参考月度考核结果,对部门员工进行年终考核。

㊸各部门依据员工考核结果,结合部门年度考核业绩情况,按照执行办的决定,对员工给予年终奖金或年度调薪。

㊹酒店基于业务需要或内部出现岗位空缺时,可在酒店内部或从集团其他各企业调出、调入员工。

㊺主管级以下员工工作调动可由酒店安排,也可由员工个人申请,主管级以上员工的工作调动只能由酒店安排,个人不得申请。

㊻个人申请的,员工须在原工作岗位连续工作满六个月、工作表现良好,并符合新岗位任职要求。提出申请时,个人须填写"人事变动表"。

㊼员工工作调动一经酒店决定或批准,被调员工须给予配合,服从酒店调动安排。

㊽由调入部门与调出部门经理/总监共同填写"人事变动表"报行政人事部。

㊾员工的调动由行政人事部审核,报行政总监审定,主管级以上人员调动由总经理特别助理审定,部门经理级以上人员调动由总经理审定。

㊿部门之间的调动,由行政人事部开具"制服换发通知书"、"员工调岗通知

书”，员工凭“制服换（发）通知书”到制服房换取制服，凭“员工调岗通知书”到部门报到。行政人事部将其个人档案重新归档。

(51)部门内部的调动，由行政人事部将被调员工的调动资料存档即可，如需换领服装则开具“制服换（发）通知书”到制服房换取制服。

(52)被调动员工的工资级别按调动后岗位的相应工资级别执行。

(53)如调动前岗位与调动后岗位的工作性质不同，不论是否涉及晋职或晋级的情况，均须经过一个月的实习期。

(54)如调动涉及晋职或晋级情况的，参照有关规定执行。

(55)晋职是指员工的行政职务从低一级晋升到高一级；晋级是指在同一个行政职级内，从低一级的工资级别提升工资等级。

(56)酒店每位员工均有晋职与晋级的机会，当酒店出现管理职位空缺时，酒店员工可优先予以晋职。

(57)需晋职、晋级的员工在晋职、晋级前三个月内凡有以下情形之一者，均无晋职、晋级资格：

a. 早退、旷工一次者（含部门例会、加班、培训及其他被要求到岗时）。

b. 工作缺乏责任心未履行岗位职责，违反员工手册及酒店其他规章制度，被酒店或部门依例开具过失单者。

c. 因服务不周、岗位技能差等原因被客人投诉一次者。

(58)拟晋职的员工，须在同一部门原岗位原职级上连续工作六个月以上时间（不含试用期）。

(59)拟晋级的员工，须在同一部门的原职级上连续工作三个月以上时间（不含试用期）。

(60)晋职、晋级的程序。

a. 各部门填写“人事变动表”及“工作评估表”报行政人事部。

b. 行政人事部会同用人部门对拟晋职（级）的员工进行晋升考核面谈。

c. 考核合格者，由行政人事部将“人事变动表”和考核材料报总经理室审定。

d. 经审定后，行政人事部将原件存入员工人事档案，复印件一份交财务部，一份交部门。

e. 考核不合格者，由行政人事部通知拟晋职（级）的员工，并说明详细理由。

f. 行政人事部将考核不合格者的“人事异动表”和考核材料存入其人事档案。

g. 如员工对考核结果有疑义，可按申诉的有关规定进行申诉。

(61)原则上规定晋职、晋级应逐级进行。

⑥晋职的员工,晋职后按原薪级不变实习一个月,实习期满经所属部门考核合格者按晋职后岗位的最低薪级标准执行。如晋职后的最低薪级低于原薪级,可套用等同于原薪级或以上的薪级标准。

⑥晋级的员工,两次晋级的间隔时间不得少于 4 个月,两次晋职的时间不得少于 12 个月,晋职和晋级间隔时间不得少于 6 个月。

⑥降职、降级的条件。

a. 经考核员工工作能力和业务水平不能胜任本职工作,但适合低的职位的要求且有岗位空缺时,可作降职处理。

b. 因酒店机构调整,原有职位须精简,其他部门又无同职岗位空缺但可留用时,可作降职处理。

c. 员工因工作不负责任,致使酒店利益受到一定损失且作记过处分但可留用时,可作降级处理。

d. 员工严重违反酒店的规章制度,并造成一定后果但仍可留用时,可视具体情况作降职或降级处理。

⑥降职、降级的程序。

①领班级以下员工(含领班)的降职、降级,由员工所在部门填报"人事异动表",经部门负责人和行政人事部签署意见后报行政总监审定;部门主管级人员的降职或降级须报总经理特别助理审定;部门经理级人员的降职或降级须报总经理审定。

b. 行政人事部在收到同意批复后,将"降职、降级呈报审批表"原件存入员工个人档案,复印件交财务部具体执行。

⑥降职、降级的相关事项。

a. 属降职的,其薪级按降职后岗位的工资级别执行。

b. 属降级的,其薪级按降级后的工资级别执行。

c. 员工降职或降级后,如需晋职或晋级,须符合晋职、晋级的条件,并按晋职、晋级的程序办理。

⑥酒店员工离职包括辞职、自动离职、解聘、自然解职四种情况。

⑥员工在劳动合同约定的服务期限内因个人原因或劳动合同到期后不愿与酒店续签合同时,可申请辞职。

⑥辞职申请期限。

a. 试用期提前七天或以七天工资作为代替通知。

b. 转正员工须提前三十天或以三十天薪资作为代替通知。

⑦辞职申请程序。

a. 辞职员工需往行政人事部或本部主管处领取"辞职申请表",按表格相关要求填写,注明工号、姓名、部门、职务、入职日期、申请离职日期、辞职原因等,逐级审核,行政人事部审批。

　　b. 领班级以下员工的辞职申请报行政人事部审核,行政总监审定;部门主管级人员辞职报行政人事部审核,总经理特别助理审定,部门经理级人员辞职报行政人事部审核,总经理审定。

　　c. 辞职申请批准后,员工在两个工作日内到行政人事部办理离职手续。

　　⑪员工在劳动合同约定的服务期限内未经许可而擅自离岗超过三天或超过三个工作日未到行政人事部办理离职手续的,视为自动离职。

　　⑫对于自动离职的员工,部门应先了解确认,如情况属实,填写"人事变动表"报行政人事部。

　　⑬员工在劳动合同约定服务期限内,有下列情形之一者,酒店有权随时解聘该员工,且不支付任何赔偿:

　　a. 员工在试用期内被证明不符合任职条件的。

　　b. 严重违反劳动纪律或酒店规章制度的。

　　c. 严重失职,营私舞弊,对酒店利益造成重大损害的。

　　d. 被依法追究刑事责任的。

　　⑭对于符合解聘条件的员工,由部门填写"人事变动表"报行政人事部逐级审核。领班级以下员工的解聘由行政人事部审核行政总监审定;主管级员工的解聘须报行政人事部审核,总经理特别助理审定;经理级以上人员解聘由所属部门总监或分管总经理助理填写"人事变动表"报行政人事部审核、总经理特别助理审查,总经理审定。

　　⑮解聘申请批准后,被解聘员工应在两个工作日内到行政人事部办理离职手续。

　　⑯员工因工死亡、因病死亡或意外死亡的情况,视为当然解职。

　　⑰行政人事部在接到员工的死亡通知后,通知其紧急联系人或亲属为其办理离职手续。

　　⑱如员工是因工死亡,由其所在部门将员工死亡的具体细节书面报行政人事部及总经理,行政人事部协助总经理制定处理方案。

　　⑲如员工是因病死亡或意外死亡,按正常离职手续办理。

　　⑳所有离职员工一律以行政人事部下发的离职通知书确切日期为准。

　　㉑离职员工凭"离职通知书"到行政人事部领取"离职人员流转表"并按照表内排列顺序依次办理离职手续。

　　㉒离职员工必须向直属主管交代所完成工作交接,退还部门物品,由直属主管签发"考勤表",并在"离职人员流转表"上注明上述内容。

㊸保安部：办理离职相关手续。

㊹制服房：退还制服，并查清洗衣费用。

㊺宿舍：退房及清还宿舍物品。

㊻财务：查清个人往来账，退还借款等。

㊼行政人事部：退还"员工手册"、员工证、名牌、饭卡、考勤卡、通信工具等。

㊽部门负责人签审，部门作移交手续。

㊾退还酒店物品时，如有破损情况，该名员工必须做出相应赔偿。

⑨酒店物品缴清完毕，离职人员将员工"离职流转表"交回行政人事部，由行政人事部开具"离职结算单"到财务部结账。

㉑离职人员必须及时将服装及其他保证金收据交财务部，以便依照有关规定酌情退还。

㉒员工离职时，对于在职期间给酒店财物造成的损失或损毁，应承担赔偿责任。

㉓员工因自动离职或离职后被发觉在职期间给酒店造成损失的，酒店将保留遵循法律途径要求其赔偿的权利。

㉔员工如对试用期不合格、工作安排不满意或在工资、福利待遇等方面有异议，经与直属上级沟通达不成共识时，可到行政人事部投诉，员工投诉必须有详细的书面材料和证据。

㉕行政人事部根据员工申诉意见组织调查，于两周内给予员工具体答复。员工接受答复意见，须在行政人事部处理意见上签名认可。员工不能接受答复意见，行政人事部处理意见上说明原因后上报执行办处理。

㉖凡属员工不能接受答复意见的申诉或其他重大申诉议案总经理办公室研究后作出最后裁决。

㉗酒店员工人事档案的内容包括"求职申请表"、个人简历，身份证、毕业证、学位证、职称证、职业资格证、英语等级证、退伍军人证、计划生育证等复印件，入职通知单，背景调查表、转正、晋职、晋级、降职、降级、任免、奖惩、调动等相关表格，参加酒店组织的各种考核、培训的记录，参加酒店外派培训的合同、取得证书复印件等相关记录，劳动（劳务工）合同书等。

㉘行政人事部负责酒店员工档案的立卷、归档、变更、保管、销毁等工作。

㉙酒店员工人事档案属机密文件，由人力资源主管专职专责保管，员工不得查阅本人档案。

⑩除总监级以上人员有权借阅员工人事档案外，酒店一般不对内、对外借阅员工人事档案。

㉑因工作需要，部门负责人可到人力资源主管处查阅本部门员工人事档

案,如需查阅其他部门员工人事档案,须经行政总监签字批准后方可查阅。

⑩员工调入集团其他下属企业时,其人事档案由人力资源主管将档案袋封口后直接送达调入单位人事主管,任何他人不得携带转交。

⑩酒店员工人事档案的保存期参照国家人事档案管理有关规定执行。

员工保密制度

员工档案

员工档案由公司的人力资源部统一管理,人力资源部应全面掌握酒店员工基本情况的收集、鉴别、管理和利用工作。为做好考察培养使用工作提供重要的依据。员工档案主要分以下两类。

(1)员工人事档案

员工人事档案是人力资源部从个人为单位集中保存起来的反映个人一定时期的社会经历和德才表现的文件资料。主要包括以下基本内容:员工履历、自传、鉴定、考核、考察资料,学历和评聘专业技术职称及专业工种技术等级考核或鉴定材料;党团、奖励处分材料;任免、工资、录用、离店等审批表及其他有关的重要材料。

员工人事档案整理应按有关方面规定的十个大类进行。整理、装订成册的材料必须具有一定保存价值,还要符合进入员工人事档案的规定。

员工人事档案必须存放在可靠安全的场所,做好防霉、防潮、防火、防蛀、防盗工作。并实施专人保管。

查阅人事档案,必须办理查阅登记手续,查阅一般员工人事档案,由人力资源部总监批准;查阅管理人员人事档案按管理权限办理审批手续。

外单位人员需要查阅、借用人事档案时,必须出示有效的证明,并经有关领导批准。查阅和借用人事档案的人员必须严格遵守保密制度,不准向无关人员泄露或向外公布档案内容,违反者视情况轻重,予以批评教育直至纪律处分。

在员工录用和离店时,人力资源部应及时办理员工人事档案的传递,做到传递手续完备,材料完整。

员工人事档案的传递不得由本人办理。

(2)员工的工作档案

从员工进入酒店开始,记录员工在为公司工作过程中各个阶段的个人经历,思想品德;业务表现、教育培训、奖惩记录的综合情况。材料包括:员工求职申请、招聘录用、劳动合同和有关离店记录等资料;教育培训记录、专业特长与爱好的资料;工资福利资料;劳动业绩、服务工作评估资料;出勤记录、工作岗位流动等资料。

员工工作档案由员工所在部门负责收集、整理和管理，人力资源部负责指导。每一年由人力资源部负责指导部门对员工的各种资料进行汇总、鉴别、分类和归档。员工离店或部门之间调动时由所在部门将员工工作档案转入人力资源部。

部门工作档案

人力资源部的工作档案分为人力资源档案、工资福利档案、教育培训档案和行政人事档案等四个部分，分别记录人力资源部的工作。

（1）人力资源档案

有关请示、批复、报告、通知等文件、工作计划，以及员工招聘录用或离店的审批材料，劳动合同资料（包括签订、续签、变更、解除、终止劳动合同的有关资料），岗位变更资料等。

（2）工资福利档案

有关请示、批复、报告、通知等文件、工作计划，以及工资、奖金分配办法、考核资料，福利发放及变更记录、月度员工考勤汇总等。

（3）教育培训档案

有关请示、批复、报告、通知等文件、工作计划，教育培训工作、教育管理等活动中产生的，经整理并保存下来的具有价值的文字资料、授课讲义、考试资料、图表、照片和音像资料等。

（4）行政人事档案

有关请示、批复、报告、通知等文件、工作计划，卫生防疫检查记录、员工健康检查材料、食品卫生检查资料、员工餐厅有关管理资料等。

人力资源部的工作档案按年度建立索引、装订成册。

档案管理制度

归档范围

①酒店重要的会议材料，包括会议的通知、决议、总结、会议纪要等。

②上级机关发来的与酒店有关的决定、决议、指示、命令、条例、规划、计划、通知等文件材料。

③酒店对外的正式发文与有关单位来往的文书。

④酒店的请示、报告与上级机关的批复。

⑤酒店反映主要职能活动的管理制度、报告、总结等。

⑥酒店的各种工作计划、总结、报告、请示、批复、统计报表。

⑦酒店的财务档案。

⑧酒店与有关单位签订的合同、协议书等文件材料。

⑨酒店员工人力资源(人事)档案。

⑩酒店的历史沿革、大事记及反映酒店重要活动的剪报、照片、录音、录像等资料。

档案管理体制

酒店统一由总经办负责管理档案,并设置档案管理员岗位,专人负责档案管理工作。

档案管理员的职责

①有良好的政治素质和职业道德,热爱档案事业,热心服务,能维护史实,遵纪守法。

②掌握系统的档案专业知识,具备比较全面的文化、理论、科学技术知识。

③科学管理档案,全面了解档案和档案工作情况。

④科学建立总目录、案卷目录。科学分类,陈列有序。

⑤严防泄密事件发生。查阅档案,需说明查阅内容,领导审批,并登记签字。查阅中只查批准查阅内容,不准查阅其他资料。严禁个人行为借阅、复制。单位或组织借阅档案,由档案管理员直接送还,不可交由他人保管。

⑥指导各处室收集资料,科学分类,按时组卷归档,检查重要资料是否遗失、残缺、规范。

⑦注意防潮、防火、防盗、防虫。保持室内、柜架、卷宗洁净,空气流通。

资料的收集与整理

档案的收集整理工作是建立在归档制度上的。各业务部门将办理完毕的文件材料,经过挑选,立卷,定期移交各档案室集中保存。

①酒店的归档资料实行"年度归档"制度,每年二月份为酒店档案资料归档期。

②酒店的文书立卷、档案管理工作,采取集中和分散相结会的方法。酒店的档案由总经办负责立卷归档;酒店各部室的档案由各部门立卷后交总经办档案室归档;人事档案由总经办副主任(主管人事、劳资)负责清理归档;财务室档案由计财部经理负责清理归档。各部门在年初向酒店档案室移交上一年度经整理的档案资料(属于平时立卷归档的不在此规定范围内)。酒店档案室按规定向省局档案室移交永久保存的档案。在档案资料归档期,由档案管理员分别向各主管部门收集应该归档的原始资料。各部门经理应积极配合与支持。

③凡应该及时归档的资料,由档案管理员负责及时归档。

④各部门专用的收、发文件资料,按文件的密级确定是否归档。凡机密以

上级的文件必须把原件放入档案室。

资料归档要求

①材料完整齐全。

②系统、条理、保持有机联系。凡是归档文件材料,均要按其不同特征组卷,尽量保持它的内在联系,区分它们不同的保存价值。文件分类准确、立卷合理。

③立卷时,要求将文件的正件与附件,印件与定稿,请示与批复等统一立卷,不得分散。

④在进行卷内文件排列时,要合理安排文件的秩序,按时间先后排列。对于同一事情的同一文件,应统一规定进行,比如:正件与附件,应正件在前,附件在后等。

⑤由档案部门对业务部门加以指导,协助业务部门共同做好旧档的组织工作。办理移交手续,双方在移交清册上签字。

⑥档案室在收到业务部门的归档和各类文件后进行分流排列编目,作进一步的整理和局部调整等。

部门归档要求

①编制立卷项目,将办理完毕的文件按有关条款归入卷内,便于次年立卷。

②文件按时间顺序排列,最近的在最上面。

③定时交档案室:文件量少的,一年交一次,次年上半年收集。文件量大的,一年交两次,次年上半年和下半年各一次。

④记录档案文件材料须用碳素笔写。在无特殊情况下,须用 A4 纸。

档案管理

酒店档案室做到防火、防水、防盗、防虫、防鼠、防霉、防光,对永久档案要重点保护。对被损坏的档案要及时进行修补。严格检查制度,发现问题要及时进行处理。

档案的借阅

①总经理、副总经理、总经办主任借阅非密级档案可直接通过档案管理员办理借阅、归还手续。

②因工作需要,酒店的其他人员需借阅非密级档案时,由部门经理办理"借阅档案申请表"送总经办主任核批。

③酒店档案密级分为机密、秘密两个级别,机密级档案经总经理批准后,只能在档案室阅览,不准外借;秘密级档案经副总经理批准后可以借阅,但借阅时间不得超过 4 小时。总经理因公外出时可委托副总经理或总经办主任审批。

④财务档案资料必须经总经理审批同意后,方可查阅。

档案借阅者必须遵守的规定

①爱护档案,保持整洁,严禁涂改。

②注意安全保密,未经许可,严禁擅自翻印、抄录、转借。

档案的销毁

①酒店任何个人或部门非经允许不得销毁酒店档案资料。

②当某些档案到了销毁期时,由档案管理员填写"酒店档案资料销毁审批表",交经办主任审核后,报总经理批准后执行。

③凡属于机密级的档案资料,必须由总经理批准方可销毁;一般的档案资料,由总经办主任批准后方可销毁。

④经批准销毁的酒店档案,档案管理员须认真核对,将批准的"酒店档案资料销毁审批表"和将要销毁的档案资料做好登记并归档。登记表永久保存。

⑤在销毁酒店档案资料时,必须由总经理或分管副总经理或总经办主任指定专人监督销毁。

档案管理人员要努力学习、钻研业务。自觉接受局机关档案管理人员和档案管理行政部门的检查和指导。

档案借阅管理制度

①凡借阅档案,必须经单位负责人审核,同意后履行借阅登记手续。外单位人员必须持单位介绍信及个人身份证明查阅,人员工作证必须与介绍信上姓名相符。同时,需经本单位领导同意方可查阅,如因需要更换或增加查阅者,则应另办手续,否则不予同意查阅。

②任何人查阅档案不得离开档案室,并要在档案管理人员的监督下查阅档案。

③本单位工作人员确需外借档案的,应由档案员将原件复印件签署"此复印件与原件无异"并加盖公章后将复印件带走,原件不准带走。特殊情况要带走的,经请示领导批准后,由档案员持档案同行。

④档案不得私自翻印。确需翻印的经主管领导签字后,由档案员随同翻印,签署"此复印与原件无异"并加盖公章。

⑤查阅档案时不得在档案上圈划、涂改造成污损,更不得拆散、剪裁、撕毁或抽走档案资料。对私自涂改、撕毁档案者,要对其追究相应的责任。

⑥借出的档案要按时归还,但借出时间不得超过一周,不得转借他人。需继续使用者要办续借手续,确保档案的完整与安全。归还时要进行清点和检查,发现丢失或损坏要及时报办公室及有关领导查处。

⑦查阅档案的人员要严格遵守保密规定,按照批准范围查阅,未经同意不得随意翻阅其他档案材料。

⑧凡摘录、复制的档案材料,未经同意不能公开发表。

员工工资扣款制度

①岗位工资总额:员工工资不再分基本工资、岗位工资、生活津贴,将统称为岗位工资总额,即传统意义上的员工工资。

②日工资:每日工资＝月岗位工资总额×12/365。

③常规有薪假期:将原有每月享有 4 天休班改为每工作 6 天享有有薪假期 1 天;每月不工作不享有此有薪假期。

④岗位工资额的计算:每月岗位工资额＝每日工资×(出勤天数＋应享有的有薪假天数)。

⑤事假:员工请一天事假扣发一天每日工资,并一天事假扣发当月奖金的 30%,两天扣发 50%,三天扣发 70%,四天及以上扣发 100%。

⑥病假:每月有两天有薪病假,第三天起按事假处理(一次性申请病假跨月份到下一个月时,只计两天有薪)。

⑦产假:假期享有岗位工资总额的 50%,即 50%有薪假。

⑧工伤假:员工工伤三天,享有三天有薪工资。工伤休假超过三天,每日享受 80%的每日工资,即 80%有薪假,其他待遇不变。

⑨婚假、慰唁假等为有薪假期,享有全额每日工资,即 100%有薪假。

⑩补休在三个月内有效,跨月补休按事假处理,但不扣发当月奖金。

⑪旷工:事先未经同意擅自缺勤,旷工一天扣三天工资,并扣 50%当月奖金;旷工两天扣八天工资,并扣 100%当月奖金;旷工三天扣十五天工资,扣 100%当月奖金,并给予辞退处理。

第二十六章
采购部工作制度与办法

采购部管理制度

基本采购流程

(1)制定采购计划

①由酒店各部门根据每年物资的消耗率、损耗率和对第二年的预计,在每年年底编制采购计划和预算报财务部审核。

②计划外采购或临时增加的项目,应制订计划报与财务部审核。

③采购计划一式四份,自存一份,其他三份交财务部。

(2)审批采购计划

①财务部将各部门的采购计划汇总,并进行审核。

②财务部根据酒店本年的营业实绩、物资的消耗和损耗率、第二年的营业指标及营业预计做采购物资的预算。

③将汇总的采购计划和预算报总经理审批。

④经批准的采购计划交财务总监监视实施,对计划外未经批准的采购要求,财务部有权拒绝付款。

(3)物资采购

①采购员根据核准的采购计划,按照物品的名称、规格、型号、数目、单位适时进行采购,以保证及时供给。

②大件用品或长期需用的物资,根据核准的计划可向有关的工厂、酒店、商店签订长期的供货协议,以保证物品的质量、数目、规格、品种和供货要求。

③餐饮部用的食物、餐料、油味料、酒、饮品等,由行政总厨、厨师长或宴会销售部下单采购部,采购员要按计划或下单进行采购,以保证供给。

④计划外和临时少量急需品,经总经理或总经理授权有关部门经理批准后可进行采购,以保证需用。

(4)物资验收入库

①不管是直拨还是入库的采购物资都必须经仓管员验收。

②仓管员验收是根据订货的样板,按质按量对发票验收。验收完后要在发票上签名或发给验收单,然后需直拨的按手续直拨,需入库的按划定入库。

（5）采购员岗位职责

①严格按照采购供应部所规定的各项制度办事，在接到采购任务单后，应明确购货具体要求（货物的规格、数量、价格、供货单位等），做到及时采购，保证供应。

②了解和掌握市场信息及库存情况，做到所购货物进货环节少，质量优等，价格合理，对不符合质量要求的物品一律拒购。

③随时收集使用部门对所购物品的意见和建议，及时介绍市场上的新品种，当好酒店的参谋，提高服务水平。

④遵守财务制度，来往账目与现金要及时办理结账手续，做到单据清、账上清、手续清。

⑤采购过程中，严禁不顾酒店利益，假公济私，弄虚作假，严禁私自收受现金回扣或贵重物品。

⑥保持与各供货单位的关系，发生问题时及时向上级报告，不得以个人好恶中断合作关系。

采购部业务操作流程

①按使用部门的要求整理采购申请表，多方询价、选择，填写价格、质量及供方的调查表。

②向主管呈报调查表，汇报询价情况，经审核后确定最佳采购方案。

③在主管的安排下，按采购部主任确定的采购方案着手采购。

④按酒店及本部分制定的工作程序，完成现货采购和期货采购。

⑤货物验收时出现的各种问题，应即时查清原因，并向主管汇报。

⑥货物验收后，将货物送仓库验收、入库，办理相关的入库手续。

⑦将到货的品种、数目和付款情况讲演给有关部分，同时附上采购申请单或经销合同。

⑧将货物采购申请单、发票、入库单或采购合同统一并交财务部校对审核，并办理报销或结算手续。

酒店能源采购制度

①酒店工程部油库根据各类能源的使用情况，编制各类能源的使用量计划，制定出季度使用计划和年度使用计划。

②制定实际采购使用量的季度计划和年度计划（一式四份）交总经理审批，同意后交采购部按计划采购。

③按照酒店设备和车辆的油、气消耗情况以及营业状况，定出油库、气库在不同季节的最低、最高库存量，并填写请购单，交采购部经理呈报总经理审批同意后，交能源采购组办理。

④超出季节和年度使用计划而需增加能源的请购,必须另填写请购单,提前一个月办理。

⑤当采购部接到工程部油库请购单后,应立即进行报价,将请购单送总经理审批同意后,将请购单其中一联送回工程部油库以备验收之用,一联交能源采购组。

物资采购管理制度

物资采购是酒店经营管理中的重要环节,加强采购工作的管理是降低物资成本、加速资金周转、提高经济效益的重要手段。

采购员是酒店采购工作的专业人员,酒店所需物品原则上均由其统一购买,其他部门应予以支持、配合、监督。

采购的计划管理

加强计划管理,严格审批手续,是采购管理的关键。

①房务部、餐饮部、工程部等各部门应编制物资需求计划,并于每月末报下月份"物资需求计划"交财务进行成本控制审核,送财务经理、主管副总审批,报总经理批准后转采购员。

②仓库补充请购,由仓库保管根据业务需要提出申请,填写物品申购单,交财务成本控制审核,送财务经理审批,报总经理批准后,转采购部。

③其他零星物品的申购,由使用部门提出申请,经理根据库存情况审核签字,送财务经理、主管副总审批,报总经理批准后,转采购员。

④食品原材料批量采购采取定期补给的办法,由餐饮部报申购计划,交财务进行成本控制审核,送财务经理、主管副总审批,报总经理批准后,转采购员。

⑤餐饮部每天需购入的鲜活原料,由厨师长、餐饮总监签字后,于每日下午5点前将采购单报采购员。

采购物资的择商和价格管理

①所有申购计划或申购单送到采购员后,由其具体负责对申购计划、申购单上的采购物资进行择商、确认和报价。

②采购人员收到自己分管的申购单后要认真归纳、分类整理。对其中有疑问的内容要与部门经理、总监和申购部门及时沟通,在确认无误后,按照要求时限尽快寻找至少三家以上的供应厂商,进行业务洽谈,经过对比筛选,择优确定报价填入申购单,并填好总金额、供应厂商名称后,送财务经理、主管副总审批,报总经理批准后,转采购员。

③供应厂商的优惠、折扣、赠送、回扣等必须归酒店所有,并在报价中注明。

④所有采购物资的择商报价,必须由采购部在充分准备掌握市场行情的条件下择优确定,使用部门有权了解所需物品的价格和提出质疑,并对所掌握的供应厂商及购物意向要主动通报采购部,由其选定质优价廉服务好的供应厂商。

⑤鲜活原材料的价格受市场影响浮动较大,市场询价小组(财务人员)每周需作市场询价,根据市场价格和采购价格对比并做出分析,上报主管副总、总经理。

采购物资的审批

①采购非入库物资由部门提出申请,部门总监或经理签字后送财务成本控制,财务成本控制根据各部门"物品需求计划"对申购物资进行审核签字后,送财务经理、主管副总审批,送总经理批准后,转采购员进行采购。

②采购入库物资由仓库保管员根据用量及库存量提出申请,使用部门经理签字后交财务成本控制,财务成本控制根据各部门"物品需求计划"及库存量对申购物资进行审核签字后,送财务经理、主管副总审批,报总经理批准后,转采购员进行采购。

③采购原材料由各厨房于每日下午 3 点前报次日原材料采购单,由厨师长、餐饮总监签字后报采购部,采购员根据采购单,通知各供货商准备原材料,并于次日上午 9 点前准时到货。

采购物资的验收和运输

①无论是采购人员自购还是供应商送货,货到酒店后,必须首先与仓管员联系验收,不允许采购人员或供应商直接将货物交与所需部门。

②各项进货均由仓管员、采购员、使用部门授权人按审批手续齐全的申购单进行验收,每次到货需几方同时验收,根据申购单核对货物的品名、规格、价格、质量、数量、金额是否一致,所有进货均应过磅点数。

③进货物品如有合同或小样,应根据合同标准和封存小样进行验收。

④验收不入库物资,根据审批手续齐全的采购单,仓管员与使用部门授权人同时收货,按照采购单上的要求对物品的质量、数量价格进行严格把关验收,验收合格后仓管员开具"收货记录"并注明采购单号,由仓管员、供货商、部门授权人同时签字确认。

⑤验收入库物资,根据审批手续齐全的采购单,仓库保管员收货,按照采购单上的要求对物品的质量、数量、价格进行严格把关验收,验收合格后由保管员开具"收货记录"并注明采购单号,由保管员、供货商同时签字确认。

⑥验收食品原材料,按照开好的"收货记录"(为了方便收货"收货记录"是按"采购单"事先填制好的),收货员与厨师同时收货,对原材料的质量、数量进

行严格把关,验收合格后收货员、厨师长、供货商同时签字确认。

⑦所有进货如发现与申购单内容不符,收货员或仓管员有权拒收,并及时上报,对计划外急购物资应补办手续,每日把验收过程中出现的问题留存资料,为下次同类货物和同类供货商的验收提供依据。

特殊物资采购

①对一些技术性强,或有特殊要求的采购物资,采购员可以邀请有关部门相关人员会同购买或授权有关部门相关人员购买。

②一般采购物品在 7 天前、紧急物品在 24 小时前由各申购部门按照申购程序办理申购。若确有个别紧急需求,须经相关领导批准后,由所需部门自行购买,在有关授权人监督下收货,于次日及时补办申购、审批、收货手续。

采购物资的结算方式

物资验收后,以"收货记录"作为结算依据,结算方式一律采用定期支付,特殊情况可支付现金,如青菜、农副产品供货商可根据情况特殊处理。

酒店采购工作规范

食品采购

①财务部根据酒店营业计划编制食品年度、季节、日采购计划,报酒店总经理批准后,由采购部食品采购员实施。

②采购部应根据采购计划的要求,进行市场调研,比较供应商所提供食品的质量和价格,每项采购均应坚持货比三家的原则进行比较选择,以保证供货价平物美。

③采购员根据采购分工和选定的供应商按采购计划填写采购申请单,经采购部经理批准后进行采购。

a. 年度采购任务,需同供应商订购销合同,注明品名、规格、等级、数量、价格、交货方式、交货批量、验收标准,付款方式等具体条款。

b. 季节采购一般指冰冻海、河产品,因这些食品季节性强,只能进行批量采购,采购时应同供应商签订合同或协议,注明品名、规格等,以及数量、单价、金额、交货方式、交货地、交货期以及验收、付款等具体条款。

c. 采购部应对日采购计划按时、按质、按量完成。

d. 对大批量或高档食品及原料采购时,采购部经理应参与采购工作,并对其质量、价格加以控制。

④食品采购后,采购员应将食品交成本财产管理部验收员验收,并将验收单中采购一联收回。

成本财产管理部验收员在验收时发现食品同采购计划中的品名、规格、数量、价格、质量有出入时，食品采购员应与供应商联系，及时办理退货、换货手续。

物品采购

①财务部按酒店营业计划编制物品年度、月度和临时采购计划，报酒店总经理批准后，由采购部物品采购员实施。

②采购部根据采购计划的要求，进行市场调研，比较供应商所提供的物品质量、价格，每项采购均应坚持货比三家的原则进行比较选择，以保证供货价平物美。

③采购员根据采购分工和选定供应商，按计划填写采购申请单，经采购部经理批准后进行采购。

a. 需购物品是酒店已确认或补充库存的，应按原定规格、型号、颜色、价格等要求办理，并从原定供应商处按质、按量、按时购进，如果变动应由采购部合同使用部门上报财务经理审批后方可采购。

b. 如属新品种，则需会同使用部门同供应商联系洽谈，取回样品（样本），经采购部上报财务经理批准后采购。

c. 临时采购的物品采购员应根据采购计划要求急事急办，在规定时间内完成采购任务，确保酒店需要。

d. 对大批量或高档物品的采购及新品种采购，采购部经理应参与采购工作，并对其质量、价格加以控制。

④物品采购后，采购员应将物品交成本财产管理部验收员验收，并将验收单中采购一联取回。

⑤成本财产管理部验收员在验收时发现物品同采购计划中的品名、规格、数量、价格、质量有出入时，物品采购员应与供应商联系，及时办理退货、换货手续。

临时采购的设备、材料，采购员应根据采购要求急事急办，在规定时间内完成采购任务，确保酒店服务质量。

工程用品采购管理办法

①工程部仓库管理员根据仓库易耗品库存量，及时填写"工程采购申请书"注明日期并签名，经过工程部总监审核，由工程部秘书具体负责办理。

②工程部各工种员工，在日常维修和设备保养时，如果需要采购物品，经有关督导审核、签名后，报给工程部仓库。

③工程部秘书按照要求填写酒店物品的请购单,并附上工程部的采购申请书,上报工程部总监审核并签署。

④工程部秘书送交供应部购买,并留一联附工程部采购单交工程部仓库管理员登记。

⑤如果遇上紧急采购申请,督导应该请工程部仓库填写应急采购单,由督导审核并签署后,送工程部总监签署,并报送计财部成本控制室审核后转呈分管副总经理审批,再由采购供应部负责安排紧急采购。

⑥采购供应部通知工程部到货,工程部仓管保管员应该及时验收、核对并签收入库单。

⑦工程部仓库保管员在收货后,应该及时登记注册,并通知有关工种前来领货。

⑧工程部其他物品,领货人应在工程仓库物品出库单上签字,仓库保管员应该及时办理发料登记手续。

⑨如果需要紧急物品领用,领料人应该在工程仓库工作日记上签名,随后补办正规领料手续。

第二十七章
工程部工作制度与规范

工程部管理制度

①工程部负责项目：

a. 负责酒店电力系统、空调系统、冷热水系统及地面管道、锅炉蒸汽系统的运行管理工作，设施设备的维护、保养和检修工作。

b. 负责酒店水暖设备、厨房机械、洗涤设备的定期保养和故障检修。

c. 负责酒店制冷设备、冷冻设备、排气设备定期维护保养和故障检修。

d. 负责酒店楼宇维护、设施、家具、门锁的修理工作。

e. 负责酒店灯饰、灯具的定期检查、修理工作。

f. 负责酒店动力各系统的设备、线路更新和系统改造。

g. 负责酒店工程改造工作。

②以上责任范围内设备接"维修单"后，在有配件的情况下，不能及时修理而造成事故的，由该责任班组填写"事故报告"，并由办公会按事故性质和损害程度研究进行处理。

③以上责任范围内设备因修理不当，而造成事故的，责任由该修理人员负责。

④对责任区域范围内的酒店设施、设备维修时，操作规程及施工质量应符合当地消防、安全要求。

⑤工程部所有员工必须严格执行设备操作、维护、保养安全操作规程。否则，由此造成事故由当事人负责，酒店不承担任何责任。

⑥禁止无关人员进入机房重地。否则，造成机器人为破坏、物品丢失等事故，则责任由该当值人员负责，并赔偿一切损失。

⑦动用明火时，需办理动用明火证，动火时注意防火，动火完工后需彻底清理火种，否则，引起火灾由该动火者全权负责，并赔偿经济损失。

⑧机房内各种灭火器材应备齐，确保发生意外时能正常使用。

⑨酒店内的各种电器设备，应保证符合电工安全使用规定。

⑩严禁当值喝酒或酒后上岗、脱岗，若由此引发事故，则后果自行承担，并赔偿酒店损失。

⑪维修人员对机械进行维修、保养时，虽按操作规程操作但仍发生了非人

为意外造成伤、残、亡等事故的,则视为公务。若因违反操作规定而引发的事故,一切责任自负。

工程部值班制度

值班制度

①值班人员必须坚守岗位,按规定定期巡视系统设备的运行情况,及时发现和处理隐患。

②保证全天所有运行值班机房都有人员值班,如因特殊情况需要调班的,应事先征求主管同意。

③密切注意系统设备运行状态,接到维修报告后要立即通知人员前往维修,当班人员无法处理时应及时上报上级。

值班工作程序

①每班次必须提前 10 分钟打卡上班,到值班室进行交接班,了解上一班工作情况,清点检查各种公用工具、各设施区域钥匙,当面交接。

②班后查询工作值班记录及主要设备运行检查记录,按各部门要求及时调整空调、照明等设备的运行参数及工作状态。

③及时、准确、认真处理各部门的报修工作,定时巡检各种设备设施的运行情况,认真做好各设备的运行状态及参数记录。

④中班在 16 点后检查各公共区域,根据天气情况及时调整各公共区域广告设施、夜景工程等设施的使用;20 点与 22 点分别对配电室、电梯机房、冷热水机组等重要设备区域全面认真检查并做好检查记录。

⑤大夜班凌晨 2 点与凌晨 5 点分别对配电室、电梯机房、冷热水机组等重要设施设备进行检查,同时对当天维修单进行整理及当天重大情况登记。

⑥发电机组每周一启动运行 30 分钟,并做好运行参数记录。

⑦工程部是酒店的后勤保障部门,应积极、主动地配合各部门维护好酒店的各项设施设备的正常运转工作。

工程维修程序

①各部门报送的维修单及电话通知维修项目,要认真落实其内容、地点、时间进行登记。

②接到维修工作任务时必须迅速准备好工具材料,按规范要求到达现场进行维修(紧急维修在 10 分钟以内,一般维修在 15 分钟内)。

③对重点设备以及客人提出的特殊服务要求先安排时间维修。

④维修完成后请报修部门验收签字,并将维修单送回工程部进行销单登记

并注明维修完成时间。

⑤没有完成的维修项目,应注明不能完成的原因,及时汇报给有关人员,请示进一步处理意见。

⑥在有客人入住的紧急维修项目中,必须由楼层服务员陪同征得客人同意后在服务员的陪同下方可进入。

交接班制度

①交接设备设施机械动力运行情况和设备缺陷情况。

②交接设备检修及验收情况。

③交接当班未了事项需下班继续进行的工作。

④交接公用工具,安全用具、仪表等公用器具。

⑤交接上级命令和有关指令。

⑥完成规定的清洁卫生工作。

⑦接班人员应提前 10 分钟到岗位做好接班和下一班准备工作,具体接班内容包括:看上一班运行记录、交班记录,听取上一班值班人员的运行介绍检查和核对记录资料;查设备运行情况,交班人员应将交接内容逐项口头交代,接班人员应逐项检查,并到现场核对参数,对于交接中发现的任何疑问都要问清楚,严格按照"交不清不交,接不清不接"的准则办事;查清点清公用工具、安全用具等公用器具,若有问题应当场确认清楚;当现场设备交接检查完毕无误双方确认情况清楚后,在交接班本上双方签字,交接手续才算完毕。

⑧出现下列情况不得交班并向有关负责人员汇报:上一班情况未交代清楚,运行记录不清楚、工具安全用具等共用器具不全又不能说清去向;交接班时遇重大事故或有特殊情况发生;接班人员有醉酒或异常时;所有运行值班维修人员必须到值班室进行上班签到和下班签离。

工程设施改造规范

①各职能部门严格控制内部设备设施整改、新增,对调整内容应具有长远计划性,工程部较大或者施工复杂的应该提前与工程部沟通,并作分析报告给总经理审阅。

②各职能部门凭借经过总经理审批的报告或者开工作联系单至工程部维修中心,并领取酒店设备工程增改单。按照表单内容要求填写齐全,并附上增改施工项目说明或者图纸经部门经理审批。

③把填好的酒店设备工程增改单送至工程部维修中心。维修中心领班在接到表单之后,在一个工作日内对需要增改的设备设施费用做出预算,包括:主

材、辅材、人工费用明细以及计划工期,预算完毕后将填入表单中。

④酒店设备工程增改单由工程部经理签字、复核,经过执行总经理签字、审批后生效。

⑤由工程部自行增改的项目,在接到批复完毕的酒店设备工程增改单后,根据本部门日常维修和保养实际情况,做合理的安排,尽可能按时完工。期间的工作进度由领班或者主管及时反馈给申报部门。需要外包单位进行增改的项目,在接到批复完毕的酒店设备工程增改单后,由工程部联系外施工单位。外施工单位进酒店施工过程,工程部必须派专人全程跟踪,并要求其按照酒店的规范做好防护工作以及告示牌摆放。

外包单位在施工单位完毕后必须经过工程部验收,验收合格后才可以交付使用。外施工单位进酒店施工,工程部必须在其施工前告知以下的规定:

a.外施工单位进酒店施工必须佩戴有效工作证,施工完毕后统一归还。

b.外施工单位进酒店施工必须遵守酒店相关规章制度,不得擅自操作,必须遵循工程部意见,如果因为单方操作导致酒店设备设施损坏,由施工方负相应赔偿责任。

c.施工过程中如果遇到特殊情况导致施工中断,必须及时联系工程部进行协调,直到施工完毕。

d.外单位在施工完毕后必须及时联系工程部进行验收,未经确定的视其未完成。

6.改造完毕后,由工程部将整体费用整理后送部门经理签字、批复并开领款凭证,原则上增改费用不得超过预算金额。部门经理签字后的领款凭证,按酒店流程进行逐级审批。审批完毕后,由工程部通知外施工单位领取账款。外施工单位工作完成后领款必须遵守酒店财务相关规定,定期统一领取。

软化水操作服务规范

操作人员基本服务规范

(1)工作范围

①软化水系统的运行与维护。

②软化水检验的取样工作。

③水泵设备的运行与维护。

④冷却塔的运行与维护。

(2)岗位职责

①负责控制工艺参数,生产合格软化水,为全公司提供足量的生活用水及

生产用水,保证软化水量充足、水泵连续不断的正常工作,让备用软化设备及水泵能起到备用的作用,维持正常的各项工艺要求。

②认真进行巡回检查,做好运行日志及其他各种记录的填写工作。

③负责设备缺陷登记和维修后的验收工作,重大缺陷应及时汇报班长和主管。

④做好所管辖设备、地面、门窗的卫生工作,做到清洁生产。

⑤认真完成设备的润滑、试验、切换等日常工作和定期工作。

⑥取样化验做好纪录报表。

⑦认真进行巡回检查,发现隐患和缺陷及时汇报。

⑧严格执行车间下达的各项任务,按时保质保量完成。

⑨认真做好各项及记录,定时向车间报告有关软水设备及水泵的运行情况,及累计流量。

⑩负责各水泵的巡回检查和维护工作,保证运转设备不缺油。

⑪负责消防水池、循环水池液位的监视和补水工作,保证各水池的正常液位。

⑫熟练地操作设备和妥善保管工具。

⑬对本岗位的情况,尤其是运行设备做到心中有数,班班交接清楚,保证设备的完好率。

⑭严格执行公司有关规章制度和车间的管理条例,严格按照本岗位的安全技术操作规程操作。

交接班制度

①接班人员按规定班次和规定时间提前到水泵房做好接班准备工作,并要详细了解软水设备及水泵的运行情况。

②交班的人员,应在交班前对软水设备及各个水泵运行情况作一次认真全面的检查和调整,必须具备下列条件方能交班:

a. 软水设备及水泵运行状况良好(声音、转速等无异常),压力、温度、流量、水质和水池水位都在正常范围。

b. 各安全附件、仪表动作灵敏可靠。

c. 工作场所保持整洁,工具和配件齐全并存放在指定地点。

d. 各项记录填写正确、清楚、无涂改、无遗漏。

e. 交班人员在运行记录和交接班日志上签名后交班。

f. 交班人员应口头向接班人员详细介绍本班运行情况,以及发现的问题和注意事项。

③接班的人员要做到:

a. 听取交班者的交代,详细查看上班的报表记录。

b. 巡检察看设备运转情况与交班者交代的内容是否有出入。

c. 查看工具等是否齐全,卫生是否合格。

④接班人员应按规定时间到达水泵房,做好接班准备工作。接班人员须认真查阅交班记录和听取交班情况介绍。

⑤交、接班双方应共同检查下列情况:

a. 软化水设备及水泵运行情况。

b. 压力表、进出口阀门、给水设备、排水阀等设备、附件是否灵敏可靠。

c. 必要的备用材料,如扳手、测温仪、润滑油等是否齐全。

⑥交、接班时,如遇故障,应等故障处理完毕后,再办理交接班手续。接班人员应积极协助交班人员处理故障。

⑦接班人员在接班前不准喝酒。交班人员如发现接班人员喝酒或有病时,应向车间负责人报告。由负责人采取措施,另行指派合格人员代班。

⑧接班人员未按时接班,交班人员应报告车间负责人,但不得擅自离开岗位。

⑨交接班人员已在交接记录中签名后又发现了设备缺陷应由接班者负责。

巡回检查制度

①值班人员每小时巡检一次,发现问题及时处理,如无法解决须汇报班长。巡回检查的内容如下:

a. 各压力、流量、液位等表计及开关信号指示等是否正确、正常。

b. 各运转泵类设备的润滑油是否正常,有无振动、发热和异响等情况,停运泵类设备的润滑油是否正常。

c. 系统是否有水、汽、油及滤料的泄露现象。

d. 照明是否正常。

②值班期间,每小时应对循环水池至少巡检一次。

软水设备工艺流程

①原水经过机械过滤器进入软水器,通过软水器内的钠离子交换树脂将原水中的钙镁离子去除,经过处理的软水进入软水箱内,通过软水箱进入循环水池。

②当软水器内的钠离子交换树脂失活时,盐水箱内的饱和盐水通过盐液泵打入盐计量箱内,在吸盐过程中将盐吸入软水器内将钠离子交换树脂进行再生。

水泵工艺流程

①电炉变压器循环水泵:循环水池的软水通过电炉变压器循环水泵将水打入电炉主厂房内的油水冷却器内,依靠重力作用,被加热的软水通过回水管流

入冷却塔中,软水经过冷却流回循环水池。

②电炉循环水泵:循环水池的软水通过电炉循环水泵将水打入电炉主厂房内的水排,依靠重力作用,被加热的软水通过集水槽、回水管流入冷却塔中,软水经过冷却流回循环水池。

③收尘、制氧循环水泵:循环水池内的软水通过收尘、制氧循环水泵将软水打入收尘风机、制氧设备冷却用水点,对设备进行冷却的回水通过回水管流回循环水池。

锅炉房管理制度

①锅炉系统操作人员,必须持有效的相应证件上岗。

②锅炉值班操作人员在岗工作期间,必须认真履行岗位职责,严格遵守巡回检查、水质管理、设备保养、安全检测、清洁卫生、交接班等制度,确保供热系统的技术安全和运行状态良好。

③按照有关规定,定期校验、检修或更换安全阀、压力表、各安全附件和受压元件,确保其发挥正常的技术功能。

④每班对水位表进行一次冲洗,每周进行一次手动开启安全阀,每月做一次安全阀自喷实验,并详细做好技术状态记录,备查。

⑤经常巡查各水、电、汽管线路,坚决杜绝"跑冒滴漏"、"白水表"、"满水"等现象发生。

⑥坚持每日水质化验制度,定期进行排污,保证给水和炉水的质量。经常保持充足的软化水储备。

⑦锅炉房如需电、气焊维修时,必须报请管理部门批准,并切断气源、确认室内无可燃气体、且做好防护措施后,方可进行。严禁在锅炉房内私自随意动用明火作业。

⑧要害场所管理制度:

a.非值班人员,不准随意入内。

b.非值班人员进入要害场所后,要先进行登记,并由值班人员告知其应注意的安全事项。

c.严禁在锅炉房内及其附近堆放易燃、易爆品,不允许在锅炉房内洗晒衣物。

d.上级部门人员检查工作,必须由公司管理人员陪同。

e.外来人员参观,要事先与业务主管部门取得联系,并由公司管理人员带领方可进入。

f. 非值班人员进入要害场所后,值班人员要对其进行安全监护。

⑨锅炉工交接班制度:

a. 接班人员按规定班次和规定时间提前到锅炉做好接班准备工作,并要详细了解锅炉运行情况。接班人必须提前15分钟到达工作岗位。

b. 锅炉司机交接班时,必须严格执行在工作岗位面对面交接班制度,如果接班人员没有按时到达现场,交班人不得离开工作岗位。

c. 交班人在交班前,必须把设备和操作现场清扫干净,做到环境干净、整洁。

d. 交班人在交班前,要把本班设备运行情况告知接班人,当班发生的问题应尽可能在当班及时解决,不能解决时要及时协助接班人员或维修工进行解决,并向值班领导汇报。

e. 交班人在交班前,要对当班设备运行情况做好相关记录,提前做好准备工作,要进行认真全面的检查和调整保持锅炉运行正常。

f. 接班人在接班前,要对接班内容进行全面检查,检查后没有发现问题时,在"交接班"本上签字,交班人方可离开工作现场。

⑩巡回检查制度

a. 值班人员必须认真按时进行巡检,对发现的问题要及时处理,不能处理时要及时汇报。

b. 巡回检查的路线一般由炉前到炉后、炉下到炉上、由仪表、附件到管道,巡回检查过程中,要对引风机、鼓风机及炉排等认真巡检。

c. 检查的主要内容有:锅炉受压部件可见部位有无鼓包、变形、渗漏;燃烧室内有无异常响声;鼓引风机是否良好;安全附件、保护装置和仪表是否灵敏可靠;管道、阀门是否严密;阀门开关是否灵活;水泵运转是否正常;除尘器是否磨损等等。

d. 检查人员要填写巡回检查记录。

⑪设备维修保养制度

a. 锅炉设备的维修保养是在没有停炉的状况下,进行经常性的维护修理。

b. 结合巡回检查发现的问题在没有停炉能维修时维修。

c. 维修保养的主要内容:压力表损坏、表盘不清及时更换;跑、冒、滴、漏的阀门及时检修或更换;转动机械润滑油路保持畅通,油杯保持一定油位;检查维修上煤机、除渣机、炉排、风机、给水管道阀门给水泵等;检查维修二次仪表和保护装置;清除设备及附属设备上的灰尘。

d. 对安全附件试验校验的要求:安全阀放气或放水试验每周至少一次,自动放气或放水试验每三个月至少一次;压力表正常运行时每周冲洗一次存水弯管,每半年至少校验一次,并在刻度盘上划指示工作压力线,校验后铅封;高低水位报警器,低水位连锁装置,超压、超温报警器,超压连锁装置,每月至少作一次报警连锁试验。

e. 设备维修保养和安全附件试验校验情况,要详细做好记录,锅炉房管理人员应定期抽查。

⑫. 锅炉房水质管理制度:

a. 锅炉用水必须处理,没有水处理措施,水质不合格,锅炉不准投入运行。

b. 锅炉水处理须配备经培训考试合格的专职水处理人员,保证锅炉无垢或薄垢运行,且无严重腐蚀。

c. 离子交换器的出水水质应每小时化验一次。离子交换剂接近失效前,应增加化验次数。

d. 锅炉给水水质每四小时化验一次,交接班时,面对面化验,以监督软水箱是否有硬水或盐水的渗入。

e. 锅炉水水质(碱度、pH 值、氯根等)应两小时化验一次。其中,氯根与溶解固形物的比值应定期复验和修正。相对碱度应定期测定计算。分析化验时间、项目、数据以及采取的措施等均应如实做好记录。

f. 锅炉排污是控制锅炉水水质的重要措施之一,排污量和排污方式须在水质分析人员的配合下进行。

g. 采用锅内加药水处理的锅炉,每班必须对给水硬度、锅炉水碱度、pH 值三项指标至少化验一次。采用锅外化学水处理的锅炉,对给水应每 2 小时测定一次硬度、pH 值及溶解氯;锅炉水应每 2～4 小时测定一定碱度氯根 pH 值及磷酸根。

h. 水处理人员要熟悉并掌握设备仪器药剂的性能性质和使用方法。

i. 分析化验用的药剂应妥善保管,易燃易爆有毒有害药剂,要严格按规定保管使用。

j. 锅炉停用检修时,首先要有水处理人员检查污垢腐蚀情况对污垢的成分和厚度,腐蚀的面积和深度以及部分做好详细记录。

k. 化验室和水处理间应保持清洁卫生,有防水措施。

l. 水处理设备的运行和水质化验记录填写完整正确。

⑬锅炉司机操作规程:

a. 锅炉工上班前戴好防护用品,认真进行交接班,上班不做与工作无关的事情。

b. 锅炉工应熟悉锅炉的结构、性能、压力和水位、燃料、燃烧等基本情况。

c. 锅炉工应每小时对锅炉仪表及各部件运行情况巡检一次,要勤检查、细观察,遵守一切规章制度,严禁擅自脱岗。

d. 锅炉运行按照以下顺序进行:先启动引风机,再开启鼓风机,然后启动出渣机,根据需要开启炉排调速机,最后根据水温、压力等情况开启淋浴、暖气循环泵,并及时补水。

e. 锅炉运行时,必须勤观察,保持水位、气压正常稳定,不能忽高忽低。

f. 水位表要保持灵敏可靠,每班冲洗水位表一次。锅炉上的管道阀门必须缓慢开关,严禁猛开、猛关。

g. 锅炉运行时,锅炉压力表指针不得超过工作压力,保持在安全压力下工作,压力表要保持灵敏正确。

h. 每班不少于一次的排污,排污应在低负荷,高水位时进行。排污时注意先慢开启,不准用其他物件开启排污阀,关闭后不得渗漏。

i. 经常检查鼓风机、引风机、水泵、出渣机等部位运转情况;如发现故障,必须及时修理,确保锅炉正常运转。

j. 锅炉工应不定时巡查燃烧状况,防止发生正压燃烧损坏设备。

k. 闲杂人员、非工作人员,未经许可,不得进入和逗留锅炉房。

l. 锅炉房作为重点防火地点,锅炉工要每天检查现场防火情况及消防器材完好情况。

配电室操作规范

为了加强安全操作用电管理,杜绝发生各类电力事故,确保设备安全运行及操作人员的人身安全,特制定本规程。

①值班电工必须遵守电工作业规定,熟悉供电系统和配电室各种设备的性能和操作方法,并具备在异常情况下采取措施的能力。

②值班电工严禁脱岗,必须严格执行值班巡视制度、倒闸操作制度、工作操作制度、交接班制度、安全用具及消防设备使用管理制度和出入制度等各项制度规定。

③高压变配电室值班必须遵守高压配电装置运行规程。

④不论高压设备带电与否,值班人员不得单人移开或越过遮栏进行工作。若有必要移开遮栏时必须有监护人在场,并使之符合设备不停电时的安全距离。

⑤雷雨天气需要巡视室外高压设备时,应穿绝缘靴并不得靠近避雷器与避雷针。

⑥巡视配电装置,进出高压室,必须随手将门锁好。

⑦与供电单位(调度员)联系,进行停电、送电倒闸操作时,值班负责人必须将联系内容和联系人姓名复诵核对无误,并且做好记录。

⑧停电拉闸操作必须按照油开关(或负荷开关等)、负荷侧刀闸、母线侧刀闸的顺序依次操作,送电合闸的顺序与此相反。严防带负荷拉闸。

⑨高压设备和大容量低压总盘上的倒闸操作,必须由两人执行,并由对设备更为熟悉的一人担任监护。远方控制或隔墙操作的油开关和刀闸(和油开关有连锁装置的)可以由单人操作。允许单独巡视高压设备及担任监护的人员必须由设备动力部门领导批准。

⑩用绝缘棒拉合高压刀闸或经传动机构拉合高压刀闸,都应戴防护眼镜和绝缘手套。雨天操作室外高压设备时,绝缘棒应有防雨罩,还应穿绝缘靴站在绝缘站台上。雷电时禁止进行倒闸操作。

⑪装卸高压熔断器时,应戴防护眼镜和绝缘手套,必要时使用绝缘夹钳,并站在绝缘垫或绝缘台上。

⑫电气设备停电后,在未拉闸和做好安全措施以前应视为有电,不得触及设备和进入遮栏,以防突然来电。

⑬施工和检修需要停电或部分停电时,值班人员应该按照工作票要求做好安全措施,包括停电、验电、装设临时接地线、开关加锁、装设遮栏和悬挂警示牌,会同工作负责人现场检查确认无电,并交代附近带电设备位置和注意事项,然后双方办理许可开工签证,方可开始工作。

⑭工作结束时,工作人员撤离,工作负责人应向值班人员交代清楚,并共同检查,双方办理工作终结签证,然后值班人员才可拆除安全措施,恢复送电。严禁私自约定时间停、送电。在未办理工作终结手续前,值班人员不准将施工设备合闸送电。

⑮停电时必须切断各回路可能来电的电源,不能只拉开断路器就进行工作,而必须拉开隔离刀闸,使各回路至少有一个明显的断开点。变压器与电压互感器必须从高低压两侧断开。电压互感器的一、二次侧熔断器都要取下。断路器的操作电源要断开。闸刀开关的操作把手要锁住。

⑯验电器必须是合格产品,而且必须与电压等级相适应,在检修设备进出线两侧分别验电。验电前应先在有电设备上试验以证明验电器良好。高压设备验电必须戴绝缘手套。

⑰当验明设备确已无电压后,应立即将检修设备用导体接地并互相短路。对可能送电至停电设备的各回路或可能产生感应电压的部分都要装设接地线。接地线应用多股裸软铜线,截面面积不得小于25平方毫米。接地线必须使用专用的线夹固定在导体上,严禁用缠绕的方法进行接地和短路。装设接地线时

必须先接好接地端,后接导体端,拆除时的顺序与此相反,装拆接地线都应使用绝缘棒和戴绝缘手套。装拆工作必须由两人进行。不许检修人员自行装拆和变动接地线。接地线应编号并放在固定地点。装拆接地线应做好记录,并在交接班时交代清楚。

⑱在电容器组回路上工作时必须将电容器逐个对地放电。

⑲在一经合闸即可送电到工作地点的断路器和闸刀开关操作把手上,都应悬挂"禁止合闸,有人工作"的警示牌。工作地点两旁和对面的带电设备遮栏上以及禁止通行的过道上应悬挂"止步,高压危险"的警示牌。工作地点应悬挂"在此地工作"的警示牌。

⑳在低压带电设备附近巡视、检查时,必须满足安全距离,设专人监护。带电设备只能在工作人员的前面或一侧,否则应停电进行。

㉑在带电的电流互感器二次回路上工作时,要严防电流互感器二次侧开路产生高电压。断开电流回路时,必须使用短路片或短路线在电流互感器二次侧的专用端子上使之短路。严禁用导线缠绕。工作中不得将回路的永久接地点断开。工作时必须有专人监护,应使用绝缘工具,并站在绝缘垫上。

㉒发生人身触电事故和火灾事故时,值班人员可不经许可立即按操作程序断开有关设备的电源,以利进行抢救,但事后必须即刻报告上级,并做好记录。

㉓电器设备发生火灾时,应该用二氧化碳灭火器扑救。变压器着火时,只有在周围全部停电后才能用泡沫灭火器扑救。配电室门窗及电缆沟入口处应加设网栏,防止小动物进入。

电梯维修保养安全管理规范

①电梯的动力驱动,是利用沿刚性导轨运行的箱体或者沿固定线路运行的梯级(踏步),进行升降或者平行运送人、货物的机电设备,包括载人(货)电梯、自动扶梯、自动人行道等。

②电梯使用单位是具有在用电梯管理权利和管理义务的单位(包括个人),即电梯产权所有者或受其委托、授权的电梯管理者。

③电梯维修保养单位是对电梯进行维修保养的单位,包括法人机构及其分支机构和维修保养施工点。

④电梯的安装是在电梯井道、机房、底坑内,或者在上下(或前后)机房之间对整台的电梯零部件进行组装、就位、固定、调试等施工活动的总称。

⑤电梯的改造是改变电梯控制系统、驱动系统、驱动主机,改变电梯主要受力构件的结构或受力方式,改变电梯主要参数的施工活动的总称。

⑥电梯的维修是以相应的新的零部件取代旧的零部件或对旧零部件进行加工、修配的施工活动的总称,这些施工活动不改变电梯主要参数,不包括改变电梯控制系统、驱动系统、驱动主机和改变电梯主要受力构件的结构或受力方式。维修分为重大维修和一般维修。

a. 重大维修。

更换和加工、修配电梯主要部件,改变轿厢质量超过额定载荷的8％,加装安全装置,增加电梯停靠层站但电梯主要参数没有改变的施工活动的总称。

b. 一般维修。

不属于重大维修的其他维修活动的总称。

⑦电梯的维护是在电梯交付使用后,为保证电梯正常及安全运行,所进行的清洁、润滑、调整、检查活动的总称。

电气事故处理服务规范

酒店电工工作管理制度

①配电室由维修电工负责管理,配电室必须有专人值班,并做好值班记录。

②维修电工必须持有正式电工等级证书。

③因维修用电设备需要拉闸断电时,必须有专人看护或将房门锁好。

④当配电设备发生故障时,维修工必须按照操作程序操作。

⑤电工在各种电器维修、线路检修过程中,必须有另外一名电工辅助工作,不准单独作业。

⑥电工在进行维修作业时,必须穿绝缘鞋、戴绝缘手套,以免发生意外事故。

⑦配电室内不准存放与电工工作无关的各种物品。

⑧值班人员外出维修或有事暂离开配电室时,必须将门锁好并向主管汇报。

⑨维修电工必须严格执行巡视制度,对各个部位逐一进行检查,检修部位必须有各部门的签字,解决不了的应立即上报有关领导。

⑩维修电工每日必须做巡查记录,详细记录一天的工作情况,并提出疑难问题的处理办法。

⑪维修工、电工应定期安排各种设备的维修和保养。

⑫配电室谢绝任何与工作无关的人员入内。

酒店电气事故处理标准

(1)大面积停电事故应急措施

①遇到大面积停电时,首先应保持沉着冷静的头脑,认真分析造成停电故

障的原因,并立即汇报有关上级主管。

②制定安全措施,并做好紧急处理故障的准备。

③处理停电事故,在确认已经处理完毕后,再试送电。

④分析事故原因及特点,做出总结,并做好记录备案。

(2)重大设备故障的处理

①遇到重大设备故障时,首先应保持沉着冷静的头脑,同时,认真分析造成重大事故的原因,并立即汇报有关上级主管。

②采取安全措施,并做好紧急处理故障的准备工作。

③紧急事故发生后,应立即开启全部通风系统,并根据事故情况佩戴防毒面具或氧气呼吸器进入现场处理。

④处理停电事故,要在确认已经处理完毕后,再试送电。

⑤事故处理后,应将所有防护用品清洗干净,工作人员要洗澡。

⑥分析事故原因及特点,做出总结,并做好记录备案。

空调、冷冻系统管理制度

空调制冷设备房管理制度

空调设备房是酒店中央空调的控制中心,为确保空调设备的安全、高效运行,特作如下规定:

①空调制冷机房的全部设备,操作人员必须持证上岗,由指定的专职空调操作人员管理操作,非本职人员禁止操作。

②无关人员必须经设备部同意,方能进入制冷机设备房。

③室内保持良好的清洁卫生、照明、通风并严禁烟火。

④做好设备运行记录,分析机组各种压力表、温度计、流量计的读数是否正常准确,发现异常应及时处理并上报。

⑤根据空调负荷的变化调节机组,确保机组运行在节能状态。

⑥定期保养检查,及时更换磨损的零件,并做好记录。

⑦定期对冷冻水系统、冷却水系统进行清理、水处理。

⑧空调值班室每天清扫一次,制冷机设备房每周清扫一次,新风空调机房每月扫除一次,制冷冷水机组每月清洁一次。

空调运行岗位职责

①值班长对当班空调系统的运行负有全部责任。值班长必须组织好本班人员按时对室外及各空调区域的温度、相对湿度进行监测,根据当时温度要求对空调系统进行调节,使空调区域的温度符合规范要求,并做记录。

②值班人员必须掌握设备运行的技术状况，发现问题及时停机并上报，发生紧急故障而领导不在时，值班长负责组织力量及时处理。

③当班空调设备运行由值班长负责，开关机由指定人员进行操作。

④按保养规程做好本班人员分管设备的日常及季度保养工作，确保重点设备处于良好的运行状态。

⑤每班人员必须对所有运行状况记录检查并签字，必须在机器档案上记录清楚本机开停时间、停机修理原因、停机开始及恢复正常运行的时间。

⑥值班长必须将当班的运行状况、发生故障及维修内容详细记入班组日志。

⑦当班人员必须在开机至关机间，每隔1小时巡查一次机器运行状况及服务区温度，发现机器异常应及时停机上报。

⑧值班人员必须严守岗位职责，服从指挥，严守操作规程，对值班长安排的工作负责，不得擅自离开岗位。

空调工岗位职责

①当班人员对当班空调系统的运行负有全部责任。

②当班人员必须掌握设备运行的状况，发现问题及时停机并上报，发生紧急故障而主管不在时，当班人员负责组织力量及时处理。

③按《空调器保养规程》做好设备保养工作，确保设备经常处于良好状态。

④当班人员必须在开机至关机期间，每隔2小时巡查服务区温度，根据当时温度要求对空调系统进行调节，使空调区域的温度符合规范要求，并做记录。

⑤空调设备须停机维修时，应事先通知主管，由主管联系相关部门同意方可维修，并应认真填写维修单，交主管保存。当班人员必须严守岗位职责，服从指挥，严守操作规程，对主管安排的工作负责，不得擅自离开岗位。

⑥严格遵守酒店各项规章制度。

⑦认真学习专业知识，熟悉设备构造、性能及系统情况，做到故障判断准确，维修快捷。

⑧维修人员违反制度、拖延时间、修理质量低劣影响营业或损坏设备的，追究当事人责任。

工程部安全生产管理制度

①保证酒店设施设备安全、正常地运行是工程部的首要任务，工程部对酒店设施设备的安全运行负有责任，工程部有权力制止一切可能危及设施设备安全运转的违规行为。

②为了保证设备安全运行,延长设备寿命,工程部对各部门的设施设备的正确使用负有安全操作培训的义务,指导各部门正确使用器械设备。

③根据各岗位具体情况,制定岗位操作规程和岗位责任制,由上至下,分级落实责任,严格执行。

④工作人员要清楚自己的工作范围,熟悉操作规程,经常进行检查,及时发现安全隐患问题,及时采取措施整改。

⑤根据各项设备不同的技术性能要求来制定保养、检修和维护计划,按计划操作,避免紧急抢修。

⑥制定重要设备、设施安全事故应急处理预案,以保证发生事故时能够做到妥善处理,协调有序。

⑦工程部要加强各机房和酒店重要区域的烟火、危险品的巡视工作,建立仓库统一存放危险品。

⑧严格遵守各项安全规章制度和操作规程,做好各项机械及部件的检修工作。

⑨严格执行交接班制度,认真填写交接班记录。

⑩定期检查各主要设备,做到隐患早发现,早处理,不让隐患扩大。

⑪工程各部位的钥匙要有专人负责保管,并做好钥匙的管理工作,确有原因需要借钥匙的,要做好记录,并于当日归还。

⑫配电房人员严格执行停、送电、倒闸、带电作业的相关操作程序,持证上岗。

⑬电焊工严格执行相关规定并持证上岗,加工区域严禁存放易燃易爆物品。

⑭在电梯轿厢顶维修时,严格按照电梯的相关操作程序,持证上岗。

⑮使用较危险的工具时,要做好防护措施。

⑯维修或检查正在工作的蒸汽锅炉时,要做好防护措施,避免烫伤。

⑰更换太阳能真空管时,尽可能避开晴朗天气或安排在晚上进行,避免烫伤。

⑱确保在特殊情况下最大限度地保证设备和人员的安全,要根据各岗位具体情况来制定一套完善的应急措施,由上至下、分级落实责任,严格执行。

装修巡视检查规范

①主管每天要对公共区域进行例行的巡视检查,检查内容有:

a. 吊顶板是否有短缺、发黄、变形、缺角、塌陷。

b. 各通道卫生间的门锁是否完好。

c. 客用卫生间的墙、地、顶是否完好。

d. 卫生间隔断门是否完好。

e. 固定的陈设家具是否有损坏。

f. 大堂门是否完好。

巡视检查发现的小项问题立即安排修理，大项问题可按临时项目或计划项目安排处理。要求尽最大努力保证公共区域的装修完好无损，达到装修效果。

②每月要对客用区域进行巡视检查，检查的内容有：

a. 走道的墙纸、吊顶、地毯是否完好。

b. 走道月光灯光光板是否完好。

c. 客房内的采光板是否齐备。

d. 日光灯采光板是否齐备。

e. 卫生间的瓷砖、地砖是否完好。

f. 窗帘以及窗扇是否完好。

③巡视检查发现的小项问题立即安排修理，大项问题可按照临时项目或者计划项目安排处理。

④巡视检查要求不能影响使用部门的正常营业，必要时要安排夜班进行。做好现场保护，做到洗完、料净、现场清。

第二十八章
康乐部工作制度

康乐部的基本任务

①严格遵守并执行员工手册及康乐部规章制度。

②协助经理监督部门的运营状况,严格要求部门员工,使其认真遵守会所的相关制度,并执行会所的员工手册,履行监督会所制定的奖惩制度,禁止员工做影响会所形象的事。

③及时询问并了解任务信息,做好部门工作安排,保证各接待环节的流畅与高质量服务标准。

④熟悉部门各岗位的岗位职责与工作流程,处理日常工作事务,协调各部门和上下级之间的关系及工作;要以身作则,给员工以模范带头作用。积极响应会所领导的相关规定与要求,并及时的传达给本部门所有员工。

⑤定期检查部门物品短缺情况并及时申领。

⑥协助经理做好月报表月结工作。

⑦每天对本部门的所有设备设施进行检查,如有问题及时汇报并通知工程部进行及时维修。

⑧每日检查康乐区域与客用更衣室的卫生工作,确认各区域清洁。

⑨负责处理客人投诉,做好相应的解释工作,做好投诉记录并及时汇报。

⑩安排好本部门员工的工作班次,保证宾客的安全与舒适,满足客人合理的要求。

⑪建立并完善本部门的工作制度;每日协助经理开部门会议,确认有无重大事情及重大活动安排,并按时参加主管会议。

⑫定期组织员工进行相关专业培训,不断提高员工专业服务水平。

⑬时常检查部门员工的岗位职责履行情况,使其符合会所的服务标准。

⑭调解员工纠纷并与员工建立良好的工作关系。

⑮接待客人参观,制定参观路线以及制定统一介绍语言,以确保统一性、专业性,遇到客人投诉,应做好相应的解释工作,且做好投诉记录并及时汇报。

⑯时常询问客人对会所意见与建议,并及时反馈信息。

⑰认真检查并记录康乐部的相关数据信息，与经理保持良好的沟通。

⑱每日查阅各岗位交接本，监督交接事宜完成情况。

⑲时常监督各场所的开关门程序，确保安全无误。

康乐部康乐中心制度

质量管理制度

①康乐中心质量管理工作实行"逐级向上负责，逐级向下考核"的质量管理责任制。各中心的负责人是中心质量工作的主要负责人。

②严格执行康乐中心服务工作规范和质量标准，这既是以客人为主体开展优质服务工作的保证，也是质量管理考核的主要依据。

③质量管理工作最活跃最重要的要素是员工。各级管理人员必须切实做好员工的工作，既要加强对员工岗位业务的培训，提高业务工作技能，同时也要关心员工的思想和生活，积极与员工沟通感情，做好员工福利工作，帮助员工解决困难，从而使员工情有所依，心有所属，劲有所使，真正释放出工作的热情。有了一流的员工，一流的服务工作质量才有了保证。

④各级管理人员应认真履行职责，从严管理，把好质量关。要坚持服务工作现场的管理，按照工作规范和质量标准，加强服务前的检查，服务中的督导及服务后的反馈和提高，以规范作业来保证质量，以工作质量来控制操作，使各项服务工作达到规范要求和质量标准。

⑤各个中心的领班应做到上班在现场。除参加会议和有其他工作任务外，应坚持在服务工作现场巡视、检查和督导，并将巡查情况、发现的问题以及采取的措施和处理意见，记录在每天的工作日志中，报部门经理审阅，每月汇总分析整理，形成书面报告。部门经理每天至少应抽出三个小时，深入至各管区中心进行巡视和督导，每月应将部门的质量管理情况向总经理汇报。

⑥经常征询客人的意见，重视客人的投诉。客人的意见是取得质量信息的重要渠道和改善管理的重要资料。全体员工要结合各自的工作，广泛听取和征求客人的意见，并及时向上级反映和报告，各级管理人员要认真研究，积极采纳。对客人的投诉要逐级上报，并采取积极的态度，妥善处理。客人投诉必须做到件件有交代，事事有记录。

⑦康乐中心质量管理工作应列入本部门和各中心日常工作议事日程，列入部门工作例会的议事内容，列入对员工和各级管理人员的考核范围。

⑧部门的管理质量要主动接受酒店质检人员的监督、检查和指导。积极参加酒店召开的质量工作议会，按照酒店的工作部署，认真做好工作。

安全管理制度

（1）部门安全组织制度

按照酒店群众性治安、消防组织的设置要求，在各部门和管区建立相应的安全组织及兼职的治安员和基干义务消防队员，形成安全保卫网络，坚持"安全第一，预防为主"的工作方针，落实"谁主管，谁负责"的安全责任制，确保一方平安。

（2）员工的安全管理

①员工必须自觉遵守"员工手册"中明确规定的安全管理制度，自觉接受酒店和部门组织的"四防"（防火、防盗、防破坏、防治安灾害事故）宣传教育及保安业务培训和演练。

②员工应掌握各自使用的各类设备和用具的性能，在做好日常维护保养工作的同时，严格按照使用说明正确操作，以保障自身和设备的安全。

③员工应熟悉岗位环境、安全出口的方位和责任区内的消防、治安设备装置及使用方法。

④员工应熟悉"保安管理"中制定的"火灾应急预案"和"处理各类刑案和治安事件的工作流程"，遇有突发事件，应保持镇静，并按应急预案和工作流程妥善处理。

（3）康乐场所安全管理

①康乐场所必须做到消防设备齐全有效，有两个以上的出入通道，并保持畅通。

②严格按照治安主管部门发布的娱乐场所治安管理条例经营，发生影响治安秩序的人和事，应立即采取措施制止和隔离，并向保卫部报告。

③营业结束时，应做好安全检查工作。

康乐中心客用出租物品管理制度

①客用出租物品应分类编号，摆放整齐，保持清洁、完好、有效。

②出租客用物品应办理租借手续，填写客用物品出租登记单，以备查考。

③各类出租客用物品应在租借规定时间内使用，过时应办理续借手续。

④出租客用物品仅限在酒店内使用，未经许可不得将出租客用物品带出规定使用场所。

⑤出租客用物品用毕后，应及时收回，并核查物品数量和完好情况，发现问题应及时汇报解决。

⑥出租客用物品应定期检查、保养，发现损坏应及时维修或更新，确保出租客用物品的完好有效。

康乐部管理制度

基本管理制度

（1）值班制度

①在员工午餐、晚餐时康乐大厅必须有人值班。

②值班时必须接听电话，有客人消费时及时通知各岗位人员。

③晚上值班人员下班时必须检查好水电器开关，确保关闭。

④值班人员必须做好安全防火工作。

⑤具体值班时间表，由领班负责安排。

（2）设备设施管理规定

①康乐部的各项设备设施，责任区服务员必须了解其工作原理和简单故障排除方法。

②康乐部员工在操作电器设备时，必须按照操作规程进行，注意安全。

③客人在使用过程中，提醒客人注意操作规程，以保护设备。

④对设备设施经常进行维护保养，发现问题及时报告。

⑤康乐部对自己管辖区的设备必须按责任人签订保管责任书。

（3）洗涤客衣的管理规定

①公司为会员提供有偿清洗运动服、运动袜服务。

②康乐部员工负责清洗工作。

③清洗前仔细检查运动服等是否有损坏，如有损坏及时通过销售内勤与会员沟通。

④清洗的运动服等必须在会员下次消费前熨烫平整，挂在更衣柜内。

⑤会员存放的其他物品如手巾、浴巾、澡巾等必须及时清洗，不得有异味。

（4）低值易耗品管理办法

①各分部门使用的卷纸和面巾纸，员工禁止使用。

②各分部门使用的洗涤剂等用矿泉水瓶到库房出库并做到节约使用。

③清理卫生用的钢丝球、胶皮手套实行以旧换新（达到不能使用状态）。

④乒乓球室服务员服务时，要适时帮助客人捡拾，避免客人踩坏乒乓球，减少损坏。

（5）茶艺室茶叶管理办法

①所有出售的茶叶必须在保鲜柜中储存。

②茶叶的购入和销售必须及时登记保管账。

③保鲜柜中禁止存放其他物品，以保证茶叶的纯正味道。

④茶叶采取少进勤进的原则,防止茶叶变质。

⑤对客人寄存的茶叶要贴上标签妥善保管。

(6)桑拿房使用注意事项

①使用桑拿房要提前 20 分钟预热。

②桑拿房在加热前必须将水均匀洒在石头上,不能干烧。

③在使用前将木桶内装满水,备用。

④随时注意桑拿房内的温度。

⑤在使用结束后,注意关闭电源开关。

⑥因服务员使用不当,造成损坏的由责任人负责赔偿。

网球场管理制度

(1)工作规定

①每日营业前,做好各体育活动场、休息室、更衣室、淋浴室及卫生间的清洁卫生工作。

②将各种设备设施摆放整齐。

③正式营业前,准备好为客人服务的各种用品,整理好个人卫生,准备迎接客人。

④客人前来打网球时,要向客人介绍球场设施、开放时间、服务项目并准确记录客人姓名时间。

⑤客人打球时,视客人需要及时提供服务,主动为客人当裁判记分。

⑥客人休息需要饮料或小吃时,主动询问,做好记录,迅速提供服务。

⑦客人离开时,应主动告别,并欢迎再次光临。

(2)陪练服务

①网球场提供陪练服务应按时间收费。

②网球场设专门陪练员或教练员。

③客人要求陪练时,应提供热情服务。

④陪练员要技术熟练,示范动作标准、规范。

⑤掌握客人心理及陪练输赢分寸,尽量调动客人兴趣。

⑥球场组织比赛,预先制定接待方案,保持球场秩序良好。

健身房管理制度

(1)接待准备

①每日营业前,做好健身房、休息区、更衣室、淋浴室、卫生间的清洁工作。

②将各类设施设备摆放整齐。

③准备好各种单据、表格、文具、客用毛巾、浴巾等。

（2）接待服务

①客人来到健身房，主动热情地提供服务。

②准备登记客人姓名、房间号码、进入时的时间等。

③及时为客人提供更衣柜号码、钥匙、毛巾等。

④客人使用健身器材时，保证随时提供服务。

⑤耐心、细致地解答客人提出的问题。

⑥对于不熟悉器材的客人，详细讲解器材名称、基本性能、使用效果、使用方法等，并为客人提供示范服务，指导和帮助客人进行健身活动。

⑦客人离开时，及时收回用品，与客人告别，并欢迎下次光临。

⑧健身房备有急救药箱、氧气袋、急救药品等，客人身体不适时，及时照顾，采取有效措施。

（3）提醒宾客的相关注意事项

①运动前 1 小时不可进食，以免产生腹痛，体力不支的现象。

②准备柔软、舒适、吸汗的运动服装、合脚的运动鞋，擦汗的毛巾和换洗的衣物等。

③为了保护肌肉，避免脉搏急剧变化，一定要先做热身运动。

④运动前要先做 5～15 分钟的准备运动，将肌肉纤维拉长，避免运动时受伤。

⑤有条件的情况下，进行必要的生理，心理检查。

⑥保持呼吸顺畅，以鼻吸气，以口呼气，一拍一次，不可憋气。

⑦运动时要视个人健康状况及体质调整运动量，千万不要运动过度。

⑧运动过于激烈或体力不胜负荷时，可原地踏步或深呼吸，千万不能突然停止。

⑨运动后要休息 10 分钟，冲洗淋浴，运动后 1 小时可喝入少量水，但不要进食、喝酒。

游泳池管理制度

（1）管理规定

①请听救生员的劝导。

②凡患有皮肤癣、沙眼、急性结膜炎、艾滋病等传染性疾病患者，心脏病、癫痫病、精神病、酗酒者及过饥过饱者，杜绝进入游泳池内。

③请先淋浴后进入游泳池。

④请勿穿鞋进入游泳池。

⑤请勿在游泳池跳水，不得在游泳池范围内追逐或做有碍他人的游戏活动。

⑥身高 1.4 米以下的儿童需由家长(或成年人)陪同,并携带救生设备(如救生衣等),方可进入游泳池内的游泳;

⑦请勿自带食物和饮料到泳池享用;

⑧请爱护泳池所有设备,凡损坏者,一律照价赔偿;

⑨贵重物品请自行保管,泳池不负责保管;

⑩请勿在泳池范围内照相或录像;

⑪离开时请将更衣柜钥匙交还服务台。

(2)安全服务

①在"宾客须知"中应明确公告:"饮酒过量者谢绝入内"。

②服务过程中发现客人有饮酒过量者,要婉言谢绝入内。

③服务人员需接受过救生训练,注意水中人的情况,发现异常,及时采取有效措施。

④泳池边设有救生圈,配有两倍于池宽的长绳和长杆救生钩。

⑤对携带儿童的客人要提醒其注意安全。

⑥若发生客人衣物丢失事件时,泳池不负责赔偿,但要安慰客人,仔细询问物品名称、数量及简单情节,可利用广播等工具协助客人寻找。

⑦当客人意外受伤时,应立即送医务室进行治疗,若属客人自己不小心碰伤、摔倒的,费用由客人自理。若属泳池设备出故障等其他由于酒店方面的失误造成的,费用由酒店负责。

⑧若发生溺水事故时,决不可惊慌失措,要保持冷静,采取果断措施进行救援。

⑨加强管理,防止类似事件发生。

更衣室管理制度

①当班时必须穿工作服、佩戴工号牌。

②工作区域严禁吸烟、吃零食,不得嬉戏打闹。

③做好工作区域的卫生工作,包括更衣室内外、墙面、地面、干湿蒸汽房等,做到环境整洁,无污迹、无异味。

④面巾、浴巾每天蒸汽消毒,并坚持一客一换一消毒,大毛巾、按摩巾每使用一次消毒一次。

⑤浴室的拖鞋做到一客一双,并采用药物消毒。

⑥工作人员严禁使用浴室的设备,严禁使用客用物品,包括浴巾、浴衣、浴液、洗发液等。

⑦正确操作各类洗浴设备,定时检查设备运行情况,发现故障及时报告。

⑧认真做好物品、卫生、设备的交接班工作,未经批准,不得私自调班。

宾客间纠纷处理制度

①服务员发现客人之间的纠纷要立即上报主管,并坚守岗位,维护现场。

②主管接到通知后,应立即到达现场,视情况果断做出对策,并通知大堂副经理、保安部和上级经理。

③协调解决,控制事态,做好客人安全和疏导工作。

④协助保安人员或执法人员,尽快解决、控制,维持正常的营业。

宾客与服务员发生纠纷处理制度

①向客人道歉以平息其怒气。

②问清事情经过,查明原因。

③如属服务员过失,应责成服务员向宾客道歉。

④如属客人不了解情况造成的,应耐心向其说明情况。若属客人无理取闹,应与保安部联系,将其带离娱乐场所。

康乐部的质量标准

游泳池服务质量标准

(1)人员配置

游泳池配男、女更衣室服务员、救生员,节假日 15 小时、非节假日 14 小时提供服务。

(2)服务员

①游泳池工作内容,执行工作程序准确。

②至少用 1 种外语提供服务,语言运用恰当,客人有方便感。

③示意客人酒店有免费提供的拖鞋、浴巾、洗发水、沐浴露等并为客人提供服务。

④提醒客人"我部免费提供的更衣柜是为客人存放衣物的,请妥善保管好您的贵重物品"。

⑤提醒客人"请您把更衣柜锁好,并把锁钥匙保管好,戴在手腕上,不要丢失"。

⑥提醒客人"请您换好泳装向里走就是泳池了,您请慢走,小心地滑"。

⑦提醒客人"请您带好您的孩子,不要到深水区,注意安全"。

⑧提醒客人"请您抓紧时间起水,我们要为明天的水质进行处理"。

⑨客人持更衣柜钥匙进入时,服务员应引导客人到达更衣柜并帮助客人打开更衣柜(指人少时)。

⑩客人更完衣后,帮助客人将钥匙收好,以免丢失或划伤别人。

⑪客人走后应立即查看更衣柜有无客人遗落的物品,如有,应立即向领班或向主管汇报。

⑫客人淋浴时,不要催客人,说话要和气。

⑬注意客人的身体状况,对年老体弱者要主动提示,发现皮肤病、醉酒者要加以劝阻,以保证泳池的卫生及泳客的安全。

⑭禁止客人带含有酒精的饮料及玻璃瓶饮料。

（3）救生员

①熟悉、掌握游泳池的工作程序及标准,明确职责。

②熟悉机房内各种掣的作用及使用,要具有水质净化及检测方面的知识。

③懂得水上救生知识。

④有安全意识,责任感强,能够为客人提供主动、周到、安全的服务。

⑤能区分来客身份,语言运用得当,服务细心认真。

⑥看到跳水者应立即阻止且严禁攀爬台阶。

⑦看到不会游泳或儿童进入深水区时应及时制止并指引到浅水区。

⑧要时刻提醒老人和孩子小心地滑。

⑨保证工作环境符合标准。

（4）建筑质量

①水区不浅于 1.6 米,儿童戏水池深度不超过 0.48 米。

②室外、内泳池均有循环过滤系统,室内泳池有池水加热系统。

③有水深、水温和水质的明显指示标志,有消毒池和淋浴。

④池底设有低温压防爆照明灯,底边满铺池砖。

⑤周围设防溢水排槽,并有防滑设施。

⑥有瀑布、喷泉、戏水及按摩池。

⑦有上、下水扶手。

（5）环境质量

①标牌位置明显,比较美观。

②客人须知、价格表、气温水温资料等均以 2 种文字(中文必有)对照书写公布在明显位置。

③入口处有浸脚消毒池。池水氯值不低于 1.5。

④有休息场所。

⑤池区内照明充足,光线柔和,照度不低于 80Lx。

⑥室内游泳池有通风装置,室内温度为 25 ℃～30 ℃,空气湿度保持在 50％～70％间。

⑦采光充足,池边平台有充足躺椅。

⑧室内、外泳池均有充足的绿色植物。

⑨确保池边周围的卫生,室外、内泳池无杂物、枯枝烂叶。

（6）池水质量

①水质清澈清明,无污物、毛发。

②细菌总数在每升 2 000 个左右。pH 值在 7.5±0.5 之间,氯值保持在 1.0±0.05 之间。

③室内游泳池水温度低于室温 1 ℃～2 ℃。

（7）配套设施

①有与游泳池接待能力相适应的男女分设的更衣室、淋浴室和卫生间。

②地面有防滑设施。

③更衣室内设带锁更衣柜、挂衣钩、长凳和鞋架。

④浴室各间有隔离板,配冷热双温水,提供浴液、洗发水设带横镜的台面洗手,提供洗手液。设固定式吹风机、面霜、发油、发胶、梳、棉签以及面巾等。

⑤卫生间设抽水马桶,提供卫生纸。卫生间设卫袋和垃圾箱。

⑥更衣室免费提供拖鞋、浴巾。

（8）饮水场所

游泳区内设饮水处,提供符合卫生部门饮用水标准的清凉水及一次性水杯。

（9）休息区域

①设有充足的躺椅、餐桌、坐椅。

②室外游泳池休息区有遮阳伞。

③设酒吧,提供各种不含酒精的饮料。禁止使用玻璃、陶瓷器皿。

④有免费的书刊、杂志及报纸。

（10）卫生标准

①游泳池周围地面无积水,无废弃物。

②墙壁、天花、地面、桌椅、用具无尘土,无污渍。

③更衣室、卫生间内无异味,无尘土、垃圾,地面干燥。

④金属件光亮如新,镜面光洁无污渍。

⑤更衣柜及冲凉房内做到一客用完一清洁。

⑥拖鞋、浴巾做到一客人用完一消毒。

（11）准备工作

①每日开业前,对池水温度、更衣柜、救生器材、池水质量、卫生环境等做好检查。

②准备好一切客用物品。

③营业时间保持正常水平。

(12)资料公布

①内游泳池要公布室内温度、湿度和水温。

②室外游泳池要公布当日气象资料。

③资料要用中、外文对照书写。

(13)接待服务

①客人到来,主动迎接、问候。

②准确记载客人姓名、房号及更衣柜号码。

③提供毛巾、更衣柜钥匙。回答客人的问题,补充各种消耗物品。

(14)安全服务

①婉言谢绝明显饮酒过量者进入游泳池。

②所有的救生员应受过训练必持国家发放的有效证件上岗。

③在客人进入池前一定要及时提醒客人执行游泳池的安全规定。

④发现池中客人有异常情况时,及时采取救护措施。

⑤池边备有救生圈、救生钩等器材。

⑥服务人员要防止发生丢失衣物事件。

健身房服务质量标准

(1)服务人员素质

①掌握健身房工作内容及健身器材使用方法,执行工作程序准确。

②能用至少1种外语提供服务。能区别对象、环境,回答或处理客人提出的一般问题。

③对80%的常客和回头客能称呼其姓名或职衔。

(2)人员配置

健身房配健身教练、服务员,节假日15小时、非节假日14小时提供服务。

(3)设施标准

①健身器材不少于11种,配有体重秤、墙壁挂立镜,随时可提供正常服务。

②备有使用健身器材的文字说明、示范图。

③各种健身设备摆放整齐,位置得当,客人有足够的活动空间。

④设备始终保持完好,其完好率接近100%。

(4)环境标准

①门口标志明显,设计美观大方,中英文字对照清楚,摆放得当。

②营业时间、客人须知、价格表等均以2种文字(含中文)对照书写,置于明显位置。

③健身器材摆放整齐,布局合理。

④显眼处设醒目钟表。

⑤照明充足,光线柔和,照度不低于70Lx。

⑥室温在17 ℃~21 ℃之间,湿度在45%~65%。

⑦有通风装置,有常绿植物,以美化环境和调节小气候。

(5)配套设施

①与游泳池接待能力相适应的男女分设的更衣室、淋浴室和卫生间。

②地面有防滑设施。

③更衣室内设带锁更衣柜、挂衣钩、长凳和鞋架。

④淋浴室各间有隔离板,配冷热双温水,提供浴液。设带横镜的台面洗手,提供洗手液。设固定式吹风机。

⑤卫生间设抽水马桶,提供卫生纸。卫生间设卫袋和垃圾箱。

(6)饮水场所

设饮水处,提供符合卫生部门饮用水标准的清凉水及一次性水杯。

(7)卫生标准

①所有健身器械用手触摸无尘、无汗迹、无手印。

②镜面光洁无尘土、无污迹。

③墙壁、天花及各种用具近看无灰尘。

④地面无尘土、垃圾,无卫生死角。

⑤更衣室、卫生间无异味。

⑥所有更衣柜清洁无杂物。

⑦浴巾使用做到一人一消毒。

(8)接待服务

①服务台设置合理,用品齐全,电话畅通。

②登记客人姓名、房间号、到达时间及更衣柜号码。

③提供毛巾、更衣柜钥匙。

④补充消耗品操作规范。

⑤客人前来消费时,服务员主动迎接并问候。

(9)健身指导

①熟悉各种健身器材的使用方法、锻炼目的及注意事项,具有语言表达和示范能力。

②健身指导讲解明确,操作规范,容易掌握。

③注意提醒客人的相关注意事项。

(10)安全服务

①备急救箱和急救药品。

②能够适时提供安全服务。

(11)酒吧服务

①客人到来时服务员笑脸相迎,递上酒单,态度热情。

②客人坐好后,主动询问要求,接受点酒、配制酒水,快速准确,客人点酒后4~6分钟送上。

③服务员酒水应用托盘,斟酒时酒朝向客人。杯中酒水剩1/3时,方可征求客人是否添加。

网球场服务质量标准

(1)服务人员素质

①掌握网球工作内容及网球规则,执行工作程序准确。

②有初级的运动水平。

③能用1种外语提供服务,能区别对象、环境,回答和处理客人提出的一般问题。

④对80%的常客和回头客能称呼其姓名或职衔。

(2)人员配置

网球场服务员、陪练员,16小时提供服务。

(3)设施标准

①场地平整,规格尺寸符合网球比赛要求。

②球场及四周铁丝网健全、完好。

③照明充足,照度不低于80Lx。

(4)环境标准

①门外标志明显、美观。

②营业时间、客人须知、价格表等均以2种(含中文)对照写,置于明显位置。

③场外明显处设醒目钟表。

④四周设有绿化。

(5)休息区域

①场边有足够的休息区域,设坐椅茶几,而且设有太阳伞。

②设饮水处,提供符合饮用水标准的清凉饮水及一次性水杯。

③不准用玻璃、陶瓷器皿。

(6)配套设施

①有与网球场接待能力相适应的男女分设的更衣室、淋浴室和卫生间。

②地面有防滑设施。

③更衣室内设带锁更衣柜、挂衣钩、长凳和鞋架。

④淋浴室各间有隔离板,配冷热双温水,提供浴液。

⑤设带横镜的台面洗手,提供洗手液。设固定式吹风机及干手机。

⑥卫生间设抽水马桶,提供卫生纸。

⑦卫生间设卫袋和垃圾箱。

(7)卫生标准

①场地平整,无垃圾。

②球网清洁无破损。

③用品、用具清洁无尘。

④更衣室、卫生间无异味。

⑤更衣柜内无尘土、垃圾。

(8)接待服务

①设服务台,备电话。能够及时记载客人姓名、房间号、运动时间及更衣柜号码,安排场地。

②为客人提供毛巾、更衣柜钥匙等服务准确及时。

(9)预订服务

①能够提供预订服务。

②电话预订,电话铃响 3 声内接听,否则应主动向客人致歉。

③预定时一定要记清客人预定的时间、姓名等。

(10)特殊服务

①提供具有一定水平的陪练。

②配有专门的服务人员。

桌球室服务质量标准

(1)服务人员素质

①掌握桌球室的工作内容,执行工作程序准确。

②掌握桌球室运动规则,能向客人讲解桌球运动的基本知识,并能示范。

③至少能用 1 种语言提供服务。

④能区别环境、对象,使用迎接、问候、告别语言。

⑤对 80%以上常客和回头客能称呼其姓名或职衔,客人有方便感。

⑥遵守纪律。

(2)人员配置

①桌球室设服务员、陪练员。

②16 小时提供服务。

(3)设施标准

①运动器材齐全,符合国际一般比赛要求。

②室内照明充足,光线柔和,照度不低于 80Lx。

(4)环境标准

①门外有标志标牌,美观。

②营业时间、客人须知、价格表等以 2 种文字(含中文)对照书写,公布于明显位置。

③室内保持安静。温度保持在 20 ℃～22 ℃之间,湿度保持在 45％～65％间。有通风装置。

(5)接待服务

①设服务台,客人到来,迎接问候主动热情。

②根据来客人数、要求及球台出租情况,为客人安排球台准确及时。

③客满时,请客人排号等候,或请客人进行其他活动。

(6)预订服务

①电话铃响不得超过 3 声,否则应主动向客人道歉。

②在接受客人预定时,一定要问清客人预定的具体日期和时间。

(7)特殊服务

①设陪练员,能为客人提供陪练服务。

②设专人记分服务,客人反映良好。

(8)巡视服务

①服务员加强巡视,及时提醒客人注意球室秩序。

②为初学球的客人提供讲解示范服务。

(9)卫生标准

①随时进行清洁,保持球台卫生,无尘、无渍。

②墙壁、天花、地面定期清洁。

③用具、用品摆放整齐,无尘土、污渍。

乒乓球室服务标准

(1)服务人员素质

①掌握乒乓球室的工作内容,执行工作程序准确。

②掌握乒乓球室运动规则,能向客人讲解乒乓球运动的基本知识,并能示范。

③至少能用 1 种语言提供服务。

④能区别环境、对象,使用迎接、问候、告别语言。

⑤对 80％以上常客和回头客能称呼其姓名或职衔,客人有方便感。

⑥遵守纪律。

(2)人员配置

①乒乓球室设服务员、陪练员。

②16 小时提供服务。

（3）设施标准

①运动器材齐全，符合国际一般比赛要求。

②乒乓球室内照明充足，光线柔和，照度不低于 80Lx。

（4）环境标准

①门外有标志标牌，美观。

②营业时间、客人须知、价格表等以 2 种文字（含中文）对照书写，公布于明显位置。

③室内保持安静。温度保持在 20 ℃～22 ℃之间，湿度保持在 45％～65％间。有通风装置。

（5）接待服务

①设服务台，客人到来，迎接问候主动热情。

②根据来客人数、要求及球台出租情况，为客人安排球台准确及时。

③客满时，请客人排号等候，或请客人进行其他活动。

（6）预订服务

①电话铃响不得超过 3 声，否则应主动向客人道歉。

②在接受客人预定时，一定要问清客人预定的具体日期和时间。

（7）特殊服务

①设陪练员，能为客人提供陪练服务。

②设专人记分服务，客人反映良好。

（8）巡视服务

①服务员加强巡视，及时提醒客人注意球室秩序。

②为初学球的客人提供讲解示范服务。

（9）卫生标准

①随时进行清洁，保持球台卫生，无尘、无渍。

②墙壁、天花、地面定期清洁。

③用具、用品摆放整齐，无尘土、污渍。

康乐部服务质量例会制度

①康乐部质量会的目的是为了保证康乐管理经营的民主化和集体化。质量会为定期例会，酒店可根据康乐营业忙闲的具体情况另行安排，会议最长间隔不得超过两周。

②质量会由康乐部经理或康乐部最高负责人主持，康乐部不在岗的所有人

员参加,最高负责人因故不能主持会议,需授权他人代为主持,其他人员如缺席会议,需得到最高负责人的许可。

③会议内容。

a. 会议主持者传达管理当局的经营管理意图和任务指示。

b. 与会员工反馈与服务有关的各类事项。

c. 与会人员进行问题讨论,并就部分可立即解决的问题当即议定。

d. 会议主持人提出康乐部近期工作和任务的重点。

e. 鼓励先进,表扬好事,保持和提高士气。

④会议实行每人发言制,讲述本期内发生的主要问题,鼓励与会员工将与服务有关的各类事件进行反馈和对会议主持人提出的议题进行积极讨论。

⑤会议由专人负责记录整理,形成会议纪要,会议纪要报康乐部主管领导。

物料用品管理制度

财产设备管理

①根据财务部有关固定资产管理制度,由康乐中心使用的各种财产设备专人负责管理,建立康乐中心财产二级明细账,各部位使用的财产设备由各部位建立财产三级账,以便随时与财务部相互核对,做到账账相符,账物相符。

②部门使用的各种财产设备实行"谁主管,谁负责"的责任制,按照使用说明准确使用,并切实做好日常的维护和清洁保养工作,做到物尽其用,正确使用。

③财产设备的调拨,出借必须经财务部经理或总经理审核批准,填写财务部印制的固定资产调拨单。私自调拨、出借要追究当事人责任。

④财产设备在酒店部门之间转移,由管理部门填写固定资产转移单,并办理设备账、卡的变动手续,同时将其中一联转移单送交财务部备案。

⑤设备因使用日久损坏或因技术进步而淘汰需报废时,必须经酒店工程部进行鉴定和财务经理或总经理批准后才能办理报废手续。

⑥新设备的添置必须经酒店批准,会同财务部和本部门共同验收,并填写财务部印制的财产领用单,办理领用手续后,登记入账。

⑦康乐中心每季度应对各部位使用的设备进行一次检查和核对,每年定期清查盘点,确保账物相符,发生盈亏必须查明原因,并填写财务部印制的固定资产盘盈盘亏报告单,报财务部处理。

物料用品管理

①物料用品主要是指供客人使用的各种物品,包括布件和毛巾类用品、卫生保健用品、文具和服务指示用品、包装用品以及工具类物品、办公室用品和清

洁洗涤用具等低值易耗品。

②各部位应设有专职或兼职人员负责对上述物料用品的管理工作,按财务部物资管理制度、低值易耗品管理制度和定额管理制度,负责编制年度物料用品消耗计划;按物料用品的分类,建立在用物料用品台账,掌握使用及消耗情况;办理物料用品的领用、发放、内部转移、报废和缺损申报等工作。康乐中心领班负责督导和检查。

③各种物料用品的领用,应填写财务部印制的物料用品领用单,经部门经理审核签字后,向财务部仓库领取,并及时登记入账。布件和毛巾类用品以及工具类物品,除因业务发展需要增领外,实行以旧换新的办法,并填写"物料用品领用单"。

员工应答服务规范

①目标准确、迅速、简明、礼貌地回答客人的提问。

②咨询:要求尽量给客人满意的答复。

a. 看到客人示意或者发现客人发问时,首先应该有表示。

b. 在开始谈话之前,必须快步靠近客人,在正面、侧面停步,间距不少于50厘米,不大于100厘米,上身前倾有度,双目正视前方客人双眼,做聆听状。

c. 凡是需要应诺时,应该微笑点头,语言明确简练。

d. 凡是不知道的事情,禁止摇头,且不可用"不知道"、"不会"、"不懂",应该坦诚说:"很抱歉,我无法回答您的问题。"或者"请您稍等,我帮您咨询一下。"

e. 凡是面对批评、指责,必须保持镇静,任何情况下不允许与客人争吵。酌情运用沉默、回避、躲开注意力等方式处理。

f. 面对暴怒客人,首先要使其安静下来。最好的办法就是请他坐下来,然后告诉他一定转告负责人,任何时候不许火上浇油,可以敬奉一杯茶、一支烟、一杯饮料,以加强情绪的沟通和创造信任的气氛。

g. 凡是赞扬时,有所反应,不允许说"这没什么"、"别客气""不敢当"之类的否定词,而应该说"愿意为您效劳"、"愿意为您服务"、"我很高兴您喜欢这个"。凡是客人表示赞扬时,必须有所反应,不许说"这算什么"等自负言语,也不许流露出得意的态度,应该说"您过奖了"、"您这是对我的鼓励"、"承蒙夸奖,谢谢您"、"不用谢,这是我应该做的"等。

h. 客人误解致谦"没关系,这算不了什么。"

③要求:

a. 熟练掌握各种应酬技巧。

b. 牢固树立客人永远是对的观念。

工作沟通与协作制度

康乐中心与保卫部

①部门如发现可疑的人或事或可疑的物品和不明物品,在立即做好监控工作的同时,应及时报告保卫部。

②主动与保卫部联系做好易燃易爆用品的管理和消防设备、消防器材的检查维护。

③部门应组织员工自觉参加保卫部开展的治安消防培训与演练,提高全体员工的安全防范意识和保安业务知识。

④部门应主动接受保卫部对治安消防工作的指导和检查,对保卫部提出的工作建议和意见应及时进行整改,并将整改情况复告保卫部。

康乐中心与工程部

①部门的员工应自觉接受工程部组织的设施设备的使用和保养知识培训,提高业务技能。

②接受工程部定期对本部门设施设备的检查,确保各种设备完好。

③对本部门自查设施设备时发现的隐患,应立即通知工程部及时排除。

④有重大接待任务,应提前一周通知工程部,便于工程部对场地进行全面整理。

⑤使用各种设施设备时,如发现异味、异声、漏电、短路等不安全因素要立即报告工程部检修。

康乐中心与财务部

①由财务部协助,加强对康乐中心各项成本费用的控制管理。

②与财务部成本控制员沟通好,做好各种酒水饮料毛利的日清日结核算工作。

③与财务部做好沟通,做好各项收银工作,保证酒店的各项收入颗粒归仓。

康乐中心与人力资源部

①根据工作需要向人力资源部提出用工申请,负责做好新进员工的在岗技能培训。

②根据本部门的工作需要和人力资源部的安排,做好部门之间员工岗位调整工作和转岗培训工作。

③及时做好本部门的考勤统计、汇总、上报人力资源部。

④本部门员工因故离岗、离职、终止、解除合同,按酒店有关政策和规定,积

极配合人力资源部办理各种手续。

⑤协同人力资源部,做好本部门员工的技术等级评定考核审核审报。

康乐中心与餐饮部

①康乐中心根据每天的经营情况,填写"酒水、香烟领料单",到餐饮部酒水处配齐备足各类酒水饮料等。

②如有特殊要求,应提前两天通知酒水处,以便充足备货。

③发现未开封的酒类、饮料有过期变质、变味等问题,要退回酒水处,由酒水处负责退货和调换。

康乐中心与客房部

①沟通协作好康乐中心的地毯、玻璃清洗及家具的打蜡保养工作。

②沟通与协作好康乐中心各部位的绿色植物的配置。

③与客房部沟通,做好各类布草的清洗及更换。

康乐部门人员的素质标准规范管理

康乐部经理素质标准规范

①年龄:30~45 岁。

②文凭学历:具有高等院校大专以上或同等学力。

③专业技术:获得国家旅游主管部门颁发的部门经理岗位证书。

④主要内容:

a. 具有十年以上酒店管理和服务工作经验。其中至少五年以上部门经理或主管工作经验。

b. 具有酒店基础管理知识,康乐娱乐设施和音乐、体育活动专业知识,以及康乐娱乐市场销售与项目管理知识。

c. 具有康乐设施专业管理、销售与服务组织能力,人事、财务管理能力,能够制订部门预算、工作计划,正确使用员工、评估员,培训新员工。

d. 善于协调部门之间和部门内部人际关系,能与他人合作,造就部门团体气氛,客际关系良好。

e. 身体健康,心理气质良好,爱好室内体育、娱乐活动。

康乐部文员素质标准规范

①年龄:20~28 岁。

②文凭学历:具有文秘专业大专以上或文秘专业单科结业。

③专业技术:受过一定文秘专业培训,熟悉文秘工作内容和程序。

④主要内容:

a. 具有五年以上酒店基层管理与服务工作经验,含三年以上内勤或文员工作经验。

b. 具有酒店管理一般知识,康乐娱乐设施管理基础知识,报告、文件、报表起草、阅读、编制等专业知识。

c. 具有秘书、档案管理专业能力,文件、报告、报表起草能力,办公室计算机操作和物品、用具管理能力。

d. 善于沟通上下级关系和协调部门内部各主管之间的关系。善与他人合作。

e. 身体健康,性格温和,情绪稳定。

康乐部主管素质标准规范

①年龄:25~35 岁。

②文凭学历:具有旅游专业、管理专业大专以上学历或同等学力。

③主要内容:

a. 具有五年以上酒店管理与服务工作经验,含三年以上康乐娱乐项目领班工作经验。

b. 具有酒店基层管理与服务知识、康乐娱乐项目设施与文娱体育活动专业知识。

c. 具有游泳池、健身房、桑拿浴和室内球类活动娱乐活动业务组织与推销能力,康乐娱乐项目管理与协调能力,一般人事、财务管理能力。

d. 善于处理各设施项目管理中的相互关系,客户关系良好。身体健康、精力充沛、工作承受能力强。

健身俱乐部领班素质标准规范

①年龄:20~35 岁。

②文凭学历:具有高中、旅游职业高中毕业或同等学力。

③专业技术:受过酒店服务专业训练。

④主要内容:

a. 具有三年以上酒店服务与基层管理经验,含两年以上领班工作经验。

b. 具有康乐、娱乐设施项目管理基础知识,熟悉网球场、健身房的具体业务、工作流程。

c. 具备一定的组织管理能力,调动班组积极性的业务组织能力,能够制订班组工作计划,培训安排班组员工,组织接待服务。

d. 有一定的文字表达能力、社会交往能力,善于处理班组成员相互关系,正确处理投诉,客际关系良好。

e. 能用一门外语与客人进行一般交谈。

f. 具有人事、财务一般管理知识和音乐体育活动专业知识。

g. 具有做好设备设施检查、调试清洁和掌握质量标准能力。

h. 能够指导客人开展康乐、娱乐活动,具有示范能力。

健身房管理员素质标准规范

①年龄:25～35 岁。

②文凭学历:初中以上或体育专科学校毕业。

③专业技术:受过体育运动专项训练培训。

④主要内容:

a. 具备健身器械的使用、维护及保养知识,熟悉安全救护知识,熟悉健身器材性能,能正确地为客人做出各种示范动作。

b. 具备健身常识,可指导客人进行一般性锻炼,掌握人体肌肉组织机构与骨骼组织机构,熟悉卫生保健知识。

c. 需有强健的体格,能满足客人提出进行陪练的要求,能根据人的需要为客人制订健身健美训练计划。

d. 可用一门外语同客人进行简单交谈。

网球场(球类)管理员素质标准规范

①年龄:20～35 岁。

②文凭学历:具有初中以上或职高、体育专科学校毕业。

③专业技术:受过网球专业培训。

④主要内容:

a. 具有一般酒店服务经验,包括半年以上网球管理培训实践经历。

b. 具有一定的网球基础知识,懂得网球场地的管理,有较丰富的实际操作经验。

c. 具有维护保养网球场的能力,能够搞好设施设备日常维护。

d. 具备用一门外语同客人进行简单交流能力。

网球场(球类)教练员素质标准规范

①年龄:25～45 岁。

②文凭学历:具有中等院校体育专业中专以上或同等学力。

③专业技术:受过网球和体育专业培训。

④主要内容:

a. 具有三年以上网球教育工作经验,含一年以上酒店网球教练实践经历。

b. 具备网球专业技术水平,可担任教学、训练任务。

c. 熟悉国际国内网球比赛的发展趋势及有关规则,掌握客人心理、掌握各种技术和发球技巧具有较丰富实际操作经验。

d. 能用一门外语进行简单交谈。

e. 身体素质较好,能较长时间地进行体育运动。

美容院领班素质标准规范

①年龄:20～28岁。

②文凭学历:具有初中以上或无正规学历要求。

③专业技术:受过服务业美容专业训练。

④主要内容:

a. 具有五年以上工作经验,并持有二级以上理发证书和专业美容培训证书。

b. 具有美容、美发的专业技能,能根据客人的不同身材、年龄、面型设计出使客人满意的发型。

c. 能了解各种化妆品的化学成分与使用特点,并能根据客人的要求,设计美容方案。

d. 具备一定的组织管理能力和文字表达能力,能够统筹安排班组工作内容,督导检查评估员的工作表现和能力。

e. 能用一门外语与客人进行一般性交谈。

美容师素质标准规范

①年龄:20～28岁。

②文凭学历:无正规学历要求。

③专业技术:受过服务业美容专业训练。

④主要内容:

a. 具有三年以上工作经验,并持有三级理发证书和专业美容培训证书。

b. 懂得美容仪器的维修、保养,并能根据客人的要求设计美容方案。

c. 掌握美容专业知识、客人心理和美容技巧,具有较丰富的实际操作经验。

d. 能用一门外语与客人简单交谈。

e. 能够长时间站立为客人服务。

美发师素质标准规范

①年龄:20～28岁。

②文凭学历:具有初中以上学历或旅游职业学校毕业。

③专业技术:受过服务业美发专业训练。

④主要内容:

a. 具有三年以上美发美容工作经验,含一年以上酒店美容理发工作经验。

b. 具有专业美发水平,并持有专业证书,掌握对客服务知识。

c. 懂得美发器具的保养,维修,掌握各种发型和按摩技巧,熟悉国际国内美容美发趋势。

d. 能用一门外语与客人进行简单交谈。

e. 能够长时间站立为客服务。

医疗按摩室领班素质标准规范

①年龄:20～28岁。

②文凭学历:具有中等专业技术学校、卫生学校培训或同等学力。

③专业技术:受过服务业按摩专业训练。

④主要内容:

a. 熟悉卫生保健知识,熟悉按摩推拿知识,掌握人体肌肉结构和骨骼组织结构,并能为客人提供桑拿室内的一整套的服务。

b. 具有良好的医德医风,能根据不同的客人提供适合该国、该地区客人所乐意接受的按摩法。

c. 具有较高的医学专业知识,熟练掌握一般医疗方法,能正确掌握和运用按摩的整套程序及各种指法。

d. 具有一定的组织管理能力和文字表达能力,能统筹安排班组员工作以及督导、检查、评估员工的工作表现。对一般日常公文有处理能力。

e. 掌握和熟悉英语的听、说、写技能,能与客人沟通并处理日常投诉问题。

按摩师素质标准规范

①年龄:20～28岁。

②文凭学历:具有初中以上或中技卫生学校培训以上学历。

③专业技术:受过服务业按摩专业训练。

④主要内容:

a. 熟悉卫生保健知识,熟悉按摩推拿知识,掌握人体肌肉组织结构与骨骼组织结构,并能为客人提供桑拿浴室内一整套的服务。

b. 具有良好的职业道德,能根据不同对象的客人提供适合该国、该地区客人所乐意接受的按摩法。

c. 具有一定医学专业知识,熟练掌握一般的医疗方法,能正确掌握和运用按摩的整套程序及各种指法。

歌舞厅(夜总会)**主管素质标准规范**

①年龄:28～38岁。

②文凭学历:具有旅游酒店、管理专业大专以上学历或同等学力。

③主要内容:

a. 具有五年以上酒店管理与服务工作经验,含三年以上夜总会领班工作经验。

　　b.具有酒店基层管理与服务知识,能够根据夜总会的服务设施和服务项目及客人的需求进行综合管理,保证夜总会最佳营运状态。

　　c.懂得夜总会工作的运作,了解各岗位工作重心,能及时给予业务上的指导。

　　d.具有一般人事、财务管理能力。能够督导各班组协调工作,有业务组织与推销能力。

　　e.掌握一定基础英语,能与客人沟通和处理客人投诉问题。

歌舞厅(夜总会)**领班素质标准规范**

　　①年龄:22～28岁。

　　②文凭学历:具有高中、旅游职业高中毕业或同等学力。

　　③主要内容:

　　a.具有三年以上酒店服务与基层管理经验,含一年以上领班工作经验。

　　b.熟悉夜总会娱乐设施项目,具有调动班组积极性的业务能力,能够制订班组工作计划。

　　c.熟悉下属员工的工作流程及接待工作,便于具体工作的督导,培训、安排班组员工,组织接待服务。

　　d.能圆满完成上级主管所交办的任务,协助主管管理夜总会。

　　e.善于处理上下级和班组成员相互关系,正确处理客人投诉,客际关系良好。

　　f.能够指导客人娱乐活动,有示范能力。

　　g.具有做好设施设备检查、调试、清洁和掌握质量标准的能力。

歌舞厅(夜总会)**迎送员素质标准规范**

　　①年龄:18～28岁。

　　②文凭学历:具有旅游职业高中以上或同等学力。

　　③专业技术:受过酒店服务专业训练。

　　④主要内容:

　　a.熟悉和掌握本部门的娱乐设施,活动项目的特点、开放时间、收费标准及酒店的一般概况。

　　b.熟练掌握迎送工作操作程序,具有丰富的业务知识和娴熟的工作技能。

　　c.具有良好的外形及修养,能彬彬有礼地待客。

　　d.能用一门外语与客人进行简单交流。

　　e.思维敏捷,理解接受能力和自控能力强,善于应变。

　　f.了解客人心理,熟悉常客,能及时满足客人的要求。

歌舞厅(夜总会)**服务员素质标准规范**

　　①年龄:18～28岁。

②文凭学历:具有旅游职业高中以上或同等学力。

③专业技术:受过酒店服务专业训练。

④主要内容:

a. 熟悉和掌握本部门的娱乐设施、活动项目的特点、开放时间、收费标准及酒店的一般概况。

b. 了解菜单和酒单、小食单,掌握夜总会服务程序,具有熟练的服务技能。

c. 具有良好的修养及形象,待客彬彬有礼。

d. 能用一门外语与客人进行交谈。

e. 自我控制能力强,处事灵活,眼明手快。

歌舞厅(夜总会)**调酒员素质标准规范**

①年龄:20～28 岁。

②文凭学历:具有旅游职业高中以上或同等学力。

③专业技术:受过调酒服务专业培训。

④主要内容:

a. 了解酒店有关酒类食品质量的要求和标准。

b. 了解酒单,掌握酒水服务程序,具有熟练的服务技能。

c. 具有良好的形象和修养,举止大方,待客有礼。

d. 具有调酒的专业知识和技术,能熟练调配常见的鸡尾酒。

e. 掌握一门外语,能进行酒水服务的外语会话。

歌舞厅(夜总会)**音响师素质标准规范**

①年龄:20～28 岁。

②文凭学历:具有高中以上或同等学力。

③专业技术:受过音乐专业和音响设备专业培训。

④主要内容:

a. 具有一般酒店服务经验,含一年以上音响设备操作实际工作经验。

b. 具有音乐、娱乐、活动专业知识。

c. 熟悉夜总会灯光、音响等器材的使用和功能。

d. 掌握接碟技巧和打灯技巧,善于控制舞池场面,制造良好的气氛。

e. 能够收集、编排和制作节目单表,具有电视控制、高保真音响设备操作能力,能排除一般故障,维护保养好设施设备。

f. 具有较好的人际关系,能够和娱乐项目灯光师、服务员配合,调节舞厅、歌厅气氛和客人情绪。

g. 身体素质良好,能适应夜间工作。

歌舞厅(夜总会)**收银员素质标准规范**

①年龄:20～28 岁。

②文凭学历:具有中等职业学校财会专业毕业或同等学力。

③专业技术:受过酒店财会专业培训,有会计证。

④主要内容:

a. 掌握歌厅(夜总会)收款工作程序,能根据台号准确入单,并做到准确、迅速。

b. 能辨别出真、伪钞,并能按当天汇率牌进行折算收款。

c. 懂得会计、银行、现金等方面的经济法规。

d. 掌握歌舞厅(夜总会)收款机的操作程序。

e. 懂得基础英语,能处理一些外文名字签账。

康乐室领班素质标准规范

①年龄:20~38 岁。

②文凭学历:具有高中、旅游职业高中毕业或同等学力。

③专业技术:受过酒店服务专业训练。

④主要内容:

a. 三年以上酒店服务与基层管理经验,含一年以上班长工作经验。

b. 具有康乐、娱乐设施项目管理、基础知识、财务管理一般知识和音乐体育活动专业知识。

c. 熟悉麻将房、英式台球、无奖电子游戏机等的操作技能与游戏规则。

d. 具备相当的酒水知识。

e. 具有一定的组织管理能力,能够制订班组工作计划,培训安排班组员工,组织接待服务工作。

f. 具有交际能力,善于处理上、下级和班组成员间的相互关系,善于处理投诉,客际关系良好。

g. 具有做好设施设备检查、调试、清洁和掌握质量标准的能力。

h. 精力充沛,能够指导客人开展康乐、娱乐活动,具有示范能力。

康乐室服务员素质标准规范

①年龄:20~28 岁。

②文凭学历:具有初中毕业或旅游职业高中毕业或同等学力。

③专业技术:受过酒店服务专业训练。

④主要内容:

a. 熟知康乐室服务程序,具有熟练的服务技能,能进行服务外语会话。

b. 具有音乐、体育活动专业知识。

c. 熟悉麻将房、英式台球、游戏机等设施的游戏规则。

d. 具有设施设备检查、调试、清洁和掌握服务质量标准能力。

e. 具有良好的形象,自控能力强,处事灵活,眼明手快。

f. 能用一门外语与客人进行交谈。

g. 善于沟通,能协助领班及班组成员完成工作。

h. 身体健康,精力充沛,能长时间坚持站立服务。

游泳池主管素质标准规范

①年龄:28～48岁。

②文凭学历:具有旅游、管理专业大专以上或同等学力。

③专业技术:受过酒店服务专业训练。

④主要内容:

a. 五年以上酒店管理与服务工作经验,含三年以上康乐项目领班工作经验。

b. 具有酒店基层管理与服务知识,以及文娱体育活动专业知识。

c. 熟悉泳池的各项规章制度,并能严格遵守。

d. 掌握游泳的基本知识、技能及救护等知识。

e. 有能力处理泳池突发事件。

f. 有能力根据泳池所提供的服务,合理安排人员,提高服务质量。

g. 要有高度的责任心。

h. 熟悉水质净化处理过程。

i. 善于处理各设施项目管理中的相互关系,客际关系良好。

j. 身体健康。精力充沛,工作承受能力强。

游泳池领班素质标准规范

①年龄:20～28岁。

②文凭学历:具有高中、旅游职业高中毕业或同等学力。

③专业技术:受过酒店服务专业训练。

④主要内容:

a. 三年以上酒店服务与基层管理经验,含两年以上领班工作经验。

b. 具有游泳池管理基础知识和人事、财务管理一般知识。

c. 熟悉泳池管理的各项规章制度,并严格遵守。

d. 掌握游泳的基本知识和技能。

e. 有能力协助泳池主管处理一些日常事务和突发事件。

f. 具有调动班组积极性的业务组织能力,能够制订班组工作计划,培训安排班组员工,组织接待服务。

g. 具有做好设备设施检查、调试、清洁和掌握质量标准的能力。

h. 善于沟通,能正确处理投诉,客际关系良好。

i. 健康状况好,精力充沛,能够指导客人开展游泳池娱乐活动,具有示范能力。

游泳池管理员素质标准规范

①年龄:20～48 岁。

②文凭学历:具有初中毕业或无正规学历要求。

③专业技术:受过一定酒店服务专业培训。

④主要内容:

a. 经过酒店专业培训,掌握游泳池服务工作程序和工作标准及服务技巧。

b. 掌握一定的外语技能,能礼貌地与客人用外语沟通。

c. 具有游泳池的安全管理及处理客人特殊要求的能力。

d. 熟悉泳池管理的各项规章制度,并能自觉遵守。

e. 诚实可靠,吃苦耐劳,能与他人友好相处。

f. 身体健康,能长期承受长时间连续工作的压力。

游泳池更衣室管理员素质标准规范

①年龄:20～48 岁。

②文凭学历:初中毕业或无正规学历要求。

③专业技术:受过一定酒店服务专业培训。

④主要内容:

a. 经过酒店专业培训,掌握游泳池服务工作程序和工作标准及服务技巧。

b. 掌握一定的外语技能,能礼貌地与客人用外语沟通。

c. 负责客人衣物的保管,具有处理客人特殊要求的能力。

d. 熟悉泳池管理的各项规章制度,并能自觉遵守。

e. 诚实可靠,吃苦耐劳,能与他人友好相处。

f. 身体健康,体力充沛,能承受工作压力。

游泳池救生员素质标准规范

①年龄:22～40 岁。

②文凭学历:具有初中以上或同等学力。

③专业技术:受过体育学校游泳专业培训。

④主要内容:

a. 经过酒店专业培训,掌握游泳池服务工作程序,工作标准及服务技巧。

b. 掌握一定的外语技能,能礼貌地与客人用外语沟通。

c. 熟悉泳池各项规章制度,并能严格遵守。

d. 具有娴熟的游泳技巧及救生技巧。

e. 具有溺水急救知识。

f. 身体健康,体力充沛,能承受工作压力。

游泳池水质净化员素质标准规范

①年龄:20~38 岁。

②文凭学历:具有高中或旅游职业高中以上或同等学力。

③专业技术:受过水处理专业训练,获取合格证书。

④主要内容:

a. 经过酒店专业训练,掌握酒店水质净化的工作程序和标准。

b. 具有游泳池的水质更换处理的工作经验。

c. 熟悉泳池管理的各项规章制度,并能严格遵守。

d. 掌握水质净化的知识和技术。

e. 诚实可靠,吃苦耐劳,能与他人友好相处。

f. 身体健康,体力充沛,能承受工作压力。

第二十九章
安保部工作制度

安保部各岗位职责

保安部经理岗位职责

①在保安公司和会所双重领导下,全面负责会所的安全防范管理工作。

②制定、部署保安部的工作计划,督导部门员工做好各项工作。

③主持部门例会,传达、贯彻执行上级各项指令。

④负责部门员工的培训和考核。

⑤监督部门员工注意仪容、仪表和礼貌礼节。

⑥组织消防组成员及员工进行消防知识培训,让员工了解并会用消防器械,以确保人身财产安全。

⑦处理各种治安问题。

⑧督导属下做好客人车辆的停放和保管工作,以确保个人的财产安全。

⑨遵守职业道德,保守公司机密,维护公司形象。

⑩做好各部门沟通与协调工作。

⑪严格遵守公司的管理制度,禁止在公司组织打架等一切违法活动。

保安部外保岗位职责

①负责公司外部次序和安全,检查一切外来人员的情况,疏散一切闲杂人员,善于发现一切可疑人员。

②指挥客人车辆停泊与起行工作,做到手势程序到位,主动帮客人开车门。

③遇客人醉酒做好扶送工作。

④保持与各部门的联络,发生任何意外事情,必须立即合理地加以制止。

⑤未经上级领导同意,不允许把任何酒水、食品、饮品带入公司内部。

⑥积极参加体能训练和业务技能的训练。

⑦阻止一切员工从大门出入,下班以后非工作需要,严禁员工进入营业场所。

员工通道保安岗位职责

①负责后门(员工通道)进出物品,检查员工带出一切物品,必须查证后方可放行。

②监督员工佩戴工作牌以及上下班打卡情况,发现有员工代打卡一律记录上报。

③严禁车辆,物品堵塞安全通道。

④随时配合各部门和各岗位处理突发性事件。

⑤定时巡视周围,如发现有可疑人员或事及时处理,处理不了立即上报。

⑥随时配合各部门和各岗位处理突发事件。

⑦负责会所后门安全,员工下班后非公事不允许任何员工进入。

⑧积极参加体能训练和业务技能训练。

保安部营业保安(内保)职责

①按时上下班,穿着整齐,仪表端庄,不得离岗。

②负责营业场所防火安全,财产安全以及人身安全。

③保持高度警惕,预防和制止一切突发事件发生。

④阻止醉酒者进入舞池捣乱,随时进行巡视,确保执勤点周围一切安全。

⑤协同厅内负责营业清场检查工作,发现可疑的人员和未关水、灯、煤气,以及其他未关设备及时处理并登记上报。

⑥负责营业场地安全,营业结束后非公事任何人员不得进入。

⑦积极参加体能训练和业务技能训练。

仪容仪表规定

①着装整齐,礼貌待人,文明值勤,规范用语,树立保安形象。

②不留长发、胡须,不得染发,不戴耳环、项链。

③不许只穿内衣裤到公共场所。

④不许穿拖鞋上班。

着装管理规定

①保安人员上岗执勤时,按规定穿着统一的保安服装,佩戴统一。

②保安人员要按规定着装,不得混穿。

③保安人员着装要整齐清洁,举止端庄,注重仪容风纪。

④保安员应妥善保管服装,不得将服装借他人穿用,不得私自拆、改、变卖。

⑤保安人员非上岗执勤时,不得着保安服装。

⑥调离或被辞退的人员必须把属于本公司所有物品归还。

职业道德规范

①热爱本职,忠于职守。

②遵纪守法,勇于护法。

③不计得失,乐于助人。

④文明值勤,礼貌待人。

⑤廉洁奉公,不谋私利。

交班制度

①值班人员要坚守工作岗位,未经批准不得擅自离岗,确有要紧事情处理应向领导报告。

②按时交接班,接班人员提前10分钟到达岗位,接班人员未到达时当班人员不得离岗。

③接班人员要详细了解上一班的值班情况和本班应注意事项,应做到"三明",即上班情况明,本班接办事情明,物品及器械清点明。

④交班人员在下班前必须写好值班记录,应做到"三清",即本班情况清,物品器械清,交接情况清。

⑤当班人员发现问题要及时处理好,如不能移交给下一班的要继续处理完毕,方可离开。

⑥交接班时要做好"交班记录"并签名,不得在值班记录上乱写乱画。

⑦各级值班记录月底统一上交酒店档案室保存。

工作记录制度

①当班保安应如实、认真、工整填写保安员执勤情况记录表。

②执勤保安员要认真详尽地将值班情况、可疑问题、特别待办的任务等逐项向下一班执勤保安员交接,做到交接手续规范完整准确。

保安员管理制度

保安员基本管理制度

①接受各种知识和保安专业知识的业余培训是保安员的义务。

②保安部将根据每个员工的素质和表现以及部门管理、服务工作的需要,进行不同形式、不同层次的培训。日常培训原则上按层次管理,即部门经理负责对主管的培训,主管负责对资深保安员和保安员进行周期性培训。

③保安部每季度对员工进行一次工作业绩的评估,作为员工下一季度工资标准的依据。

④保安部每半年对员工进行一次业务技能和外语知识的考核,成绩存档作为晋升、降职或奖罚的依据之一。

⑤如员工严重违反纪律但又未达到开除的程度,则部门可酌情对其进行二次培训。

保安部上班管理制度

①保安、消防人员上岗前不得饮酒,上岗时要求穿制服,佩戴执勤证、武装

带、佩戴工牌等,直至下班为止。

②保安、消防人员上岗后要集中精神,保持举止端庄有礼,处理问题时要妥善分析事情情节的轻重、果断公平。

③保安、消防人员不准留长头发、小胡子、长指甲,违者警告,限期改正。

④消防监控中心不准打与业务无关的电话,非保安人员不得进入,任何人不准在消防监控中心会客和聊天。

⑤遇到报警时应沉着、冷静、准确地向有关部门或值班领导报告,不准错报,消防值班人员不准离开控制室,如擅自离岗者,按失职论处。

⑥值班人员必须经常打扫卫生,值班室保持干净、整齐,各类控制台(如报警器、水泵控制台)保持无灰尘。

⑦大堂值班员必须按指定地点坚守岗位。不得乱窜闲谈,不准到酒吧闲坐,阻碍他人工作。对于来宾有不文明、不礼貌的行为应及时纠正。如因离岗,发生事故不在场,造成公司财产损失而又未将闹事者抓到,视情节给予扣除当月奖金或除名处理。

⑧值班人员用餐时必须互相轮换,不得空岗用餐,一旦发现异常情况,应迅速赶赴现场,同时应及时向值班领导汇报。如遇到异常情况不妥善处理又不及时汇报者,视其情节轻重和影响大小给予必要的处理。

⑨保障消防通道畅通和停车场秩序,保持机动车辆停放良好,自行车停放整齐,如因乱停放而造成塞车,追究当班人的责任。

⑩值班保安员必须按规定经常巡逻检查,经常巡视重点位置(如配电房、锅炉房、发电机房、空调房、地下水泵)等,发现可疑的人要查问清楚,防止发生意外。

停车场管理制度

①当班保安人员对所有进出车辆详细登记进出时间,并做好检查记录。检查内容:车辆是否有损坏,是否有备用胎、倒车镜,车门是否锁好等。

②当班保安人员对进出车辆实行发牌制度,每进一辆需停放的车辆发一张"酒店停车卡",车主来取车时必须持卡取车并把卡交还保安人员,此卡如有丢失,须到保安部办理手续,方可取车。

③车场收费保安人员应指挥好车辆停放,在检查好收费时,应在发票上注明日期、时间及收费人姓名,并通知车主带好行车证、驾驶证。

④车辆在离开车场时,当班保安人员须做到对票、对证、对车、取卡(对票:检验收费人所开发票;对证、对车:检验行车证与驾驶证是否与人、车相符合;取

卡:看开车人是否持有酒店停车卡,并给予收回)。检查相符后方可放行。

⑤停车场为一切进入酒店消费、办事的客人提供车位。

⑥外来车辆在酒店停车,收费参照物价局的收费标准给予收费。

⑦公司及酒店的车辆,酒店负责提供免费车位,并负责保管及安全。

⑧地面停车场由酒店保安部负责维护管理,并接受公安交通管理部门的检查、指导。

⑨车辆进入停车场应领取停车出入卡,出场时交回出入卡。保安员对进出停车场的车牌号码、进出时间,所发出入卡号等进行登记。认真执行规定,对可疑情况及时报告。

⑩要提醒车主的停车出入卡请随身携带,认真保管,作为出场凭证,若有遗失,要立即向保安部申明补办,并赔偿相关手续费用。否则,后果自负。

⑪停放在停车场的所有车辆,提醒车主必须锁好车门、车窗,贵重物品不要留在车里。

⑫车辆在停车场若有交通违章,保安部将报请公安交通管理部门处理。

⑬若车主在停车场停车与保安人员发生纠纷,应由双方协商解决,协商不成,可请仲裁机构予以仲裁。

⑭出租车接送客人不得进入地下停车场。

⑮提醒停车后驾驶者必须关好车门窗,调好防盗系统到警备状态。停车卡等有效证件及车内贵重物品必须随身携带,否则所产生的一切后果自负。

⑯提醒不得在停车场试刹车,练习驾车,大型修车,有滴漏机油等车辆必须清洗干净。

⑰进入酒店车场时速不得超过 5 公里。

⑱不得损坏停车场设施,否则,照价赔偿。

⑲严禁运载剧毒、易燃易爆物品、枪支火药等不安全物资的车辆进场。

⑳按时缴费,不得刁难辱骂或以暴力威胁等手段妨碍保安员执行公务。

㉑停车收费,统一由酒店制作"一卡通"到地下层停车场门前出入口的计费系统刷卡消费。

㉒酒店为员工免费提供自行车、电单车、摩托车停放。

㉓酒店地下停车场只允许公司及酒店副总级别以上人员车辆的免费停放,部门经理级别的车辆免费停放在室外停车场,员工车辆按规定给予半价收费,均停放在室外停车场。

㉔承租酒店商铺人员的车辆一律按酒店规定收取停车费用,住店客人凭住宿卡免费停放。

㉕因公到酒店办事人员的车辆,统一到总台登记并领取免费停车券给予

停放。

　　㉖政府职能部门人员因公到酒店办事,免费提供车位。

安保部交接班制度

交班制度

①由在岗班组领班提前 30 分钟交班。

②交班人员要仔细检查所使用的警械器材,保持完好,交于接班人员。

③交班班组要认真将本班值勤情况和遗留问题交代清楚。

④交班领班和监控值班人员要认真填写值班记录。

接班制度

①接班班组听到叫班后,迅速按规定着装,做好班前准备工作。

②接班人员必须在上岗前 10 分钟到部门办理签字。

③接班领班要集合本班人员,召开班前会,分配值勤任务,并提出要求。

④接班班组由领班整队带至值勤岗位,与上一班交接。

⑤接班时,确认警械器材完好,了解上一班情况后,接班值勤。

警用器材使用制度

①目的:保证警用器械的功能完好及正常使用,延长器械的使用期限。

②适用范围:适用于保安部警用器械的管理。

③职责:

a. 当班保安员负责正确使用、妥善保管警用器械。

b. 保安经理负责警用器械的采购、发放、送检。

④对讲机的管理:

　　a. 对讲机的使用及保养:对讲机只供当值保安员使用,严禁用作其他用途,特殊情况须经保安部经理批准后方可使用;对讲机严格按频率使用,严禁保安员私自乱拆、乱拧或乱调其他频率;对讲机电池要充电 6 小时以上再使用,但充电的时间不能超过 12 小时,每台对讲机主机与电池均有编号,充电完毕后,必须用与之对应的电池,不得混用,以避免出现交叉充电,损坏电池;交班时要用干布擦拭机身,保安员在交班时应做好对讲机交接验收工作,发现问题应做好记录并及时上报经理;使用对讲机时,将音量调到适当(清晰听到)位置,不得调很大声音,对讲机只能握在手上或卡在腰带上,禁止手提对讲机天线;定期对对讲机电池及主机件进行性能检查,如发现有正常损坏,必须要交队长并说明损坏的原因,严禁擅自进行维修;严禁将对讲机及备用电池随意乱放,对讲机不得借予外人使用;严禁淋湿对讲机及使对讲机受较大的震动。

b. 对讲机的对话要求:持对讲机呼叫对方前,首先报出自己的岗位;使用对讲机叙说或汇报时,要简明扼要,不得长时间占用对讲机讲话;使用对讲机通话时,必须使用文明用语,严禁使用粗言秽语;在他人使用对讲机时,不得插入话题抢用,紧急事件时除外;在紧急报警时须保持冷静、叙说清楚以便及时做出处理。

⑤警棍使用的管理:

a. 警棍的佩带:警棍是保安员执勤时佩带的自卫防暴器械,保安员应严格保管和使用,不得将警棍转借他人;当值保安员应将警棍挂在腰带后侧,不得在岗位上随便玩耍或挥舞警棍;当值保安员要妥善保管所佩带的警棍,如有遗失或损坏,要照价赔偿。

b. 警棍的使用:处理一般问题时,不得手持警棍或用警棍指着对方讲话;非紧急情况或人身安全受威胁的情况下,保安员不得以任何借口或理由使用警棍攻击他人;交接班时要检查清楚后再交接,接收人发现警棍被损坏而不报告,应负责赔偿。

日常消防、防火管理体制

消防安全教育、培训制度
①每年以创办消防知识宣传栏、开展知识竞赛等多种形式,提高全体员工的消防安全意识。

②定期组织员工学习消防法规和各项规章制度,做到依法治火。

③各部门应针对岗位特点进行消防安全教育培训。

④对消防设施维护保养和使用人员应进行实地演示和培训。

⑤对新员工进行岗前消防培训,经考试合格后方可上岗。

⑥因工作需要员工换岗前必须进行再教育培训。

⑦消控中心等特殊岗位要进行专业培训,经考试合格,持证上岗。

防火巡查、检查制度
①落实逐级消防安全责任制和岗位消防安全责任制,落实巡查检查制度。

②消防工作归口管理职能部门每日对公司进行防火巡查。每月对单位进行一次防火检查并复查追踪改善。

③检查中发现火灾隐患,检查人员应填写防火检查记录,并按照规定,要求有关人员在记录上签名。

④检查部门应将检查情况及时通知受检部门,各部门负责人应将每日消防安全检查情况进行通知,若发现本单位存在火灾隐患,应及时整改。

⑤对检查中发现的火灾隐患未按规定时间及时整改的,根据奖惩制度给予处罚。

安全疏散设施管理制度

①单位应保持疏散通道、安全出口畅通,严禁占用疏散通道,严禁在安全出口或疏散通道上安装栅栏等影响疏散的障碍物。

②应按规范设置符合国家规定的消防安全疏散指示标志和应急照明设施。

③应保持防火门、消防安全疏散指示标志、应急照明、机械排烟送风、火灾事故广播等设施处于正常状态,并定期组织检查、测试、维护和保养。

④严禁在营业或工作期间将安全出口上锁。

⑤严禁在营业或工作期间将安全疏散指示标志关闭、遮挡或覆盖。

消防控制中心管理制度

①熟悉并掌握各类消防设施的使用性能,保证扑救火灾过程中操作有序、准确迅速。

②按时交接班,做好值班记录、设备情况、事故处理等情况的交接手续。无交接班手续,值班人员不得擅自离岗。

③发现设备故障时,应及时报告,并通知有关部门及时修复。

④非工作所需,不得使用消防控制中心内线电话,非消防控制中心值班人员禁止进入值班室。

⑤上班时间不准在消防控制中心抽烟、睡觉、看书报等,离岗应做好交接班手续。

⑥发现火灾时,迅速按灭火作战预案紧急处理,并拨打 119 电话通知公安消防部门并报告部门主管。

消防设施、器材维护管理制度

①消防设施日常使用管理由专职管理员负责,专职管理员每日检查消防设施的使用状况,保持设施整洁、卫生、完好。

②消防设施及消防设备的技术性能的维修保养和定期技术检测由消防工作归口管理部门负责,设专职管理员每日按时检查了解消防设备的运行情况。查看运行记录,听取值班人员意见,发现异常及时安排维修,使设备保持完好的技术状态。

③消防设施和消防设备定期测试:

a.烟、温感报警系统的测试由消防工作归口管理部门负责组织实施,保安部参加,每个烟、温感探头至少每年轮测一次。

b. 消防水泵、喷淋水泵、水幕水泵每月试开泵一次,检查其是否完整好用。

c. 正压送风、防排烟系统每半年检测一次。

d. 室内消火栓、喷淋泄水测试每季度一次。

e. 其他消防设备的测试,根据不同情况决定测试时间。

④消防器材管理:

a. 每年在冬防、夏防期间定期两次对灭火器进行普查换药。

b. 派专人管理,定期巡查消防器材,保证处于完好状态。

c. 对消防器材应经常检查,发现丢失、损坏应立即补充并上报领导。

d. 各部门的消防器材由本部门管理,并指定专人负责。

火灾隐患整改制度

①各部门对存在的火灾隐患应当及时予以消除。

②在防火安全检查中,应对所发现的火灾隐患进行逐项登记,并将隐患情况书面下发各部门限期整改,同时要做好隐患整改情况记录。

③在火灾隐患未消除前,各部门应当落实防范措施,确保隐患整改期间的消防安全,对确无能力解决的重大火灾隐患应当提出解决方案,及时向单位消防安全责任人报告,并向单位上级主管部门或当地政府报告。

④对公安消防机构责令限期改正的火灾隐患,应当在规定的期限内改正并写出隐患整改的复函,报送公安消防机构。

用火、用电安全管理制度

(1)用电安全管理

①严禁随意拉设电线,严禁超负荷用电。

②电气线路、设备安装应由持证电工负责。

③各部门下班后,该关闭的电源应予以关闭。

④禁止私用电热棒、电炉等大功率电器。

(2)用火安全管理

①严格执行动火审批制度,确需动火作业时,作业单位应按规定向消防工作归口管理部门申请"动火许可证"。

②动火作业前应清除动火点附近5米区域范围内的易燃易爆危险物品或作适当的安全隔离,并向保卫部借取适当种类、数量的灭火器材随时备用,结束作业后应即时归还,若有动用应如实报告。

③如在作业点就地动火施工,应按规定向作业点所在单位经理级(含)以上主管人员申请,申请部门需派人现场监督并不定时派人巡查。离地面2米以上的高架动火作业必须保证有一人在下方专职负责随时扑灭可能引燃其他物品的火花。

④未办理"动火许可证"擅自动火作业者,本单位人员予以记小过二次处分,严重的予以开除。

燃气和电气设备的检查和管理制度

①应按规定正确安装、使用电器设备,相关人员必须经必要的培训,获得相关部门核发的有效证书方可操作。各类设备均需具备法律、法规规定的有效合格证明并经维修部确认后方可投入使用。电气设备应由持证人员定期进行检查(至少每月一次)。

②防雷、防静电设施定期检查、检测,每季度至少检查一次、每年至少检测一次并记录。

③电器设备负荷应严格按照标准执行,接头牢固,绝缘良好,保险装置合格、正常并具备良好的接地,接地电阻应严格按照电气施工要求测试。

④各类线路均应用套管加以隔绝,特殊情况下,亦应使用绝缘良好的铅皮或胶皮电缆线。各类电气设备及线路均应定期检修,随时排除因绝缘损坏可能引起的消防安全隐患。

⑤未经批准,严禁擅自加长电线。各部门应积极配合安全小组、维修部人员检查加长电线是否仅供紧急使用、外壳是否完好、是否有维修部人员检测后投入使用。

⑥电器设备、开关箱线路附近按照本单位标准划定黄色区域,严禁堆放易燃易爆物并定期检查、排除隐患。

⑦设备用毕应切断电源。未经试验正式通电的设备,安装、维修人员离开现场时应切断电源。

⑧除已采取防范措施的部门外,工作场所内严禁使用明火。

⑨使用明火的部门应严格遵守各项安全规定和操作流程,做到用火不离人、人离火灭。

⑩场所内严禁吸烟并张贴禁烟标示,每一位员工均有义务提醒其他人员共同遵守公共场所禁烟的规定。

防安全工作考评和奖惩制度

①对消防安全工作做出成绩的,予以通报表扬或物质奖励。

②对造成消防安全事故的责任人,将依据所造成后果的严重性予以不同的处理,除已达到依照国家《治安管理处罚条例》或已够追究刑事责任的事故责任人将依法移送国家有关部门处理外,根据规定,要对下列行为予以处罚:

a.有下列情形之一的,视损失情况与认识态度除责令赔偿全部或部分损失外,予以口头告诫:使用易燃危险品未严格按照操作程序进行或保管不当而造成火警、火灾,损失不大的;在禁烟场所吸烟或处置烟头不当而引起火警、火灾,损失不大的;未及时清理区域内易燃物品,而造成火灾隐患的;未经批准,违规使用加长电线、用电未使用安全保险装置的或擅自增加小负荷电器的;谎报火警;未经批准,玩弄消防设施、器材,未造成不良后果的;对安全小组提出的消防隐患未予以及时整改而无法说明原因的部门管理人员;阻塞消防通道、遮挡安全指示标志等未造成严重后果的。

b. 有下列情形之一的,视情节轻重和认识态度,除责令赔偿全部或部分损失外,予以通报批评:擅自使用易燃、易爆物品的;擅自挪用消防设施、器材的位置或改为他用的;违反安全管理和操作规程、擅离职守从而导致火警、火灾损失轻微的;强迫其他员工违规操作的管理人员;发现火警,未及时依照紧急情况处理程序处理的;对安全小组的检查未予以配合、拒绝整改的管理人员。

c. 对任何事故隐瞒事实,不处理、不追究的或提供虚假信息的,予以解聘。

d. 对违反消防安全管理导致事故发生(损失轻微的),但能主动坦白并积极协助相关部门处理事故、挽回损失的肇事者或责任人可视情况予以减轻或免予处罚。

消防治安监控室值班管理制度

①值班人员要具备高度的工作责任心,对监控情况保持警惕性,发现问题要及时向保卫部或者值班经理汇报,对监控内容不准外传,做好保密工作。

②值班员当班期间要做到坚守岗位,认真负责,坚决杜绝脱岗、串岗现象发生。

③值班员在岗期间,不准任何人在监控室内抽烟、打扑克、闲聊、看电视、看书报、听收音机等,上班前和当班时严禁喝酒,上述情况一经发生要严肃处理。

④按规定时间值班员对所监控的重要区域进行录像,设录像带 8 盘,以七天为一周期清除重录,留备用一盘,值班人员严格把握住周期,不准将顺序打乱,对录制的可疑情况待查明后,方可清除。

⑤要做好值班记录。值班员要将每次的值班情况认真填写在"治安监控值班记录本"上,字迹要清晰,不得涂改。

⑥录像带的管理工作由保卫部统一管理,设专柜分类存放,按照规定使用。

⑦值班员要爱护监控设备,严格执行操作规程。如果违反规定,认为造成设备损坏的,追究值班员的责任,并视设备损坏的程度进行经济处罚。

⑧做好监控室内的卫生保洁工作,要做到勤打扫,并且做好对监控设备的清洁维护工作,确保能够正常运行。

易燃易爆危险物品安全管理制度

职责

全体员工均有责任严格执行防火防爆制度及有关规定,预防在先,防止事故发生。

基本要求

①禁烟区域内禁止吸烟,也不得因吸烟而擅离岗位。进入施工区域禁带火种,尤其禁止携带火种进入易燃易爆危险场所。

②禁止使用汽油等易燃液体擦洗设备、工具或衣服等。

③易燃、易爆物品必须存放在指定的安全地点。现场禁止堆放油棉纱、油纸等易燃物品,现场施工用油存放量一般不应超过48小时的使用量。

④使用搬运危险化学品或在易燃、易爆危险场所搬运铁质物品时,不得抛掷、滚动或拖拉。

⑤在易燃易爆场所或在带有易燃、易爆物质的设备、管道、容器上工作时,禁止使用撞击易产生火花的工具,必须防爆工具并采取相应安全可靠的措施。

⑥易燃、易爆场所禁止穿着能产生静电火花的化纤服装和带铁钉的鞋。

⑦易燃、易爆场所电器、仪器设备(包括临时用设备)必须符合防火防爆的要求。

⑧高压线下严禁堆放可燃物。易燃、易爆厂房、仓库和装置,与高压线的间距要大于高压线塔杆高的1.5倍。

⑨设置在工艺装置上有可能引起火灾、爆炸部位的检测仪表、报警和安全连锁装置必须正常使用且安全可靠。

⑩在有可燃气体可能泄漏扩散处设置的可燃气体浓度监测器必须完好,加强监测,并严格按规定,定期校验。

⑪必须加强明火管理,对生产过程中的加热用火、维修用火及其他用火等,均要严格执行《动火作业安全管理制度》的有关规定。

⑫主配电设备、高大建筑物和高大设备等装设的避雷装置,每年雨季前必须对装置检查试验一次。避雷装置单独使用时,其接地电阻不得大于10欧姆,如与电气设备共用。接地电阻不大于4欧姆。管道法兰之间电阻不大于0.03欧姆。

⑬设备检修时,须严格执行酒店相关管理规定进行。

⑭严禁在防火间距、消防通道内搭设建筑、构筑物或堆放物资。未经批准,不准在生产区内随意搭设临时工棚或其他建筑物。

⑮禁止使用氧气代替其他气体对设备、管道进行充压、保压、试压、置换或吹扫,禁止擅自向缺气的设备、管道、容器等内外部输送氧气。

⑯全酒店员工,必须经常学习防火防爆的安全知识,接受防火防爆安全教育,不断提高防止火灾爆炸事故发生的能力。

租赁场所安全管理制度

经营管理部

①在与租赁方签订租赁合同时,必须查验承租方的有效证件,并复印留存备查。

②在与租赁方签订租赁合同时,要附签治安、防火责任书,明确双方的安全责任。

③应该随时了解和掌握租赁方所开展的经营活动是否遵守政府的法规、是否履行与酒店签约租赁合同以及安全责任书,并及时与保卫部等有关部门沟通联系。

保卫部

①应该把租赁场所的治安消防管理纳入酒店管理体系。

②要帮助租赁方制定治安、消防管理制度和防范措施,并经常予以业务联系和指导。

③要对租赁场所开展经常性的治安消防检查,落实安全制度和防范措施。

④要定期召开租赁场所负责人会议,及时把政府有关部门提出的要求,任务以及酒店的贯彻意见进行传达和布置。

租赁方

①租赁方的法定代表人或者主要负责人,是承租场所治安和消防的第一责任人,对所租用场所的治安、消防工作负责。

②承租场所必须建立相应的管理制度,配专职或者兼职人员,具体负责治安消防管理工作。

③租赁方需要对承租场所进行改建和装修,必须经过酒店审核同意、批准。

④承租场所内严禁使用明火电器,需要增添电器设备应该向酒店提出申请,得到许可后才能安装和扩大容量。

⑤承租场所在营业结束时,必须进行安全检查,切断电源,关闭门窗。

⑥租赁方对上级主管部门、酒店保卫部开展的业务工作和安全检查,必须予以支持和配合。

工作沟通与协作制度

部门沟通与协作

①酒店的各项安全防范工作是个有机结合的整体,各个管区管理人员在执行各自的管理任务时,应该有整体意识和全局观念,协同做好工作。安全巡逻主管在开展"四防"宣传教育和群防群治活动中,在帮助各部门进行安全业务培训和安全巡逻时,应该同时做好防火安全宣传、消防业务知识培训和各项防火措施的落实;在做好酒店警卫和停车场管理工作的同时,也注意做好设置在酒店建筑物周围消防设施和报警装置的维护和保养工作。消防治安监控主管在进行防火安全检查和落实防火制度时,也应该结合做好酒店区域内的各项治安工作,协同维护好酒店的安全。

②班组之间要切实做好工作的衔接。交班的班组应当将当班的工作情况、需要继续完成的工作,以及保安设备和器材的状况,准确、清楚地记录在交接班记录本上。接班的班组应该认真阅看记录本中的交班记录,仔细检查保安设备和器材的完好情况,交接班时,当场交接清楚,交接班组的领班应在记录上签字,以示负责。

与酒店其他部室沟通与协作

（1）保安部与总经理办公室

在保安业务中涉及全店性、连续性的重大经营活动和接待任务,保安部应将拟定的计划、制订的措施以及实施情况,及时报总经理办公室,由总办转报总经理审批。

公安、消防等业务主管部门直接下发保安部通知、文件,应该送总经理办公室办理收文登记,再呈报总经理审阅。

酒店的文件材料应该按文件处理单的拟办和批办意见办理,并按文书档案管理规定办理附件或者存档。由保安部撰拟的以酒店名义行文的文稿,应送总经理办公室秘书审核后,报酒店领导签发。

（2）保安部与营运部

为了保障酒店和客户的安全,销售部与客户签订长包房租赁合同时,必须按照政府颁发的治安、消防条例和法令的规定,签订安全协议书或者治安防火责任书中的条款和内容,保安部应该负责提供并与销售部商议。

保安部应该协助销售部做好对长包房的安全管理,向长住客户提供各项安全服务,发生安全事故时,应会同销售部进行交涉和处理。

保安部应配合营运部做好前厅等服务场所的安全管理,落实各项安全管理制度。

保安部收到公安或者政法部门发来的通缉、协查通知后,应及时复印并发给营运部的前厅总服务台,以便总服务台在办理住客登记时做好核查工作。

(3)保安部与客房部

保安部应该对客房部的员工组织"四防"宣传教育与保安业务的培训和演练,以提高员工的安全防范意识,增加保安业务知识。

保安部应该配合客房部做好客房的安全管理,落实各项安全管理制度。

保安部应该及时向客房部通报社会上出现的各种违法犯罪新动向,并与客房部一起研究制订防范的措施。

(4)保安部与康乐部

保安部应该对康乐部员工组织"四防"宣传教育,以提高员工的安全防范意识,增加保安业务知识。

保安部应该配合康乐部做好各类健康娱乐场所的安全管理,落实各项安全管理制度。

保安部收到公安或者政法部门发来的通缉、协查通知后,应及时复印并发给康乐部,以便康乐部在经营服务过程中做好协查工作。

(5)保安部与餐饮部

保安部要针对餐饮部员工的特点,协助餐饮部开展行之有效的安全教育,尤其是强化对厨师进行防火宣传和灭火技能培训。

保安部应配合餐饮部做好各营业场所的安全管理,帮助餐饮部推行岗位责任制,落实各项安全管理制度。

保安部要协助餐饮部做好易燃、易爆物品的管理,并配合餐饮部做好重要宴请和重大接待活动的安全保卫工作。

(6)保安部与经管部

保安部协助经管部对酒店外包单位的消防设施设备定期进行检查,并依据检查情况提出整改意见。

协助经管部处理外包单位的各类突发事件,并记录在案。

(7)保安部与财务部

保安部应该按照财务部办公室安全管理规定,协助和督促财务部对存放财务账册、印章和现金的办公室门窗安装栅栏和防盗报警器,对受理收付款设置柜台。

保安部应对财务部员工进行四防宣传教育和保安业务培训。

保安部应协助财务部做好群防群治工作,落实各项安全措施和安全管理制度。

（8）保安部与人力资源部

保安部要协助人力资源部做好对新进员工遵纪守法、保卫保密和安全防范的岗前培训教育。

保安部应该及时将公安和旅游主管部门下发的本地酒店行业清退人员名单提供给人力资源部，以配合人力资源部把好新近人员质量关。

保安部要配合人力资源部做好对员工更衣室、浴室等生活设施的安全管理工作。

保安部要协助人力资源部做好本部门员工考勤、考核和工资奖金的评议、发放工作，以及本部门员工福利待遇和医疗费用的审核。

保安部要协助人力资源部选配好重点岗位人选，并对这些岗位人员每年不少于一次的政治表现考核和审查。

（9）保安部与工程部

保安部应该协助工程部抓好建设、改建和扩建项目的防火审核和办理有关的审批手续。

保安部要配合和督促工程部落实施工安全管理制度，协助工程部做好外来施工人员的管理。

酒店原有的保安设备设施更新改造时，保安部应该预先向工程部提出计划，列入酒店工程预算和工程计划并付诸实施。

保安部应该负责做好安全设备设施的运行操作管理和维护保养工作，发现故障或损坏要及时向工程部报修。

第三十章
酒店从业人员素质要求与管理趋势

酒店从业人员能力素质状况分析

　　职业素质指劳动者从事职业活动时表现出的基本品质，是人的综合素质不可缺少的一部分。酒店员工的职业素质是指酒店服务业的从业人员所应具备的综合素质，它不仅要包括酒店专业知识、专业技能，还包括职业道德、职业意识、服务意识、沟通交流能力、创新能力等非智力因素，是通过后天的教育培训、学习、实践形成和发展起来的。良好的职业素质是一个人从事职业活动的基础，是事业取得成功的基石。

　　酒店是一个特殊的行业，它所提供的产品就是服务。酒店业的服务质量，归根到底取决于员工的职业素质。顾客在酒店中得到员工真诚的欢迎，快捷有效的服务，无微不至的关怀，自然成为酒店的"忠实顾客"。高素质的酒店员工通过提供优质服务，为酒店吸引回头顾客提供了可能，提高了酒店的经济效益和社会效益，有利于酒店竞争力的提高。

　　酒店员工良好的职业素质具体表现为渊博的酒店知识、优良的操作技能、敬业精神、对行业的热爱等，因此，加强对职业素质的培养，对于提高酒店员工的就业竞争能力、拓宽职业发展空间有积极的推动作用。具有良好职业素质的员工的短缺，已成为制约中国酒店业进一步发展的极大障碍，良好的职业素质，有利于提高酒店的竞争力。

　　作为从事酒店服务的员工，因为工作环境的特殊，除具备良好的专业知识、职业技能外，还应具备职业道德：敬业爱岗，勤奋工作；无私奉献、诚实守信；遵纪守法、文明礼貌等；真诚公道、信誉第一等。作为一名酒店员工，良好的职业道德是必须具备的职业素质之一，是对员工的最普遍、最基本的道德要求，也是做好工作的前提和基础、个人发展必备的条件之一。良好的职业道德，会帮助从业人员热爱自己所从事的酒店行业，端正学习、工作态度，提高履行职责的自觉性，刻苦钻研业务，增强自己的服务技能，为宾客提供高质量的服务。

　　服务意识也是很重要的，其为酒店员工表现出的热情、周到、主动为客人提供良好服务的意识和行为，是提高酒店服务质量的关键。树立服务意识是酒店从业人员的从业前提，也是从业人员最基本的职业素质之一。服务意识发自于服务人员的内心,员工要微笑待客;时刻注意、满足客人的需求;热情周到;亲切真诚、一视同仁的对待每一位客人。只有具备良好的服务意识才能给顾客提供热情周到的服务,培养忠诚的顾客。

沟通交流能力,酒店英语应用能力等也是非常重要的,随着旅游业的发展,酒店业接待外国客人的数量快速增长,酒店对员工英语应用能力的要求大大提高,英语作为酒店员工的基本素质,越来越重要。作为一种交流服务工具,如果酒店英语表达能力不强,不能很好地与客人交流,满意的服务就无从谈起。调查表明,酒店员工最欠缺的是流利的英语口语和酒店专业英语知识。酒店员工应具备较强的英语应用能力,掌握酒店的各个主要部门岗位常用服务和交流英语,有较强的英语口头表达能力,自如的应对国外客人。团队合作能力,乐于合作、善于合作是现代社会人文精神的主要基石。酒店产品是团队协作的结果,酒店工作需要各部门以及员工的密切合作才能实现,只有团结合作、顾全大局,才能获得良好的整体利益。酒店员工具备良好的合作能力,与上下级、同事相互支持、密切配合,相互协作、相互尊重,团结合作,彼此信任,企业才会有较强的凝聚力和战斗力。

酒店人力资源管理人员的素质要求

作为从事酒店服务的员工,因为工作环境的特殊,除了具备良好的专业知识,优秀的职业技能之外,还应该具备以下几种素质:

职业道德

职业道德是指酒店行业的从业人员在职业生活中应该遵循的行为原则和基本规范,是职业素质的重要构成因素。酒店员工应具备的职业道德具体包括:敬业爱岗、勤奋工作;无私奉献、诚实守信;遵纪守法、文明礼貌等;真诚公道、信誉第一。作为一名酒店员工,良好的职业道德会帮助从业人员热爱自己所从事的酒店行业,端正学习和工作态度,提高履行职责的自觉性,刻苦钻研业务,增强自己的服务技能,为宾客提供高质量的服务。

酒店服务意识

服务意识是指酒店员工表现出来的热情、周到、主动为客人提供良好服务的意识和行为,是提高酒店服务质量的关键。树立服务意识是酒店从业人员的从业前提,也是从业人员最基本的职业素质之一。服务意识发自于服务人员的内心,具体表现为:员工要微笑待客;时刻注意、满足客人的需求;热情周到;真切真诚、一视同仁的对待每一位客人。只有具备良好的服务意识才能给顾客提供热情周到的服务,培养忠诚的顾客。

沟通交流能力

酒店的人际关系较为复杂,在酒店服务中,酒店员工需要处理好与客人、同事、上下级之间的关系,这就需要酒店员工具有较强的交流沟通意识,掌握交际沟通的原则,具备良好的沟通交流技巧与能力。积极地与同事、上下级交流,及时化解人际关系中的误解与矛盾,学会倾听不同的意见和建议。服务过程中出现一些问题也需要员工用恰当的方式方法主动去沟通协调。这样会在复杂多变的社会交往中建立良好的人际关系,有效进行工作,取得事业的成功。

酒店从业人员仪容仪表

整体

自然大方得体,符合工作需要及安全规则,精神饱满,充满活力,整齐整洁。

头发状况

勤洗发、理发;梳理整齐,无头皮屑、无杂物,不染发、不烫发、不留怪异发型。

发型

①男员工:前不遮眼,侧不扣耳,后不过领。

②女员工:前面刘海不过眉毛,后不过肩,不留披肩发。

发饰

发饰颜色为黑色或与头发本色近似。

面容

①男员工:脸颈及耳朵绝对干净,不留胡须,鼻毛不准出鼻孔,口齿无异味。

②女员工:脸颈及耳朵绝对干净,上岗之前化淡妆(淡雅自然),不浓妆艳抹,口齿无异味。

身体

上班前不吃有异味的食品和不喝含酒精的饮料、勤洗澡、无体味。

装饰物

不能佩戴首饰(项链、耳环、手镯及夸张的头饰),只允许佩戴手表、名牌、婚戒,特别是不能佩戴豪华昂贵的首饰显得比客人更富有,以免伤害客人自尊。

着装

着统一的岗位工作服,佩戴相应的领带、领结、领花或者丝带,工作服要干净、平整、无垢尘、无脱线、纽扣齐全扣好,不可衣冠不整,工号牌要佩戴在左胸前,不得歪斜;不要将衣袖、裤子卷起;衣袋里不能装任何物品,特别是上衣口袋领子、袖口要干净。内衣不能外露。

酒店从业人员仪态

站立

站立要头部保持端正、面带微笑、双目平视前方，嘴微闭、下巴往内放、颈部要梗、肩平、挺胸收腹、身正、腿直，两臂自然下垂在身体两侧或在体前交叉，右手放在左手上，以保持随时向客人提供服务的状态。双手不抱胸、不插袋、不叉腰。女子站立时，脚呈 V 字形（脚尖分开距离约为 50 度左右），双膝和脚后跟要靠紧，男子站立时双脚与肩同宽（脚跟分开距离限 8 厘米内），身体不可东倒西歪。双臂交叉在身后。站累时，脚可以向后站半步，将重心任意移到任何一脚，另一脚可松或移动一下位置，但上体仍保持正直。

坐姿

（1）基本坐姿

入座要轻缓，不要赶步，以免给人以"抢座"感，走到座位前，自然转身，右脚向后撤半步，安稳坐下。坐下后，头部要端正，面带微笑，双目平视，嘴唇微闭，下颌微收。双肩平正放松，挺胸、立腰、两臂自然弯曲，男士双手掌心垂直向下，自然放在膝上，两膝距离以一拳左右为宜；女子可将右手搭在左手上，轻放在腿面上，并将两脚并排自然摆放。也可以一手略握一只手腕，置于身前。两腿自然弯曲，双膝并拢，双腿正放或侧放（男士坐时双腿可略分开）。双脚平落地上。可并拢也可交叠。

（2）女员工坐姿

女子入座时，若是裙装，应用手将裙向前收一下，不要落座后再起来整理，女子坐在椅子上，只可坐满椅子的三分之二，脊背轻挺。谈话时如需侧转身，上体与腿应同时转动，幅度不可过大。起来时，右脚应向后收半步而后站起，动作不要迅猛。坐在椅子或沙发上时，不要前俯后仰，更不要将脚放在椅子或沙发扶手上和茶几上。不跷二郎腿，尤其不要跷着二郎腿还上下跺脚晃腿，两手不要漫不经心地拍打扶手。

（3）入座注意事项

①从座位左侧就座，轻声就座，减慢速度、放松动作、避免乱响。

②从座位左侧离开；离开前从动作、语言向其表示示意，随后站起身来，动作轻缓，避免弄响坐椅；离座后先采用基本站姿，站好再走。

③他人入座之后再入座，地位低于对方稍后离座，身份相似允许同时起身。

④公共场合，要想坐在别人身旁先求得对方首肯。

⑤以背部接近坐椅做法：先侧身走近坐椅，背对其站立，右腿后退一点以确

认坐椅,然后随势坐下,可以一手扶把手。

不正确的坐姿

①双腿叉开过大或直伸出去(身前有桌子尽量不伸到外面去)。

②架腿方式欠妥,如一条小腿架在另一大腿上,留出大空隙。

③将腿放在桌椅上或腿部抖动摇晃。

④脚跟接触地面,脚尖翘起或脚蹬踏他物,一般都要放在地上。

⑤以手触摸脚部、抚摸小腿或以脚自脱鞋袜。

⑥单手或双手放在身前桌下不允许。

⑦手部支于桌上,用双肘支在面前的桌子上,对同座之人不够礼貌。

⑧双手抱在腿上、将手夹在腿间或放在臀下。

⑨上身向前趴伏在桌椅上或本人大腿上(仅用于休息,在工作在不宜出现)。

⑩头部靠于椅背或脚尖指向他人。

上身体位

头部抬直,看上去同地面垂直,低头办公,回答他人问题时务必抬起头来,与人交谈是可面向正前方或面部侧向对方,不准后脑勺对着对方,工作不应上身完全倚靠坐椅背部。

手臂位置

①放在两条大腿上,双手各自扶平。

②放在一条大腿上,侧身与人交谈,双手叠放或相握自己所侧身的那条腿上。

③放在身前桌子上,双手平扶,相握叠放于桌上,或放在身旁的扶手上,侧身应双手相握,叠放在侧身一侧的扶手上。

④放在皮包文件上,短裙女士面对男士而坐,将皮包、文件放在并拢的大腿上,双手或扶、叠、握在其上。

走姿

(1)基本走姿

行走时,上体要正直,身体重心略向前倾,头部要端正、颈要梗、双目平视前方、肩部放松、挺胸立腰,腹部略微上提,两臂自然前后摆动(摆动幅度为 35 厘米)左右,双臂外开不要超过 30 度,走时步伐要轻稳、雄健,女子要行如和风。

两脚行走线迹应是正对前方成直线,不要两脚尖向内形成"内八字"或是"外八字",步幅均匀、步速不要过快,行进间不能将手插在口袋里,也不能扒肩搭背、拉手搂腰。不跑动,相对而行,应主道让道,尽量走右边;相向而行,不抢道;穿行时,宾客之间在地方狭小的通道、过道或楼梯间谈话时,不能从中间穿行,应先道一声:"对不起,请让一下",待对方挪动后再从侧面或背面通过。

(2)行走礼貌

如果无意中碰撞了宾客,应主动表示道歉,说声:"对不起"方可离开;行走时不要碰撞酒店陈设或花木;超越客人时,要礼貌致歉;说声对不起;引领客人时,让客人、上级走在自己的右侧;三人同行时,中间为上宾;在人行道让女士走在内侧,以便使她们有安全感;与上级、宾客相遇时,要点头示礼致意。

(3)行走时注意事项

①男服务生 110 步/分;女服务生 120 步/分,较好的步速也反映服务员积极的工作态度,是客人乐于看到之事。

②最佳步幅应为本人的一脚之长,男子每步约 40 厘米,女子每步约为 35 厘米。

③起步之时,身体须向前微倾,重心落在前脚掌上,并随脚步移动不断向前过渡。

④不可手插衣袋,尤其不可插裤袋,也不要叉腰,倒背着手。

⑤后退时扭头就走是失礼,面向他人先后退至少两三步、转体,步幅宜小,轻擦地面,转体时应身先头动。

⑥两人或两人以上并排,以内为尊,以右为尊,以道路内侧为尊。

⑦三个人并排,由尊而卑依次居中、居右、居左。

⑧以前为尊,以后为卑,客人、女士、尊长在前;主人、男士、晚辈较低随后。

蹲姿

(1)基本蹲姿

酒店员工在取低处物品或拾起在地上的东西时,不能撅臀部、弯上身、低垂头,而应采用适当的蹲姿。正确的蹲姿为以一膝微屈为支撑点,将身体重心移此,另一腿屈膝,脚稍分开,站在东西旁边,而不要低头、弯背,将腰慢慢直下拿取物品,由于女员工多穿裙子,所以两腿要靠紧。

(2)注意事项

①不要突然下蹲,速度切勿过快。

②不要毫无遮掩,尤其是穿裙装服务员。

③不要蹲着休息,对服务员来讲绝对不允许。

④不要方位失当,在服务对象旁下蹲,最好与之侧身相向。

⑤不要蹲在椅子上。

⑥不能距人过近,保持一定距离。

酒店从业人员服务语言

酒店服务与语言的关系密切。没有语言的服务,被称为不完整的服务,因此,酒店从业人员对语言知识的了解程度的深浅和语言艺术水平的高低,将直接影响酒店服务的成败。

服务语言是服务性行业的从业人员,在接待宾客时需使用的一种礼貌语言。它具有体现礼貌和提供服务双重特性,是服务员用来向宾客来表达意愿,交流思想感情和沟通信息的重要交际工具。酒店服务员要善于运用服务语言作为交际工具。

酒店从业人员的语言服务要求

(1)倡导"五声"

在服务过程中,服务员应谈吐文雅、语调轻柔、语气亲切、态度诚恳,讲究语言艺术。归纳起来,服务时要有"五声",即宾客来时以后问候声,遇到客人有招呼声,得到协助有致谢声,麻烦客人有致谢声,客人离店有道别声。

(2)杜绝"四语"

酒店服务中应杜绝使用"四语",即不尊重宾客的蔑视语,缺乏耐心的烦躁语,自以为是的否定语和刁难他人的斗气语。

(3)基本要求

酒店语言的基本要求就是:每一位服务员首先要明确自己的身份和地位,明确自己的工作任务和岗位职责,这样才能做到不说有损于宾客自尊心的话,不会与客人争辩。服务员应明确地知道若与客人发生争辩,即使赢了,也意味着将失去更多客源,酒店的声誉和经济效益定会受到损失,实际上输了。所以说,服务员的语言修养是十分重要的,正确地使用礼貌语言应成为每一个酒店服务员的职业习惯。

酒店从业人员服务语言特征

(1)言辞的礼貌性

言辞的礼貌性,主要表现在服务员使用的是敬语。敬语包含尊敬语、谦让语和郑重语三方面的基本内容。

①尊敬语。对听话者敬意的语言。例如:"先生,对不起,请您稍候。"

②谦让语。说话人要表明自己是下位时。例如:"过一会我来拜访您。"

③郑重语。说话者向听话者间接地表示敬意。例如:"我先走了,你们慢慢谈吧"。分别时说声"明天见"等等。

(2)措辞的修饰性

使用服务用语要充分尊重宾客的习惯,决不能讲有损宾客自尊心的话,例如:对某位有声望有地位的人称呼他某某大哥或大姐。在前台当有客人来预订房间时,恰恰已经被人定好了,这时服务员可以用征询式、商量式的语气表达的,如"××房间已经有人预定了,给您安排××房间,可以吗?"等。如把瞎子说成盲人,瘸子说成行动不便者,或眼睛没有光明的人、厕所说成洗手间等。

在酒店服务中,如果有宾客提了意见,服务员一时难以给予准确的评价,便可以说"您提的建议是值得考虑的,多谢您的关心"。其中"值得考虑"就是委婉词语,它带有赞同的倾向,但没有明确表示赞同的含义,也许在赞同中,还有少许的保留。比如,宾客提出的一些要求一时难以满足,不妨说:"您提出的要求是可以理解的,让我来想想办法,一定尽力而为。""可以理解"也是一种委婉语,使提要求的宾客感到十分体面,即使在无法满足客人要求后,宾客也会表示谅解。可见委婉语是客人最容易而且乐意接受的表达方式,酒店的服务员一定要学会和善于使用。

(3)语言的生动性

接待宾客时,语言要灵活,不要机械化地回答问题,这样容易使宾客感到服务员不热情、业务不熟悉、责任心不强,甚至引起投诉。

酒店服务员正确使用礼貌服务用语的注意事项

①在酒店服务中,员工应养成讲礼貌用语的习惯。其中,十字礼貌用语(您好、请、对不起、再见、谢谢),已经成为酒店员工必须掌握的常用语言。

②注意说话时的举止,面带微笑。

③注意说话的语气。说话时语气不当,听话人就会产生误解,有时明明是一句请求的话语,但使用了命令式的语气,就会使人难以接受。例如:有一位客房服务员在推着工作车经过走廊,发现多位客人正站在一间客房前的过道上谈话,挡着工作车不便通过,于是用了过重的语气来提醒客人让开,虽然用了"请"字,还是触犯了对方,招致客人投诉。这时我们可以改变说话的语气,能主动耐心地等客人方便时通过,或者用婉转、含蓄的语气提醒客人,如"对不起,先生,打扰你们了,能不能让我把工作车推过去?"一定不会出现上述的结局。所以说,使用语言必须注意说话的语气。

④注意选择适当的词语。

在表达同一种意思时,由于选择词语的不同,会产生不同的效果,给客人以不同的感受。如客人损坏酒店的设施设备需要赔款。用"让您破费了"代替"按酒店规定罚款",用"贵姓、尊姓"代替"你叫什么"(如用"用饭"代替"要饭"、用"一共有几位宾客"代替"一共有几个人"、用"不新鲜"、"有异味"代替"发霉了"、"变质了")。

宾客不会关心酒店有什么规定,他们希望酒店员工能灵活处理他们提出的问题,如果员工对客人提出的问题就回答:"对不起,这是酒店的规定,酒店规定不能如此做的,我也没有办法"等等(常见是客人需要一些一次性用品时),那么很容易引起客人生气,宾客不是来酒店遵守酒店的规定的,如果这也不行,那也不行,那么酒店什么是行的? 客人是最不愿意听到"不行"这个字眼的。当宾客要咨询事情时,希望员工都能帮助他们,宾客很忌讳酒店员工说:"我不负责这事情。这不是我们的工作,我不知道,事情只能这样,谁也无办法。"

尊重宾客是非常重要的,在处理宾客问题时绝不能羞辱客人,也许是不经意的一句话:"这是你自己的事情,与酒店无关"、"你不能犯这样低级错误"、"你凶什么,有什么了不起的"等等(常见是客人在投诉时)。

服务员应会欣赏宾客言行举止。例如:前台:"你选择的客房类型很多人都喜欢。"对熟客可以说:"某某先生,今天好醒目,领带与衬衣很相配,精神多了。"

同情与体贴宾客时,可以说:"我也有这样的经历,等待是十分让人心烦的"、"听了你的话,我已有同感,希望事情并非这样"、"如果换成我,也会感到不高兴"、"地面较滑,留神一点。"

酒店人力资源整合

人力资源整合的基本指导思想

我国某些酒店中高层管理者的学历偏低,高层管理者半路出家的多、经验型多、新知识、新技术掌握较差,创新能力较弱,信息不灵,总之,知识结构、能力结构已不太适应市场竞争、经济全球化,尤其是新经济浪潮的席卷。为此,如何提升现有管理者的素质,尽快培养一支能够适应新经济发展所需要的、能够驾驭各种错综复杂的经济局面、具有战略眼光的职业经理人队伍就摆到了酒店人力资源管理的重要日程上。

现如今,某些大型中国酒店人力资源管理的模式已经在向国际科学管理模式靠拢。酒店人力资源管理是指根据国家人事劳动政策和企业制定的管理方针与政策,对酒店的人力资源进行有效的整合和管理,在人事政策和制度的制定,员工的招聘、考核、激励、纪律管理等系列日常管理业务中,调动员工工作积极性,提高员工劳动素质,增强企业内部凝聚力,塑造一支充满活力和战斗力的团队,为企业实现经营目标和经济效益提供强有力的人事保障。

人力资源已成为当今社会最有价值的资源,也是酒店最基本、最重要、最宝贵的资源,被视为酒店的资源之本。人力资源不同于其他资源之处,在于人力资源只要经过正确的发掘和培养,就会派生出远远超过其原有价值的价值,人力资源其核心最重要的一点是把人当作一种资源来开发利用。

为了酒店的长足发展,酒店在实际的管理活动中,必须要着重加强对于酒店员工的管理。科学有效的管理方式,有利于提高酒店的核心竞争力以及酒店员工的整体素质。在调动员工工作积极性的基础上,对他们进行有效的优化组合,提高其工作效率。所以,加强人力资源的整合对于提高酒店员工的劳动效率有着极为重要的意义。

人力资源的开发与整合是建立在对酒店的组织结构状况和酒店未来的经营业务水平了解的基础上。好的人力资源管理在进行整合之前要对酒店所需的人力资源进行估算,酒店对现有的人力资源使用情况进行分析,然后根据内部人力资源供应情况以及酒店外部人力资源的供应情况进行估算。现今,一家酒店如果想更好地提升业绩,更好地增加员工动力,提高工作效率,就一定要做好人力资源方面的工作。

在实际的人力资源管理活动中,酒店对人力资源要建立客观、动态和可靠的标准体系,对于人员的考核也应该参照多方面的标准。在酒店经营活动中,领导应当有意识的培养、锻炼各类人才,通过深入观察他们的知识、智能、心理素质和才能上的表现,比较出优劣,从而对其中的佼佼者进行有针对性的培养。

酒店的核心竞争力体现在员工的综合素质上,酒店要兴盛,服务产品要提高,关键是员工的综合素质要提高。有些酒店对部分工作能力比较突出的员工使用多、培养少,造成一些有潜质的管理人员由于缺乏必要的知识补充而不能跟上不断发展的时代形式,使得酒店管理人员的队伍出现了断层现象。还有一些企业不太重视职工的培训,单纯地认为更新了设备或者扩大经营便可以马上获利,而相比之下人才的投资也就不那么明显了,这不利于酒店的长足发展,最终会导致顾客的流逝,营业额的不景气等。所以,酒店在管理活动中要不断重视人力资源的开发。

人力资源整合的基本方法

酒店在人力资源开发上主要从三个方面入手。

(1)高层次管理人员的开发

高级管理人员是酒店管理的决策层,包括酒店的正、副总经理,各部门总监,以及各部门正、副经理。

作为酒店管理的领导中枢,对决策管理层的培训主要是辅导他们如何树立宏观经济观念;市场与竞争观念;销售因素分析与营销策略制定;如何进行预算管理、成本控制和经营决策等一系列宏观课题。

(2)中层管理人员的开发

为了顺应新时代旅游业的发展趋势,许多酒店放宽了对管理者学历和年龄的要求,唯有能力者是用,因此在中层干部群中出现了两极分化的现象:一类是30岁以下的大学生。他们受过高等文化教育,语言能力突出,思想活跃,创新意识强。目前酒店的前厅部、财务部等部门许多都有他们在挑大梁。

但在实用过程中大学生的跳槽现象严重,人员流失比率高。这些问题酒店高层应当通过多制造工作机会来使他们得到锻炼,在工作过程中伴随着教授一些如何处理人际关系及宾客关系的技巧,而最重要的是及时地疏导年轻人浮躁近利的心态,培养他们虚心务实的思想精神。

另一类中层干部是 40 岁左右的老员工。他们虽然学历不高,但是工作责任心强,并具有吃苦耐劳的优良传统品质和高度的职业道德。对于他们,酒店的培训应当侧重在外语能力的提高和危机意识的加强上,要在他们的工作环境中时时添加"新鲜血液",不能让他们的工作意识僵固老化,以至事事凭经验处理而墨守成规。总之,酒店中层管理者的开发和培养要新老员工双向管理,双管齐下,年轻人朝气蓬勃,老员工老而弥坚,靠双方的共同努力,才能造就一支成功出色有竞争力的管理层。

(3)一线员工的能力开发

酒店各部门的服务员、各技术操作人员及后台勤杂人员是酒店运行的实际工作人员层。这一层次人员的素质水平、技术熟练程度与工作态度直接影响整个酒店的经营水准与服务质量。

综合以上三个方面的论述,人力资源的开发与管理是运用现代化的管理方法对一定物力相结合的人力进行合理的培训、组织和调配使人力物力保持最佳比例,同时对人的思想、心理、行为进行恰当的诱导、控制和协调,充分发挥人的主观能动性,使人尽其才,事得其人,人事相益。酒店在经营管理上要走出一条独特之路,让社会上一大批精英聚集到酒店业这个大家庭内,必须靠良好的人力资源开发和管理才能成功。

建立收入能增能减、有效激励的分配机制

为充分调动企业各个层次员工的积极性,有效发挥人力资源管理的效益,坚持用效益拉动收入,用收入推动效益,形成职工收入"能增能减、凝聚核心、激励骨干、带动全员"的分配模式。

①实行总量控制与微观搞活相结合:酒店对各单位只控制工资总量,各单位可按照公司核定的工资总额基数,在依据国家有关政策规定的基础上自行选择适合本单位特点的分配模式。

②建立多元化的职工收入分配结构:

a.岗效工资制:适用于一般管理人员、服务人员及后厨等技术人员等。实行岗效工资制要与工作目标任务等挂钩考核,指标和责任层层分解落实,并根据考核结果浮动计发,具体办法由单位灵活选择掌握。

b.年薪工资制:适用于高级(中层以上)管理人员和高级聘请人员等。高级管理人员和高级聘请人员是企业的主要骨干力量,是一种高智能、高风险、超时性的特殊的复杂劳动,其对企业的影响是长期的、关键的,业绩是无法以月度来评价的,对其纳入一般员工的岗效工资序列难以体现其劳动的特点和责任风险。年薪工资由基础收入和风险收入两部分组成,具体办法由经管中心负责制定,由人力资源部考核发放。

c. 项目工资制:适用于新菜品研发、设计人员等,以及对酒店组织活动、制造销售策略有贡献人员。新菜品、新服务项目研发人员,对他们的工资分配应与项目成果联系起来,通过对完成项目成果的评估,按创造效益或价值预先确定的比例计发项目工资。具体办法由经管中心负责制定。

d. 协议工资制:适用于引进少数的生产、技术、管理等方面的精英和企业最重要的技术专家。协议工资由用人单位根据引进人员所承担的工作项目或完成某一项特定的工作任务,与其协商确定的一种工资分配形式。各用人单位在确定协议工资标准时,要考虑企业员工的工资水平、劳动力市场工资指导价位及给公司创造的价值等因素。

e. 高学历报酬制:为了吸引和留住更多的优秀大学生加盟酒店,酒店可提高人力资本报酬发放标准。

f. 提成激励制:将员工奖励与酒店销售额挂钩,激发职工服务的积极性,提高酒店与职工的凝聚力,提升酒店的市场核心竞争力。具体办法由经管中心负责制定。

③各单位要彻底打破平均主义“大锅饭”现象,拉大工资收入差距,特别是高级管理岗位以及优秀服务员等人员的收入要有较大幅度提升,逐步与劳动力市场工资指导价位接轨。

④积极鼓励员工多创效益、多作贡献、多拿薪金、多得奖励。酒店将以一流的政策吸引人才、一流的待遇留住人才、一流的报酬回报人才。

⑤员工在提供正常劳动的前提下,各单位支付给员工的工资收入不得低于国家规定的当地最低工资标准。

建立员工考核、淘汰、培训、竞岗的末位淘汰机制

本次人力资源优化整合后,酒店各单位根据各部门的具体情况,自行安排考核时间及人员淘汰比例,被淘汰人员,人事关系介绍到人才交流中心,组织培训,培训期间实行最低生活保障,到年底各部门累计淘汰人员比例不低于3%,主管级以上管理人员及中级以上专业技术人员不低于6%。各单位因员工淘汰后造成编制空缺的,可先在公司内部通过招聘补充人员不足。

酒店人力资源危机管理

酒店人力资源方面存在的困境

市场环境的复杂,各种各样的竞争也开始层出不穷。这就导致在激烈的市场竞争中,不可控制的情况越来越多。如何平稳地渡过危机,就成为企业必须要解决的重要问题,也是酒店人力资源管理部门面临的新课题。

(1)酒店招聘困难,难以招聘到高素质一线员工

调查显示,酒店基层从业人员,初中及以下学历占总调查比例的 24%、高中学历占 61%、专科学历占 10%、本科学历占 5%,在餐饮部门学历较低的从业人员比例更高。作为以顾客为中心的服务行业,酒店提供的产品绝大部分是无形的服务,其决定员工高度参与企业经营与日常管理活动,员工的谈吐、外表、业务素养直接决定酒店品牌形象与服务质量,随着科技文化的发展,酒店国际化水平逐渐提高,员工素质正成为酒店核心竞争能力的关键支撑,而目前一线员工的文化水平明显不满足酒店未来发展形势的要求。

(2)酒店基层员工性别比例失调

调查显示:餐厅服务人员男女比例为 3:28,厨房男女比例为 6:1,餐厅管理人员男女比例为 1:4,性别结构比例失调对于人员招聘和人员培训都具有一定的习惯性导向作用,不利于人力资源合理配置,有碍潜能的开发。酒店员工招聘缺乏对年龄结构的关注。酒店一线服务人员 30 岁以下比例达到 92%,此种现象易造成吃青春饭的错觉,同时也不利于人员的稳定,尤其年龄偏大的服务人员稳定岗位困难较大。

(3)酒店员工流失严重

人才竞争是企业竞争核心所在,人才流动是正常而绝对的,在其他行业人员流动率应该在 5%~10%,酒店作为劳动密集型企业其人员流动率不应超过 15%,最适合的比例应该在 8% 左右,调查发现,35% 有的酒店员工流动率在 30% 以上,有 36% 的酒店员工流动率在 15%~30%6 之间。例如 2006 年长沙市酒店行业平均离职率为 27.41%,2007 年上升到 30.33%,这一水平远高于金融、航运等其他的服务行业。过高的酒店员工流失率降低酒店企业服务质量、增加人力资源培训成本、客源流失、不利于酒店核心文化的培育与形象品牌的塑造,尤其是与客户有良好关系的核心员工的流失会给酒店带来不可估量的损失。

酒店员工高流失率原因主要集中在三个方面:

①员工自身,观念上:人们通常认为酒店工作是吃青春饭,没有社会地位,得不到尊重,使酒店员工对自己工作的社会价值产生怀疑,导致员工不会长久从事酒店工作一旦有合适机会就会选择辞职。

②酒店内部管理,薪资水平较低:薪金水平偏低是酒店高素质人才流失的直接原因;工作条件差,劳动强度大,此外如果存在相互排挤、拉帮结派现象,员工非常容易流失;酒店企业文化影响力薄弱,员工忠诚度不高,酒店员工缺乏对其服务组织的忠诚度,没有形成良好的酒店文化,对于酒店经营理

念和发展目标不认可或是认识不清,在面临其他酒店较高待遇时几乎不存在离职障碍。

③社会环境,其他行业对酒店专业人才需求增加造成人才供给不足;酒店相关专业毕业生从业观念存在误区,不愿意从事酒店行业;酒店管理专业人才培养力度与质量有待提高,学校对于人才的培养存在矛盾和错位。

(4)落后的用人观念

酒店决策层不能把用人与育人两者结合起来,对于员工能力开发重视程度不够,认为培训工作成本过高且没有必要,与其花费时间精力培训员工不如到其他企业挖人,没有将培训作为酒店一个重要环节,即使付诸实施的培训也是形式大于内容,只停留在短期培训层面而没有长期培训规划。

重视酒店利益轻视员工利益是普遍存在的问题,尤其是在一些国营的老酒店,酒店高层全部的精力集中于酒店本身的营业收入,忽视员工的贡献以及员工的生存发展问题,随着酒店在我国的快速扩张,人才竞争加剧这种形势有一定的好转,但是由于酒店行业普通员工参与决策程度较低,在利益分配过程中难有充分的话语权,这也是酒店业人员流动过剩的主要原因。

人力资源管理上的问题

酒店在人力资源上的管理相对于过去有了很大程度上的提升,特别是注重对人的管理。但是,在管理中只是在如何获得人才,如何用高薪求得人才,如何培训员工,激励员工上下工夫,仅仅从酒店的经营角度来对待人才,对待员工,而忽视了作为酒店经营管理的核心力量,也就是员工的感受。在"以人为本"管理上明显存在着许多问题。

(1)不够完善的用人机制以及不合理的薪资水平

在薪资制度上,酒店一般采用的是多劳多得的制度。这样可以在一定程度上激发员工的工作积极性,但也容易造就一些弊端,比如员工单纯追求工作的数量而忽视了工作的质量。对工作质量的忽视又容易引发一些服务问题,因而遭到客户的投诉,影响酒店的声誉。

其他的一些薪资问题包括:淡旺季工资都是相同的标准,易引起员工的不满,从而也影响了服务质量;给实习生的薪酬偏低,导致有一定熟练技能的实习生流失。在用人机制上,存在短期行为,员工流失率高。对于一些有志于从事酒店服务管理行业的人来说,酒店行业的一些用人机制会误导他们认为酒店服务行业是青春行业,不利于长久的职业规划。另外,多数酒店在员工招聘时过于注重其年龄及婚姻状况,即使是在职员工(尤其是女性),到了婚育年龄时也面临被解聘的危险,因此,很多员工不是把酒店当作一项事业来做,而是一个跳板,一有机会就另谋他就。

(2)不信任员工,员工的权力受限制

任何企业,管理人员对员工的管理加入信任的元素,都会使得管理工作事半功倍。这也是很多优秀企业成功的管理经验。但是国内的一些酒店在员工管理上,对员工信心不足、信任不够,管理者往往拿着放大镜来审视员工,将员工的缺点无限放大,对员工持有怀疑戒备之心,员工稍有差错就严加训斥处罚,全然不顾违规者的内心感受,使员工心怀不满,与酒店离心离德。

员工在从事日常的服务工作中,有很多情况都要向上级有关部门请示,这样其实加大了服务的工作量,也会在一定程度上影响酒店服务的质量。酒店在人员管理上,应该加强对员工的授权。然而,国内一些酒店在授权机制方面,酒店的管理人员却往往忽视培养服务员工有效运用权力的能力,忽视员工对企业所采取的授权管理措施的心理感受,忽视激发员工内在工作动力的重要性。没有创造一个增强员工的心理授权感的企业环境,员工并不一定能在工作中发挥自主决策权,积极主动地为顾客提供优质服务。

(3)对员工技能培训重视不够,员工上升空间小

酒店整体的服务质量体现在每一个员工的服务态度和服务水平上,所以酒店对于员工的技能培训的重要性也就不言而喻。但是,当前国内的一些酒店当中,对于新进员工的培训十分简单,有些甚至达不到上岗要求,对于老员工的技能培训次数也少得可怜。而针对管理层甚至领导人才的深造培养几乎就是没有。这样的一个机制,很容易挫伤员工的工作热情,不利于员工做长久的职业规划。同时,这也是造成酒店从业人员流动量大的深层次原因。

(4)缺乏有效的沟通,对员工关注不够

管理人员与员工缺乏沟通的具体表现在于,管理人员只是看到了员工的工作表现,对好的加以赞赏,对不好的予以批评,却忽视了深层次的原因。特别是对一些服务质量欠佳的员工只简单批评,而不通过有效的沟通去了解员工的真正需求以及具体情况。

管理人员对员工的重视度不够,对员工工作的满意度关注较少。一方面,员工对酒店工作不满意,在工作中受到赞赏较少,感受不到工作带来的成就感和乐趣,对工作的不满意易产生倦怠情绪,从而影响工作的积极性和创造性。另一方面,由于酒店的激励体系不合理,工资待遇缺乏行业竞争力,员工的晋升和培训机会少,进修机会少。酒店在实际的管理中,要加入一些温暖的元素,多体恤员工的困难,真正实现人性化的管理。

解决人力资源管理困境的相关对策

(1)健全酒店制度建设,提升管理的科学性

健全酒店制度建设,提升管理的科学性、规范性。管理的科学性、规范性已

经成为企业界的共识,制度化、标准化管理是现代化企业的标志之一,随着组织层级的增加、规模的扩大集权形式的家长模式逐渐不适应市场要求,建立处理日常业务的程序化机制,有效减少决策负担,提高效率。酒店业人力资源各关键环节人员招聘录用、员工培训、员工绩效考核,都应该建立起规范的业务流程以提高酒店产品的整体质量。

(2)完善人员招聘录用制度

酒店员工与酒店建立心理契约关系开始于招聘环节,完善的招聘制度是选拔人才的基础保证,通过招聘环节,求职者与酒店本身实现良好的信息交流,人力资源部门对求职者年龄、受教育程度、相关技能经验、工作经历和竞聘目的做到心中有数,求职者对酒店工作内容、要求、培训、晋升、薪酬、福利以及在酒店发展空间掌握充足信息。

①选择适合的招聘渠道。为保证用工需求,采取内部招聘与外部招聘相结合的方式,如通过职业介绍机构、猎头公司、校园、提供临时就业服务机构、广告、社区就业合作招聘和员工推荐等多种复合形式挖掘人才。

②重视核心员工招聘。核心员工是企业关键人力资源,创造企业80%利润,在面试核心员工时建议由主管部门人员组成评审团对其进行全面了解和考察,对于技术类员工需有酒店内外相关领域专家参加。

③规范化建设。为规范职位任务、工作内容、要求,制定相应的作业章程,对各个部门、岗位、所要求的专业知识技能和标准,以及工作经验要求都做详尽的分析、规定、说明。使得新员工从面试到最终录用严格按照标准进行,选拔优秀人才。

(3)优化培训制度

建立灵活有效的教育培训机制,培训机制规模必须适度,能够内、外教育培训兼顾。培训的重点应放在酒店高层负责人、各部门负责人和厨师队伍,使他们都具备职业化素养,不仅满足酒店现在经营需要更应该注重长远战略发展,具体表现如下:

①根据不同培训对象确定培训内容和方法。如决策管理层(总经理、副总经理、总监、部门经理)培训主要内容是战略管理、市场与竞争观念、企业文化理念等;督导管理层(部门副经理、主管、领班)培训的重点在于管理理念与能力训练,处理人际关系、客户关系等务实技巧;操作人员培训重点是专业技能、业务技能、工作态度。

②培训方法的有效性。培训过程中注意理论与实际相结合,主要通过职务轮换、提升、设立副职、研讨会、辅导等方式开展培训工作,根据不同培训对象和培训内容适当选择合适方法。在培训结束后成立研讨班和推进小组,及时分析

所学,并通过知识考核、技能比武等方式不断地实践、应用、反馈实现培训成果的固化。

(4)建立健全公平有效的考核制度

酒店员工绩效考核内容:

①考评员工素质,包括人格品质与道德水平,组织性、纪律性、上进心等;

②员工能力,主要是不同层面的业务能力;

③工作态度,包括工作积极性、主动性。

科学合理的考评制度应满足以下几个要求。

①绩效指标必须与组织个人目标相一致。绩效指标在设置时必须以企业业绩与个人发展目标同步,如客房部的客人满意程度与投诉意见可以作为客房员工工作绩效考核标准、销售部季度销售业绩作为销售人员考核标准。

②可控性要求。考评体系最大限度地保证只受考评对象可控制因素的影响,如此的考评体系才能真实反映员工的绩效表现,排除其他非可控因素的干扰。

③衡量标准的可度量化。可度量化的考核基准客观公正,最大限度的排除主观意志的干扰,酒店考评方法可以借鉴企业界近年来流行的绩效考核模式平衡积分卡。

酒店人力资源管理危机的解决办法

各种各样的原因造成了酒店人力资源管理的危机,在找到根源之后,就应该准确的对症下药。解决酒店人力资源管理危机可以从以下几个方面入手:

(1)建立合理的薪酬制度,完善用人机制

对于酒店的员工来说,薪酬问题是最为关心的问题。酒店应该提高酒店员工的工资待遇,实行薪酬与贡献挂钩,对有突出业绩的员工给予重奖,用高薪的方式来留住人才。酒店管理者应该意识到这一点,尽可能地提高员工的工资。同时,要正确对待实习生,酒店要真正获取高额利润,只在减少员工的薪酬投入上下工夫是解决不了问题的,那样做可以说是本末倒置。因此,酒店在用人方面,应减少实习生的比重。对录用的实习生也应像对待正式员工一样,给予合理的薪酬和工作安排。这样也可使实习生能摆平心态,并愿意长期留下来为酒店作贡献。

酒店还应该完善用人机制,不以年龄、婚姻状况为决定员工去留的标准,而以工作能力作为衡量标准。有些酒店员工会觉得在酒店工作缺乏稳定性与安全感,酒店可以和部分优秀的员工签订长期的劳动合同,以解决这部分员工的后顾之忧,同时也不失为留住人才的好手段。对酒店内年轻的业务骨干、有发展潜力的管理者和掌握专门技术的特殊人才分层次运用各种方式加以培养。在酒店内部建立起真正的"能上能下、人尽其才"的机制,最终使"不断追求更好"成为员工的自觉行为,由此提高客人的总体满意度。

（2）信任员工,对员工授权

员工是酒店形象的代表,也是提升酒店声誉的执行者。酒店管理者对员工尊重、相信和理解,充分释放员工的潜力和激情,使得员工更好地与酒店融为一体,在服务工作上也会更加的得心应手。管理者要在尊重制度的基础上对员工做到感情上融合、工作上放手、生活上关心,使信任成为酒店和员工之间的黏合剂、连心锁,让员工自己管理自己、自己提高自己,最大限度地减少管理成本,促使酒店业和员工和谐共处,共同发展。

对于员工的日常工作,酒店管理者要对员工授权,让他们放开手脚自主地完成工作任务,尽情地把工作才能发挥好,这是对员工信任的最好诠释。如果员工在服务中需要层层汇报才能解决问题,一会影响工作效率,二会影响员工的情绪,抑制员工解决问题的能力和创造力的发挥。对于一些有着特殊才干的员工,酒店更应该充分尊重并且发挥他们的聪明才智,把他们发展成为员工的楷模,并用榜样的力量来激励其他的员工,提高整体员工的工作效率。

（3）定期培训员工,明确员工发展空间

员工要提高服务质量,定期的职业培训也就必不可少。定期对员工进行培训,不仅能带来更高水平的服务绩效,还可帮助酒店吸引和留住最好的员工。员工在选择服务的酒店时,也会把能够支持其进行职业培训的酒店纳入首选范围。那些真正重视员工的管理者将把员工的发展放在首要的位置,并以承诺和积极有效的培训方式向员工表明这一点。培训不仅仅是为了提高服务技能,也是酒店挽留员工的一种手段。在不断变化的环境中,管理者应把培训和发展视为酒店在员工身上投资的一个持续过程,把重点放在员工个人的需求上,给予员工特别是一线员工以较大的发展空间。要根据员工的工作能力为员工提供更多的职位选择,鼓励员工的个性拓展,让每个人有机会自由发挥挖掘潜能,给予员工更多的赏识和提升的机会。

酒店第三方资源服务

酒店行业的发展以及市场激烈的竞争,酒店如何在市场竞争中取得竞争优势、为顾客提供优质的服务、提高酒店的经营效益,人力资源的管理作用尤其重要。酒店人力资源管理是酒店辅助活动的重要组成部分,虽然不能为酒店创造直接的效益,但对酒店核心业务的发展起着重要的支撑作用。由于酒店人力资源管理对酒店的经营业绩的直接贡献不明显,所以,当前的市场环境中,我国的酒店对于人力资源管理的重视程度不够。这样也就造成了一些酒店人力资源管理上的问题。

人力资源管理的发展,也带动了酒店第三方人力资源的服务发展,也就是俗称的外包服务。外包是指企业整合利用其外部最优秀的专业化资源,达到降低成本、提高效率和增强企业竞争力的一种管理形式,人力资源管理外包通过将人力资源管理活动中非核心的工作外包给优势更多、实力更强的专业人力资源服务公司来经营。管理者要达到管理优化的目的,要把精力集中在战略性的人力资源管理上。人力资源管理外包为我国酒店的人力资源管理提供了一种新的思路,对于提高酒店人力资源管理的效果和酒店经营效益有着积极的作用和意义。

完善人力资源管理制度

制度是进行管理的依据之一,当酒店不具备相应的人力资源管理制度时,将人力资源管理外包给专业的人力资源服务公司将是必然的选择。酒店通过人力资源管理外包可以突破渐趋老化的管理模式,利用人力资源服务公司的专业化技术和经验,结合酒店的实际情况,进行详细的工作分析,制定清晰的工作说明书和岗位规范,制定全面的培训计划,建立有效的绩效评估制度和合理的薪酬制度,将员工考核记录及时归档,进行有效的员工档案管理,利用人力资源服务公司的技术,建立酒店的人力资源管理信息系统。

提高人力资源管理效果

酒店的人力资源管理外包,就是利用外包人力资源服务公司的专业知识和技术来弥补酒店的不足,以达到完善酒店人力资源管理的问题,解决酒店人才稀缺的问题。酒店可以将员工的招聘、薪酬管理、绩效考核等人力资源管理职能外包给人力资源服务公司,因为它们掌握有更广泛的人才信息,对于薪酬管理和绩效考核也更有经验和技术,而酒店人力资源部门就可以集中致力于人力资源的战略管理,进一步提高酒店的人力资源管理效果和水平。

降低人力资源管理成本

酒店通过人力资源管理外包,可以省去有关的人力资源管理工作程序,减少不必要的工作人员,从而降低人力资源管理的开支。具体包括酒店的员工招聘、新员工培训、工资发放、人事档案管理等,都可以转交给社会上的专业人力资源服务公司。由于外包管理可以提高人力资源管理的效能,并且酒店不必持续投资维护先进的人力资源体系和服务平台,外包管理可以提供比酒店人力资源部门更高级的预期服务,可以加快应答时间和更加便捷地查阅福利及其他人力资源数据,有助于提高员工满意度,由此可以影响生产效率和人员流动成本,因此管理成本会全面下降。

帮助留住酒店核心员工

核心员工对于酒店的经营效益和发展有着直接的影响,核心员工占酒店员工的比重不大,但为酒店创造的价值却占大部分,他们或者掌握着关系酒店经营的重要技术和资源。人力资源服务公司通常拥有人力资源管理各方面的专业人员,他们掌握有相关的综合性专业知识、技能和经验,更能了解酒店员工的需求,能够根据需求改善员工的综合待遇,为员工进行工作生涯设计和发展规划,从而提高员工的满意度,降低员工的流失率。

酒店要实现人力资源的外包管理,可以从以下几个方面共同配合:

外包项目的精心策划

酒店人力资源管理外包项目涉及酒店所有的人力资源管理业务,包括人力资源规划、制度设计与创新、流程整合、员工满意度调查、薪酬调查及方案设计、培训工作、劳动仲裁、员工关系等,但并不是所有人力资源管理事务都适合外包,有些工作如员工培训就不适宜外包,或者即使外包也要有酒店的相关管理人员予以协助完成,因为酒店向顾客提供的是特殊的服务产品,员工从中扮演了很重要的角色,如若不好很容易影响到酒店的服务质量,而人力资源管理外包公司对酒店的行业特点并不太了解,因而酒店在外包中要格外慎重。因此,酒店必须从全局出发,精心策划外包项目,在分析内部人力资源管理现状和外部人力资源市场的前提下,结合酒店人、财、物等资源,来决定哪些人力资源管理项目应该外包出去,哪些应该保留,比如将员工的招聘、福利管理等战略价值较低的管理事务外包,而将薪酬管理、人力资源规划等战略价值较高的管理事务予以保留等,最终达到通过人力资源管理外包来提高酒店人力资源管理效果的目的。

外包伙伴的密切合作

在外包伙伴的选择上,外包公司的专业知识和技术水平决定了它能否将外包工作做好,因此酒店必须着重考察外包公司以往的业绩、信誉和专业管理水平。在外包过程中,酒店要紧密配合外包伙伴,向它提供尽可能多的数据资料和条件,同时协助它了解酒店的实际情况,比如酒店人力资源结构、人才素质状况、员工满意度调查等,使外包伙伴掌握尽可能多的资料,为做好外包工作打下坚实的基础。酒店可以与外包伙伴采取"风险/回报定价"的合作机制,如果外包伙伴没有完成预期的目标,将会受到报酬上的惩罚;如果超额完成目标,外包伙伴可以从酒店的超额利润中获取一定比例的奖赏,这样就把外包伙伴的收益与其工作成效紧密地联系起来了,同时也使外包伙伴和酒店能够共担风险和共享回报,这就使酒店和外包伙伴的利害关系更加紧密,合作自然愈加密切。

外包期间的全面管理

　　酒店将人力资源管理外包出去，并不是将所有的业务都外包出去，因此酒店内部还必须保留必要的人员配备，加强人力资源管理的核心职能，比如从事酒店人力资源战略管理的人员配备是必要的，同时为了更好地加强人力资源管理，提高酒店员工的满意度，应保留相应的人力资源管理者作为交流的媒介，加强与外包伙伴和据点内部员工的沟通与协调。在外包的过程中，酒店人力资源管理部门应该处处从员工的利益出发，听取他们的呼声，对外包伙伴的服务质量进行"满意度"跟踪调查，并随时向外包伙伴反馈员工的意见和建议，加强双方的合作与交流，协助他们改进工作方法，提高人力资源管理效果。从酒店和外包伙伴的双赢角度出发，为了更有效地激励外包伙伴，酒店还需要根据外包协议，对外包伙伴进行跟踪调查和间接约束。

第四部分
酒店管理表单与合同范本

内容提要

- 前厅部管理表单
- 餐饮部管理表单
- 公关营销部管理
- 客房部管理表单
- 人事部管理表单
- 采购部管理表单
- 财务部管理表单
- 客房部管理表单
- 工程部管理表单
- 康乐部管理表单
- 酒店管理合同范本

扫码下载表单与合同范本文件

第三十一章
前厅部管理表单

订房表

表 31-1　订房表

预订团体名称							
联系人			电话				
			其他联系方式				
住客姓名	房型	入住日期	退房日期	现结	挂账	入住房间	经理签字

日入住宾客名单统计表

表 31-2　日入住宾客名单统计表

入住时间	入住宾客

宾客住宿登记表

表 31-3　宾客住宿登记表

姓名		性别	
出生日期		民族	
证件种类		证件号码	
抵达日期		离店日期	
接待单位		付款方式	

宾客换房要求登记表

表 31-4　宾客换房要求登记表

宾客姓名	换房时间	被换房房号	换房房号	经手人	行李员	换房原因

宾客离店登记表

表 31-5　宾客离店登记表

房号	入住时间	离店时间

宾客退房登记表

表 31-6　宾客退房登记表

房号	总机	客房	备注

委托代办服务表

表 31-7 委托代办服务表

姓名		房号		日期		联系方式	
委托事宜：							
备注：							
						经办人签字：	

收银服务管理表

表 31-8 收银服务管理表

	单据编号	房号	押金金额	实际金额	退还金额
开房					
退房					
餐厅					
会议					
棋牌					
其他					

房间钥匙跟踪表

表 31-9 房间钥匙跟踪表

日期	房号	宾客姓名	取钥匙时间	经办人	离店日期	交钥匙时间	经办人	备注

第三十二章
餐饮部管理表单

餐饮部卫生检查表

表 32-1　餐饮部卫生检查表

检查项目	卫生标准	完成效果	区域负责人	质检人

厨房交接班管理表

表 32-2　厨房交接班管理表

交班内容	交接班记录	值班记录
交班人：		值班人：
厨师长签字：		

餐饮现场点单表

表 32-3 餐饮现场点单表

服务员	人数	台号	日期	时间
凉菜				
热菜				
面点和汤				

餐厅每日经营台账表

表 32-4 餐厅每日经营台账表

日期	收入	支出	盈利

宴会接待通知表单

表 32-5 宴会接待通知表单

主办单位					
举办时间				举办地点	
形式		人数		出席领导	
项目	内容				负责部门

宴会日经营登记表

表 32-6 宴会日经营登记表

餐厅名称	中午				晚上			
	时间	人数	标准	备注	时间	人数	标准	备注

宾客酒水领取表单

表 32-7 宾客酒水领取表单

序号	品名	领取数	领取时间	领取人	备注

送餐预订登记表

表 32-8 送餐预订登记表

时间	房间号	人数	所有菜品	送餐员	收餐员	备注

第三十三章
公关营销部管理表单

公关效果评估表

表 33-1　公关效果评估表

公关计划审批表编号	
公关经济效果分析： 　　　　　　　　　　　　　　　　　　　　　决策分析部主管签字：	
公关社会效果分析： 　　　　　　　　　　　　　　　　　　　　　商务审核部主管签字：	
整体效果评估： 　　　　　　　　　　　　　　　　　　　　　营销总监签字：	
总经理意见	 　　　　　　　　　　　　　　　总经理签字：
备注：	

市场营销预算表

表 33-2 市场营销预算表

产品名称	合作单位	日期
市场推广执行人		市场推广负责人
项目负责人		领导签字

商务客户意见登记表

表 33-3 商务客户意见登记表

序号	日期	反馈问题	原因	解决措施	解决结果	备注

第三十四章
客房部管理表单

客房用品配备表

表 34-1　客房用品配备表

项　目	库　存	总　计	合　计
空调机			
空调遥控器			
电视机			
电视遥控器			
饮水机			
电话机			
床头灯			
书写台灯			
服务指南			
网线			
便笺夹			
白托盘			
发浴液盒			
浴室防滑垫			
房间地垫			
圆杯			
方杯			
床头柜			
写字台			
饮水机架			

续上表

项　目	库　存	总　计	合　计
行李架			
书写椅			
画框			
双人沙发			
单人沙发			
方茶几			
长茶几			
单人床屉			
双人床屉			
单人床垫			
双人床垫			
单人床头板			
双人床头板			
单人薄被			
双人薄被			
单人厚被			
双人厚被			
薄枕芯			
厚枕芯			
纱帘			
遮光帘			
浴帘			
双人被罩			
单人被罩			
双人床单			
单人床单			
浴巾			
中巾			

续上表

项　目	库　存	总　计	合　计
地巾			
枕袋			
板车			
工作车			

客人遗留物品登记表

表 34-2　客人遗留物品登记表

序号	日期	时间	房号	房客姓名	房客地址	处理经过	遗失物品	数量	经办人	处理结果	备注

客人借用物品记录表

表 34-3　客人借用物品记录表

日期	借用物品	借用人	归还日期	归还人	备注

来访人员登记表

表 34-3 来访人员登记表

日期	来访人姓名	联系电话	接待部门	接待原因	备注

设备维修记录表

表 34-4 设备维修记录表

设备名称		硬件序列号	
设备型号		用途	
申报故障现象:			
故障方法和结果:			
是否属于正常维修范围			
维修时间			
维修人签字		客户签字	

第三十五章
人事部管理表单

人员需求登记表

表 35-1 人员需求登记表

酒店名称			职工数量			
酒店地址			人事主管			
酒店简介：						
联系电话			联系人			
人才需求	岗位	专业要求	人数	年龄	学历	其他要求
待遇安排	工资待遇					
	食宿安排					
	其他待遇					
备注：						

人员面试登记表

表 35-2　人员面试登记表

应聘部门		应聘岗位		应聘时间	
岗位的招录条件					
岗位职责					
姓名		性别		年龄	
出生日期		身高		血型	
民族		户口性质		政治面貌	
婚姻状况		档案所在地		联系方式	
户口地址					
现居住地					
教育经历	起止时间	学校名称		专业	学历
工作经历	起止时间	公司名称		职务	证明人
自我评价					
获得证书以及专长					
期望月薪		到岗日期			

月度考核评比表

表 35-3　月度考核评比表

部门		拟定晋升职务	
员工基本情况表			
姓名		性别	
年龄		进酒店时间	
学历		专业	
专业技术职称		外语语种	
级别		现职务	
任职时间		个人意愿	
评估情况			
项目	分值	项目	分值
工作任务完成情况		工作策划能力	
任务完成质量		组织能力	
工作自觉性		环境适应能力	
日常工作态度		创新能力	
岗位专业知识		独立工作能力	
工作经验		责任感	
突发事件处理能力		自信心	
人员管理能力		人际关系	
指挥下属能力		沟通技巧	
决策能力		人品	
分值小计		分值小计	
总评分			
部门考核意见：			
人力资源培训部意见：			
总经理意见：			
现任职务名称		任职时间	
任职期限		备注	

员工培训考核表

表 35-4 员工培训考核表

序号	姓名	培训内容	考核方式	考核项目	考核时间	考核结果	评定人	采取措施	备注

晋升管理审批表

表 35-5 晋升管理审批表

姓名		性别		入职时间		部门		原从事工作	

晋升职务		见习期	

晋升理由陈述：

部门经理审核：

分管副总批准：

绩效专员考核评估：

人力资源部意见：

第三十六章
采购部管理表单

日用品采购登记表

表 36-1　日用品采购登记表

时间	采购物品	数量	金额	采购地点	经办人

日用品采购审批表

表 36-2　日用品采购审批表

物品名	数量	单价	合计

食品采购登记表

表 36-3　食品采购登记表

时间	采购食物	数量	金额	采购地点	经办人

食品采购审批表

表36-4 食品采购审批表

粮油品				菜品			
品名	数量	单价	合计	品名	数量	单价	

食品供应商调查表

表36-5 食品供应商调查表

公司名称			法人代表		
经济性质		成立时间		总经理	
技术负责人			职称职务		
营业执照号			注册资金		
详细地址					
联系电话			邮编		
公司网址			电子邮箱		

公司简介：

产品情况：

采购人员绩效考核表

表 36-6　采购人员绩效考核表

序号	考核内容	考核项	比重	考核要点
1	工作态度	工作责任感		
2	工作能力	工作主动性		
		考勤状况		
		专业知识水平		
		语言表达能力		
		综合分析能力		
		谈判能力		
3	工作业绩	采购计划完成率		
		采购物资合格率		
		合同技术性规定		
		采购成本控制		
		考核期内完成的采购工作量		
		错误采购次数		
		供应商寻源与管理		
		质量异议的处理		
被评估者姓名			所在岗位	
考核日期			填表日期	

第三十七章
财务部管理表单

物品盘点表

表 37-1　物品盘点表

编号	资产名称	规格型号	移交日期	单位	移交数量	盘点数量	单价	备注

内部缴款单

表 37-2　内部缴款单

项目		摘要		应缴		实缴	
现金							
支票							
合计							
金额				长款			
				短款			

前台收银登记表

表 37-3 前台收银登记表

名称	单据编号	房号	押金	实收金额
开房				
退房				
餐厅				
棋牌				
会议				
其他				

财务部营业日报表

表 37-4 财务部营业日报表

日期								
客房收入	散客							
	团队							
	长住							
	小酒吧							
餐饮收入	早餐							
	中餐							
	晚餐							
	酒水							
前厅收入	商品收入							
	物品赔偿							
	商务中心							
	午餐							
	晚餐							
	酒水							

财务支付管理表

表 37-5 财务支付管理表

项　目	本期金额	上期金额
营业成本		
增值税及附加		
销售费用		
管理费用		
财务费用		
资产减值损失		
公允价值变动收益		
投资收益		
营业外收入		

采购用款申请表

表 37-6 采购用款申请表

项目	单位	数量	单价	币种	金额合计	用途说明
主管部门经理签名						
采购部或工程部会签						
财务会计部经理意见						
财务部经理意见						
总经理意见						
经办人				时间		

工资发放记录表

表 37-7　工资发放记录表

工资数目	发放人签字	领取人签字	日期	备注

第三十八章
客房部管理表单

卫生清洁日报表

表 38-1　卫生清洁日报表

房间号						
房态						
选房时间						
洗发露						
沐浴露						
香皂						
浴帽						
梳子						
牙刷						
纸巾						
封条						
红茶						
绿茶						
洗衣袋						
拖鞋						
床单						
被套						
枕套						
面巾						
浴巾						
方巾						
地毯						

保洁员值班表

表 38-2 保洁员值班表

日期＼姓名							

公共卫生区域地毯洗涤统计表

表 38-3 公共卫生区域地毯洗涤统计表

日期	清洗部门	清洗时间	地毯数量	地毯清洗数量	所用工时	备注

公共区域卫生检查记录表

表 38-4 公共区域卫生检查记录表

检查人		班次		日期	
区域	检查时间	检查内容		检查结果	
大堂					
公共洗手间					
走廊					
庭院					

公共区域清洁班工作交接表

表 38-5 公共区域清洁班工作交接表

日期		班次		当班人	
交接内容					
清洁设备状态					
设备维修					
重大团队或宴会通知					
工作质量					
工作计划完成情况					
经理或主管特别安排事项					

客衣登记表

表 38-6 客衣登记表

日期时间	房号	客人姓名	注意事项	数量与种类	收取人	送洗人	收回客衣		送入房间		客人签名
							日期时间	服务员	日期时间	服务员	

第三十九章
工程部管理表单

设备维修登记表

表 39-1　设备维修登记表

维修时间		维修地点	
故障情况			
检查维修情况			
维修效果			
维修人			
备注			

设备保养登记表

表 39-2　设备保养登记表

设备名称		设备编号		型号	
序号	日期	保养内容	保养单位	保养确认	

设备设施报废审批表

表39-3 设备设施报废审批表

报废设备名称			设备编号		设备型号	
申请部门		申请人			申请时间	
报废原因:						
批准意见						
系统总监			总经理			

设备设施报废登记表

表39-4 设备设施报废登记表

序号	设备名称	型号规格	购置日期	存放地点	责任人	设备状态	备注

工程维修预算表

表39-5 工程维修预算表

序号	项目名称	单位	工程量	单价	合价

工程维修验收表

表 39-6　工程维修验收表

工程设备名称		设备编号	
申请维修时间		要求完成时间	
申请部门		实际完成时间	
维修项目			
故障原因			
维修方式			
验收项目			
工程部确认			

第四十章
康乐部管理表单

娱乐中心营业计划表

表 40-1　娱乐中心营业计划表

序号	计划名称	计划值	借鉴项目	绩效数据	职能部门

娱乐中心服务价格表

表 40-2　娱乐中心服务价格表

服务项目	价　　格
游泳池	
桑拿浴	
保龄球	
桌球室	
舞厅	
美容美发	
游戏厅	

娱乐中心利润统计表

表 40-3　娱乐中心利润统计表

服务项目	游泳池	桑拿浴	保龄球	桌球室	舞厅	美容美发	游戏厅
收入							
成本							
净利润							

健身中心营业计划表

表 40-4　健身中心营业计划表

序号	计划名称	计划值	借鉴项目	绩效数据	职能部门

健身中心设备申购表

表 40-5　健身中心设备申购表

申请人		申请部门	
使用地点			
部门负责人签字			
设备名称	设备数量		备注

娱乐中心服务监督表

表 40-6 娱乐中心服务监督表

日期	具体部门	日常工作	检查时间	备注

健身中心服务监督表

表 40-7 健身中心服务监督表

日期	具体部门	每日工序	检查时间	备注

第四十一章
酒店管理合同范本

酒水饮料采购合同范本

签订时间：

合同编号：

采购方：以下简称甲方。

供货方：以下简称乙方。

根据《中华人民共和国合同法》及相关法律法规之规定，经甲乙双方友好充分协商，本着公平公开、公正自愿的办事原则，特订立此供货协议，以便双方当事人共同遵守，协议具体内容如下：

第一条 当事人订立协议标的商品名称及价格，此合同所标注的价格包含税费、货物运输、货物装卸等相关费用，除此之外不再计取其他费用。

第二条 合同采购商品的质量标准

1. 本合同中甲乙协商购买的相关商品应依据中华人民共和国国家食品、饮品质量监督准则，要求商品质量符合国家硬性规定，符合国家对食品、饮品的流通规则。

2. 本合同所采购的商品要求必须经过检验检疫部门的审查批准。

第三条 合同采购商品的价格控制

1. 本合同所采购的商品价格由甲乙双方在平等互利的条件下商定。

2. 乙方的商品价格必须是低于其他使用商的价格。

3. 根据市场的需要或由于商品价格的不稳定等各项因素，供货方需要上调或降低商品价格时应当及时告知对方。当乙方降低商品价格时，应在降价之日前（   ）日内以书面形式通知甲方有关业务部门，并按照降价后的商品价格重新计算合同总价格，以新合同价额交付货款；当乙方上调商品价格时，乙方要在上调之日前（   ）日内以书面形式向甲方的有关业务部门提交申请，甲方应在收到申请后的（   ）日内对市场价格进行调查后作出答复，并按照答复后的价格进行货款的结算。

第四条 合同商品的供货、交货及验收

1. 合同商品的供货事宜。

（1）供货质量：甲乙双方在签订合同之后除有详细约定供货时间外，若无具体供货时间的则乙方应尽快办理供货手续。

（2）供货方式：乙方作为合同商品的供货商，负责运送货物至甲方使用的地点，其运输过程中的相关费用由乙方承担。

2. 合同商品的交货事宜。

供货方将商品运送到甲方使用场所后应由运货负责人和收货负责人员当面清点货物，甲方在收到乙方商品后应出具相应的收货凭据（此凭据仅证明货物的交接事宜，并不能作为对商品质量验收的凭证）。

3. 合同商品的验收。

（1）商品验收地点：合同所明确的商品验收地点应在甲方使用商品的地点，若在其他地点验货则应事先告知甲方，甲方验货所产生的相关费用由乙方承担。

（2）商品验收凭证：甲乙双方在当面验收货物后，甲方应当主动开具验货凭证，明确注明商品的数量、质量等级、包装标准等，并应有乙方负责人员的签字盖章。

第五条 合同商品的货款结算方式

第六条 甲方违约责任

1. 本合同签订履行期间，甲方没有正当理由不得无故要求退货或者拒绝接受乙方送达的货物，为此给乙方造成的损失由甲方承担。

2. 甲方在合同规定的验收期限内未对商品进行验收的，或验收后未在规定期限内对乙方提出异议并进行应对处理的，视为甲方默认该批商品符合合同约定。

3. 针对乙方对甲方有关业务部门或个人的投诉，甲方应当积极认真迅速有效的妥善处理，并将处理结果及时通知乙方。

4. 关于甲方其他相关权利义务可根据《中华人民共和国合同法》的相关规定予以约束及解释。

第七条 乙方违约责任

1. 本合同签订生效后，乙方必须按照合同的约定或甲方的进货通知要求按时按量的向甲方供货，不得影响甲方的正常使用，为此对甲方造成的损失应由乙方进行补偿或赔偿。

2. 乙方所提供的商品必须符合双方约定的质量标准，不得在合同商品中故意掺杂掺假、以次充好或以不合格产品充当合格产品，由此给甲方或者第三方造成损害的，应由乙方自身承担。

3.对于甲方库存商品在保质期限到期前一年,经由甲方提出后乙方应立即配合调换。

4.乙方提供的商品必须符合国家各项法律法规和国家相关质量标准的要求,同时具备公开市场销售的条件,不得生产、配送假冒伪劣、过期或产品腐烂变质的产品。

5.关于乙方其他相关权利义务可根据《中华人民共和国合同法》的相关规定予以约束及解释。

第八条　不可抗力

甲乙双方的任何一方由于不可抗力的原因不能履行合同时,应及时向对方通报不能履行或不完全履行的理由,以减轻可能给对方造成的损失,在取得有关机构证明以后,允许延期履行、部分履行或者不履行合同的,并根据情况可部分或全部免于承担违约责任。

第九条　其他协议条款

1.乙方承诺所供商品价格应是市场最低价,否则甲方有权调换其他供应商,若有其他供应商与乙方签订的商品价格低于本合同价格时,甲方有权在乙方货款中按差价的十倍金额扣除,作为甲方损失的赔偿。

2.按本合同应该偿付的违约金、赔偿金、保管保养费和各种经济损失的,应当在明确责任后( )日内,按银行规定的结算办法付清,否则按逾期付款处理。但任何一方不得自行扣发货物或扣付货款来充抵。

3.本合同如发生纠纷,当事人双方应当及时协商解决,协商不成的,任何一方均可请业务主管部门机关调解或者仲裁委员会申请仲裁,也可直接向人民法院起诉。

4.本合同自当事人双方签字盖章之日起生效,合同执行期间,甲乙双方均不得随意变更或解除合同。合同如有未尽事宜,须经双方共同协商,做出补充规定,补充规定与合同具有同等效力。本合同正本一式( )份,甲乙双方各执一份;合同副本一式( )份,分送甲乙双方的主管部门、相关机构各留一份。

5.本合同左侧封边应有甲方启封公章,右侧应有乙方启封公章。

采购方:　　　　　　　　　　　　供货方:

法定代表人:　　　　　　　　　　法定代表人:

委托代理人:　　　　　　　　　　委托代理人:

电话:　　　　　　　　　　　　　电话:

日期:　　　　　　　　　　　　　日期:

客用品采购合同范本

1. 交货价：

2. 产品产地：

3. 包装：

4. 装运条件及标记：卖方应在每个货箱上用不褪色油漆标明箱号、毛重、净重、尺码，并书写"防潮"、"小心轻放"、"此面向上"等字样和装运统一标牌。

5. 交货期限：自合同签订之日起 120 个工作日内在买方指定酒店，卖方向买卖提交全部货品。

6. 交货地点：买方指定地点。

7. 付款方式：

买卖双方签约生效后 2 个工作日内买方支付合同总额的 30％的订金，货到验收合格后支付全部货款的 70％。买方支付货款时，卖方应向买方提交以下有效单据：保险单、国内贸易正式发票、原产地证明、原产地质检证明、卫生许可证、提货单、货物包装清单等。

8. 质量保证：

卖方保证所供货物为全新的，系由最新的材料兼以高超工艺制成。其品质，规格和技术条件与附件相同及国家相关标准。并以买方封存的合乎国家标准的样品为质量依据。

9. 异议索赔：

双方同意按本合同所定商品之品质，若货物到达后买方发现品质、规格、型号及数量与本合同规定不符，卖方负责在即日起 15 个工作天内提供与合同规定相符的货物，并赔偿由此造成的一切损失。

10. 人力不可抗拒因素：

由于人力不可抗拒原因而导致不能交货，卖方不负责。但卖方必须在事故发生时立即电告买方并在事后 5 日历日内航空邮寄给买方灾害发生地点之有关政府机关或商会所发给的证件证实灾害存在。即使在此情况下，卖方仍有责任采取必要措施促使尽快交货。人力不可抗拒事故继续存在 60 日历日以上时，买方有权终止合同或合同中未装运的部分，买卖双方均不得提出索赔。

11. 罚款：

除本合同人力不可抗拒外，如卖方在合同规定的时间内不能按时交货，买方同意在卖方缴纳罚款的条件下延期交货，买方同意卖方延期为 5 天，但迟交罚款总额不得超过货物总值的 0.5％，罚款率每七天罚 0.5％，如天数少于七天按七天计算。

12. 仲裁：

凡涉及本合同的一切纠纷，双方应通过友好协商解决，经协商在 3 天内不能达成协议时，应提交仲裁，提交正式仲裁的争端，仲裁机关为当地仲裁委员会，根据该委员会的仲裁程序或是规则予以最终裁决。除非双方另有协议，仲裁的正式语言应当是汉语。仲裁费用由败诉一方承担。

13. 卖方提供的全部货品必须先向买方提供真实样品，经买方书面认可后，方可生产，否则买方视产品无效，由此造成的一切损失由卖方负责。

14. 本合同正本一式两份，双方各执一份。

买方：　　　　　　　　　　　　卖方：

签约日期：　　　　　　　　　　签约日期：

厨房食品采购合同范本

甲方：＿＿＿＿＿＿＿＿＿＿

乙方：＿＿＿＿＿＿＿＿＿＿

为了促进生猪、鲜蛋、菜牛、菜羊、家禽的商品生产，满足城乡人民生活对肉、蛋、禽商品的需要，根据商业部颁发的《生猪、鲜蛋、菜牛、菜羊、家禽购销合同实施办法》的规定，经甲乙双方充分协商，特订立本合同，以便双方共同遵守。

第一条　产品的名称、品种和数量

1. 产品的名称和品种：＿＿＿＿＿＿＿＿＿＿。

2. 产品的数量：＿＿＿＿＿＿＿＿＿＿。（必须明确规定产品的计量单位和计量方法）

第二条　产品的等级、质量和检疫办法

1. 产品的等级和质量：＿＿＿＿＿＿＿＿＿＿。（产品的等级和质量，国家有关部门有明确规定的，按规定标准确定产品的等级和质量；国家有关部门无明文规定的，由双方当事人协商确定。）

2. 产品的检疫办法：＿＿＿＿＿＿＿＿＿＿。（国家或地方主管部门有卫生检疫规定的，按国家或地方主管部门规定进行检疫；国家或地方主管部门无检疫规定的，由双方当事人协商检疫办法。）

第三条　产品的价格、货款结算与奖售办法

1. 产品的价格按下列第（　　　　　）项执行：

（1）派购任务或派购基数内的产品，执行国家规定的收购牌价。在合同执行期内遇有价格调整时，按新价格执行。

(2)不属派购任务或派购基数的产品,收购价格由当事人协商议定。

2.货款结算办法按下列第( )项执行:

(1)对村民、专业户、个体经营户一般采取现金结算,钱货两清。

(2)对按有关规定必须采取银行结算的,按银行的统一规定办理结算。

3.奖售办法:_____。

第四条 交货期限、地点和方式_____。

第五条 甲方的违约责任

1.甲方未按合同收购或在合同期中退货的,应按未收或退货部分货款总值的_____%(5%~25%的幅度),向乙方偿付违约金。

2.甲方如需提前收购,商得乙方同意变更合同的,甲方应给乙方提前收购货款总值的_____%的补偿,甲方因特殊原因必须逾期收购的,除比照中国人民银行有关延期付款的规定,按逾期收购部分货款总值计算向乙方偿付违约金外,还应承担供方在此期间所支付的保管费或饲养费,并承担因此而造成的其他实际损失。

3.对通过银行结算而未按期付款的,应按中国人民银行有关延期付款的规定,向乙方偿付延期付款的违约金。

4.乙方按合同规定交货,甲方无正当理由拒收的,除按拒收部分货款总值的_____%(5%~25%的幅度)向乙方偿付违约金外,还应承担乙方因此而造成的实际损失和费用。

第六条 乙方的违约责任

1.乙方逾期交货或交货少于合同规定的,如需方仍然需要的,乙方应如数补交,并应向甲方偿付逾期不交或少交部分货物总值的_____%(由甲乙方商定)的违约金;如甲方不需要的,乙方应按逾期或应交部分货款总值的_____%(1%~20%的幅度)付违约金。

2.乙方交货时间比合同规定提前,经有关部门证明理由正当的,甲方可考虑同意接收,并按合同规定付款;乙方无正当理由提前交货的,甲方有权拒收。

3.乙方交售的产品规格、卫生质量标准与合同规定不符时,甲方可以拒收。乙方如经有关部门证明确有正当理由,甲方仍然需要乙方交货的,乙方可以迟延交货,不按违约处理。

第七条 不可抗力

合同执行期内,如发生自然灾害或其他不可抗力的原因,致使当事人一方不能履行、不能完全履行或不能适当履行合同的,应向对方当事人通报理由,经有关主管部门证实后,不负违约责任,并允许变更或解除合同。

第八条 解决合同纠纷的方式 执行本合同发生争议,由当事人双方协商解决。协商不成,双方同意由_____仲裁委员会仲裁(当事人双方不在本合同中约定仲裁机构,事后又没有达成书面仲裁协议的,可向人民法院起诉)。

第九条　其他_____。

1.当事人一方要求变更或解除合同,应提前通知对方,并采用书面形式由当事人双方达成协议。接到要求变更或解除合同通知的一方,应在_____天之内做出答复(当事人另有约定的,从约定),逾期不答复的,视为默认。

2.违约金、赔偿金应在有关部门确定责任后_____天内(当事人有约定的,从约定)偿付,否则按逾期付款处理,任何一方不得自行用扣付货款来充抵。

3.本合同如有未尽事宜,须经甲乙双方共同协商,做出补充规定,补充规定与本合同具有同等效力。

4.本合同正本一式二份,甲乙双方各执一份;合同副本一式_____份,交乡政府等单位各留存一份。

甲方(盖章):_____　　　乙方(盖章):_____

代表(签字):_____　　　代表(签字):_____

地址:_____　　　　　　地址:_____

邮政编码:_____　　　　邮政编码:_____

电话:_____　　　　　　电话:_____

____年___月___日　　　　____年___月___日

签订地点:_____　　　　签订地点:_____

办公室用品采购合同范本

需方:(以下称甲方)

地址:

法定代表人:

开户行:

账号:

电话:

供方:(以下称乙方)

地址:

法定代表人:

开户行:

账号:

电话：

按照《中华人民共和国合同法》及相关规定,本着平等互利、协商一致的原则,甲方为满足办公用品需要,需从乙方购买办公用品,乙方承诺保证甲方的正常使用,兹订立合同条款如下:

1. 采购办公用品名称

数量:

金额(人民币):

具体要求:

2. 交货日期及地点

(1)交货日期:

(2)交货地点:

3. 合同价款(人民币)

附注:合同总价,总价中包括人工费、运输等费用。

4. 付款条件及方式

(1)办公用品预定后先支付该批货物货款的50%,全部送达到甲方并经甲方验收合格后经双方认可盖章,支付剩余总价的50%。

(2)乙方在申请每笔款时,应及时向甲方提出申请并提交合法的正式发票。第一次付款时若乙方暂不能开票,甲方可暂扣当次款额之20%,待乙方税票完善时再付,后续付款需发票齐全。

5. 包装和储放

(1)采购办公用品采用厂家标准包装,且必须满足运输安全要求和规范规定,由于包装和运输过程中造成办公用品损坏,一切责任由乙方承担。乙方有义务保证货物包装的完好无损,甲方有权拒收乙方交付的已损坏的包装物以及其中的货物。

(2)办公用品出厂并运抵甲方指定交货地点后,由甲方签字验收,一切办公用品储放和保管事宜均由甲方负责。

6. 交货方式

由乙方送货到甲方指定地点,相关费用(包括运费、装卸费等)由乙方承担,乙方负责免费卸货。在运输过程中应注意不得超载超高,危险品运输应按照有关规定执行,并准时《中华人民共和国道路交通法》的有关规定,做到安全运输。乙方承担货物运抵交货地点前的风险、费用及责任。

7. 违约和索赔

(1)任何一方单方面解除本合同,应向对方赔偿相当于本合同30%的违约金,并承担由此引起的一切法律责任。

（2）若乙方提供的产品与约定不符或不能验收合格，乙方予以更换，更换后仍不满足甲方要求的，乙方按报价的三倍给予甲方经济补偿。

（3）乙方未能在约定日期到货，每延误一天扣罚合同总款的 3‰，延误超过 10 天以上除按天扣罚外，另扣罚总价款的 5%作为违约金，且甲方有权单方面书面解除合同，由乙方承担合同总价款 30%的违约金。

（4）除不可抗力原因外，甲方未能按合同规定付款，甲方每逾期一周付款，按应支付额的 3‰支付违约金。延期超过 10 天以上除按天支付 3‰违约金外，还需支付总价 5%作为违约金。因乙方原因导致甲方付款迟延的除外。

8. 争议与仲裁

所有因本合同或与本合同有关的争议应由甲、乙双方通过友好协商解决。甲、乙双方因合同发生争议并协商不成时，可向合同签订地人民法院起诉。

9. 文本和生效

本协议壹式贰份，甲方执壹份，乙方执壹份。本协议自双方盖章后生效。

甲方（盖章）：　　　　　　　　　乙方（盖章）：

法人代表（签字、盖章）：　　　　法人代表（签字、盖章）：

授权代理人：　　　　　　　　　　授权代理人：

合同签订地：　　　　　　　　　　日期：

工程用品采购合同范本

甲方：

乙方：

甲、乙双方根据《中华人民共和国合同法》及相关法律规定，经双方自愿协商，签订本合同，双方共同遵守。

第一条　采购设备或材料的名称、品种、规格、数量和质量

1. 名称、品种、规格、数量

2. 质量，按下列第（　　）项执行：

（1）按照（　　）标准执行（须注明按国家标准或部颁或企业具体标准，如标准代号、编号和标准名称等）。

（2）按样品，样品作为合同的附件。

（3）按双方商定要求执行（应具体约定产品质量要求）。

乙方应保证设备或材料符合国家相关质量标准，是全新、未使用过的，并完全符合合同规定的质量、规格和性能要求，乙方应保证所提供的设备或材料经正确安装、正常运转和保养在其使用寿命期内应具有满意的性能，在设备或材

料质量保证期之内,乙方应对由于设计、工艺和材料的缺陷而发生的任何不足或故障负责。

第二条 包装方式和包装品的处理

乙方应负责设备或材料的包装并承担包装费用。乙方应采取足以保护设备或材料的包装方式,若由于乙方的包装问题,导致设备或材料受损,甲方有权拒绝接受设备或材料,乙方应对设备或材料的损坏承担责任。如因前述的包装原因造成货损坏导致乙方逾期交货或导致甲方受到其他损失的,乙方应按本合同约定承担责任。

第三条 交货方式

1.交货时间

2.交货地点

3.运输及装卸:由乙方负责设备或材料的运输及装卸,并承担运输和装卸的费用,在运输及装卸过程中,造成设备或材料损坏的,由乙方承担责任。如运输及装卸造成货损还导致乙方逾期交货或导致甲方受到其他损失的,乙方应承担相应违约责任及甲方全部损失的赔偿责任。

4.与甲方相关的单证的转移:乙方应在交付设备或材料时,向甲方交付设备或材料相关的单证,包括但不限于产品质量合格证、检验检测报告、使用说明书。

乙方应在交货前5天,以书面形式发送"发货确认函"给甲方,通知准确的发货日期、到货时间、设备或材料型号规格、数量以及场地的要求,甲方须在收到确认函后2天内给予书面答复,经甲方确认同意后乙方可发货。

第四条 验收

设备或材料到场后,甲方负责召集工程监理公司、工程安装承包方,会同乙方到现场进行验收,清点设备或材料数量及质量情况,若数量与清单数目不相符,有丢失或损坏,或者设备或材料的包装、品种、型号、规格、质量等不符合合同规定,甲方有权要求乙方收回或补齐设备或材料,乙方实际交货时间以最终补齐设备或材料时间为准。参与交货验收的单位在设备或材料清单上共同签字,并填写交货验收证明(设备或材料进场验收单),此证明为乙方交货的凭证,也是乙方申请付款的必要依据。交货验收证明(设备或材料进场验收单)必须加盖各方公章方为有效,否则不作为甲方支付货款的凭证。

乙方产品在安装及使用过程中如发现质量问题,乙方仍应承担产品质量的责任和义务。

第五条 价格与货款支付

1.单价

价格是甲方根据本合同要求应向乙方支付的设备或材料费用,包括所订设备或材料的制作、供应、包装、出厂检测、税费、因质量问题引起的维修和更换、技术指导、质保期（两年）的维护等费用。上述单价为包死价格，供货期间不因任何因素进行调整，最终总价为供货完成后乙方提交供货证明材料并经甲方审核确认后的价格。

2.付款方式

甲方向乙方支付上述任何一笔费用前，乙方均应当先向甲方提交经各方盖章确认的交货验收证明以及与付款金额相符的税务发票，否则甲方有权迟延支付相应费用，并且不因此向乙方承担任何逾期付款的违约责任。

第六条　提出异议的时间和方法

1.甲方在验收中如发现设备或材料的品种、型号、规格、颜色和质量等不合规定或约定，应自收到设备或材料后 20 日内向乙方提出异议。如甲方所购设备或材料为需安装调试方能发现其以上瑕疵的，则甲方应自安装完毕并调试之日起 20 日内向乙方提出异议。

2.乙方在接到甲方异议通知后，应在 2 日内处理并通知甲方处理情况，否则，甲方有权解除合同，要求退货。

第七条　设备或材料保质期以及售后服务的约定

乙方对设备或材料提供（　）年的质量保证，质保期内因产品质量问题造成产品损坏的，应由乙方承担责任，负责退货或换货；并承担因为产品质量不合格而给甲方带来的其他损失。

乙方应保证保修的及时性，在收到甲方或甲方委托人的通知后，应及时做出响应，具体时间如下：

乙方须在甲方通知后应立即做出答复，乙方保证其传真和电话处于 24 小时正常开通状态，甲方将先以电话或传真方式通知。乙方殆于维修，经甲方书信通知后，乙方仍存在殆于维修或不及时维修的情况，此类情况发生三次以上扣除全部质保金并且甲方有权另行选择维修单位，解除乙方整个项目维修权利，此后发生的维修费用，全部由乙方承担。如遇电话无法解决的问题，须派员在 4 小时内赶到现场，并于赶到现场之日起 12 小时内完成由于质量问题所涉及的保修。

第八条　安全责任

乙方应对设备或材料运输、装卸及安装过程中的安全负责，非因甲方原因造成的任何人身损害或财产损失，乙方应承担相应责任，甲方对此不承担任何形式的责任。

第九条　违约责任

1.乙方不能交货的，除返还甲方其已付货款外，应向甲方偿付相当于不能交货部分货款 100％的违约金。如因乙方不能交货还导致甲方受到损失的,乙方应赔偿甲方的全部损失。

2.乙方所交设备或材料品种、型号、规格、颜色、质量等不符合同约定的,如甲方同意接受,应按质论价;甲方不能接受的,应根据具体情况,由乙方负责包换或包修,并承担修理、调换或退货而支付的实际费用。如乙方经修理、调换后仍不能符合合同约定的,甲方有权要求解除合同,如因此还导致甲方受到损失的,乙方应赔偿甲方的全部损失。

3.乙方逾期交货的,每逾期 1 日的应按合同总金额的(　　)向甲方支付违约金,如逾期超过 10 日,甲方有权要求解除合同,并要求乙方按合同总金额的 20％向甲方支付违约金,如违约金不足以弥补甲方损失的,甲方有权进一步向乙方追偿。

4.乙方承担因为产品质量问题而给甲方、第三方(包括但不限于施工人员及业主)造成的一切损失。

第十条　不可抗力

因自然现象、火灾、意外事故、地震、罢工或工厂关闭、骚乱、暴动或动乱、禁运、战争,任何将来的法律、命令、法规或其他政府行为等不可抗力,致使合同无法履行的,合同双方互不承担违约责任。如果不可抗力发生在一方违约后,则违约方不得引用不可抗力条款而免责,对守约方因此而遭受的损失,应承担相应的赔偿责任。

第十一条　争议解决

凡因本合同引起的或与本合同有关的任何争议,如双方不能通过友好协商解决,可向甲方所在地有管辖权的人民法院起诉。

甲方(盖章):　　　　　　　　　　乙方(盖章):

法人代表(签字、盖章):　　　　　　法人代表(签字、盖章):

授权代理人:　　　　　　　　　　　授权代理人:

合同签订地:　　　　　　　　　　　日期:

防盗监控设备安装合同范本

根据《中华人民共和国合同法》及国家有关规定,结合工程的具体情况,经双方充分协商,签订本合同。

第一条　工程项目

1.工程名称:闭路监控系统供货及安装工程。

2.交货及安装工程地点。

3. 承包方式和承包范围:本工程以包工包料、包质量、包工期、包风险、包设计(设计方案以甲方认可为准)的形式由乙方承包,乙方必须按照甲方确定的设计方案、系统功能、设备材料,承包整个系统的设备供应及安装和调试。(设计方案以甲方认可为准)

4. 乙方使用的辅材必须先提供样板并经甲方书面认可,方可采购进场安装。

第二条　技术标准及质量保证

1. 布线标准:乙方监控系统布线施工,严格遵照国际《民用闭路监控电视系统技术规范》。

2. 乙方所供设备均以生产厂家提供的产品技术资料为技术标准。

3. 乙方保证本项目所供产品均为合同中指定的产品,且包装为原包装。产品进场时提供供货证明,经甲方验收后进行施工。

第三条　工程造价

1. 自合同签订日三天内,甲方向乙方支付_____％作为预付金,工程完成验收合格日起,七天内甲方付清剩余费用。

2. 项目施工安装、调试完毕,由乙方通知甲方组织验收,并提供相应完整的验收资料。乙方自书面通知之日起,三天内由于甲方拖延不验收视为工程验收合格。

第四条　维修保养

1. 本监控系统保修期为一年,终身维护。自工程完工并通过甲方及有关部门验收合格之日起计。保修期内,如系统发现故障,乙方必须在接到甲方通知之日起 24 小时内派员维修。

2. 保修期届满后,甲方要求乙方修理的,以实际情况价格适当向甲方收费。

3. 保修期届满后,甲乙双方另签订技术维护协议,乙方应对系统提供优惠的有偿技术维护。

4. 甲方要求软硬件功能的改进,扩容不在保修之列,但乙方应继续为客户提供最优惠的服务。免费维修期内人为或自然灾害引起的故障或损坏,仅收取维修成本费。以下情况不属保修范围:自行拆卸改换机内任何部分(如线路,零件)后造成损坏;非乙方指定的专业技术人员指导安装而引起的故障。

第五条　约定事项

1. 为确保工期,争取提前竣工,由甲乙双方共同组成工程实施小组。

2. 合同如需变更,甲乙双方另行协商确定变更事宜,双方签章生效,并作为本合同的附件。

3. 合同要件,乙方必须遵照执行,否则视为违约。

第六条 违约责任

1. 乙方必须严格按合同要求按时、按质（即合同要求的设备的规格、型号）、按量完成供货与安装调试完毕并交付甲方使用。如有违约，每违约一天，按合同总金额的 0.1％向甲方支付违约金；若违约超过 10 天，甲方有权解除合同，所造成的损失，由乙方负责。

2. 在乙方履行合同后，甲方保证按时向乙方支付合同款项，如有违约，每违约一天，按合同总金额的 0.1％向乙方支付违约金。

第七条 本合同按《中华人民共和国合同法》、《中华人民共和国产品质量法》、《消费者权益保护法》等有关法律条款执行。

第八条 合同执行中，若发生纠纷，由甲乙双方协商解决，若协商不成，提交仲裁委员会解决，直至提交法院审理。

第九条 施工期间出现工伤事故，由施工单位自行负责。

第十条 本合同一式两份，由甲方执一份，乙方执一份。

第十一条 未尽事宜，由甲乙双方友好协商解决。

第十二条 本合同经双方法定代表人或其授权的代表签字，加盖双方公章后之日生效。货款两清后，合同效力终止。

甲方（盖章）： 乙方（盖章）：

法人代表（签字、盖章）： 法人代表（签字、盖章）：

授权代理人： 授权代理人：

合同签订地： 日期：

第五部分
酒店管理实战典型案例分析

内容提要

- 服务要以顾客至上
- 服务要随机应变
- 服务要掌握语言沟通的技巧
- 学会忍耐，能够化解矛盾
- 针对顾客心情提供相应服务
- 认真对待投诉，尽量使顾客满意
- 不将自己的态度和情绪强加给客人
- 对客人的关心要真诚而长久

【案例一】服务要以顾客至上

【典型案例】

某天晚上,一位老会员踉跄着走进某酒店游泳馆,嘴里喷出一股浓烈的酒气,当时前台值班人员小孙连忙跑上去扶住客人说:"朱先生,您喝酒了,就不要游泳了,这样是很危险的。"客人听后连忙点头说道:"我不游泳,我只是洗个澡。"

在朱先生的再三要求下,小孙便给了朱先生毛巾和钥匙,并及时通知游泳池监护人员,了解客人情况后,监护人员便进更衣室查看,发现客人已脱了衣服正往浴室走,急忙去浴室想要劝说客人不要再洗澡了,醉酒后洗热水澡容易呕吐。谁知刚一跨进男浴室,便听见里面:"哇!"客人在男浴室吐了,监护人员赶紧跑过去将客人扶到更衣室,擦去其身上的呕吐物,让他平躺在更衣室的长条凳上休息,用湿毛巾敷在客人额头上,擦去其嘴边的脏物,并为客人盖上大巾,以免着凉。随后去为客人冲了一杯蜂蜜水,喂他喝下,大约过了 20 分钟,情况基本稳定下来,帮客人穿上衣服,扶他出来到外面的休息处,直到恢复。

【案例分析】

在游泳馆遇到这种情况时,一般都会要求值班人员会委婉地劝说客人不要游泳,以免发生危险,对于喝酒洗澡的客人,要多加关注,加强巡视。游泳馆是健身娱乐场所,同时也肩负着客人的生命安全,责任重大,同时还需要专门制定一些游泳池安全管理规定,如醉酒、患心脏疾病的客人禁止游泳,以及不适合游泳的各种情况,并张贴上墙。相关的工作人员在做好服务的同时,必须紧绷安全弦,将可能发生的一些危险情况提前预防、杜绝发生。

【案例二】服务要随机应变

【典型案例】

夜深人静,客人都已休息了,楼面静悄悄的。某酒店客房部服务员小张正在值夜班。他按规程在楼面巡逻,不时地来回走动。

凌晨二时许,忽然,一声门响,只见 1212 房门打开了,一位日本客人双目紧闭,两手摸着墙一步一步朝前移动。

小张见状走上前去,想询问客人是否需要帮助,刚想开口,突然顿住。暗自叫道:

"这位客人的行动很奇怪,不像是盲人,难道是夜游症患者?"

心中念头一闪,小张赶紧停止询问,他先到楼面打电话报告夜班经理。

"喂,我是12楼客房夜班服务员,这儿有位患有夜游症的客人正在楼道里走动,必要时请提供帮助。"

放下电话后,小张便蹑手蹑脚地跟随着那位夜游客人,心想万一发生危险尚可及时抢救。

客人慢慢地挪动着脚步,小张轻轻地紧随其后,心情很紧张。

时间一分分过去,约半小时,客人在楼层上摸索了一圈之后,慢慢地摸进了1212房,关上房门。

小张看到客人安全回到自己的客房后,松了一口气,回到值班台。

在以后的几小时中,小张始终注意1212房的动向,以免客人夜游症再次发作,发生意外。

早晨6点,交接班时间到了,小张向来接班的小朱交代了夜半发生的事情:

"小朱,昨夜1212房的日本客人出来夜游,幸亏没出什么意外,你要多多留意这位客人的动态,看看是不是需要帮助。"

交班后,小张迈着轻松的步伐回家了。

碰到这一类事,一个普通服务员的灵活机动、随机应变能力,对提高服务质量十分重要。设想一下,如果小张不善于随机应变,走到夜游客人身边,发出问话。

"先生,需要我帮忙吗?"

客人被突然来临的干扰惊醒,一下子便可能昏厥倒地,造成的后果不堪设想。

【案例分析】

在酒店服务会遇到各种各样的客人,也有可能遭遇各种各样的意外情况,所以在处理这些情况的时候一定要能够做到随机应变,万不可惊慌鲁莽或者犯教条主义错误。能够正确而恰当地处理每一件突发事件,是一名优秀的服务人员必须应该拥有的素质,是衡量一个人是否具有优秀的事情处理能力的重要评判标准。如果小张没有认真的服务态度,不采取保护措施,客人也许因为夜游不慎摔倒而发生意外。所以培养服务意识,拥有随机应变的处理能力是服务员最重要的素质。

【案例三】服务要掌握语言沟通的技巧

【典型案例】

在北京某知名酒店,一次有位客人在离店时把房内一条浴巾放在提箱内带走,被服务员发现后报告给大堂副经理。根据酒店规定,一条浴巾需向客人索赔50元。如何不得罪客人,又要维护酒店利益,大堂副经理思索着。

大堂副经理在总台收银处找到刚结完账的客人,礼貌地请他到一处不引人注意的地方说:"先生,服务员在做房时发现您的房间少了一条浴巾。"言下之意是:"你带走了一条浴巾已被我们发现了。"此时,客人和大堂副经理都很清楚浴巾就在提箱内,客人秘而不宣,大堂副经理也不加点破。客人面色有点紧张,但为了维护面子,拒不承认带走了浴巾。

为了照顾客人的面子,开始给客人一个台阶,大堂副经理说:"请您回忆一下,是否有您的亲朋好友来过,顺便带走了?"意思是:"如果你不好意思当众把东西拿出来,您尽可以找个借口说别人拿走了,付款时把浴巾买下。"

客人说:"我住店期间根本没有亲朋好友来拜访。"从他的口气理解他的意思可能是:我不愿花50元买这破东西。大堂副经理干脆就给他一个暗示,再给他一个台阶下,说:"从前我们也有过一些客人说是浴巾不见了,但人们后来回忆起来是放在床上,毯子遮住了。您是否能上楼看看,浴巾可能压在毯子下被忽略了。"这下客人理解了,拎着提箱上楼了,大堂副经理在大堂恭候客人。

客人从楼上下来,见了大堂副经理,故作生气状:"你们服务员检查太不仔细了,浴巾明明在沙发后面嘛!"这句话的潜台词是:"我已经把浴巾拿出来了,就放在沙发后面。"大堂副经理心里很高兴,但不露声色,很礼貌地说:"对不起,先生,打扰您了,谢谢您的合作。"

要索赔,就得打扰客人,理当表示歉意。可是"谢谢您的合作"则有双重意思,听起来好像是客人动大驾为此区区小事上楼进房查找,其合作态度可谢。然而真正的含义则是:"您终于把浴巾拿出来了,避免了酒店的损失。"如此合作岂能不谢?为了使客人尽快从羞愧中解脱出来,大堂副经理很真诚地说了句:"您下次来北京,欢迎再度光临我们酒店。"整个索赔结束了,客人的面子保住了,酒店的利益保住了,双方皆大欢喜。

【案例分析】

这是把"对"让给客人的典型一例。客人拿走了浴巾,以不肯丢面子,若直截了当指出客人错,就如"火上浇油",客人会跳起来,会为维护自己的面子死不认账,问题就难以解决了,仍以客人"对"为前提,有利于平稳局势,本例中的大堂副经理,站在客人的立场上,维护客人的尊严,把"错"留给酒店,巧妙地给客人下台阶的机会,终于使客人理解了酒店的诚意和大堂副经理的好意,而拿出了浴巾,使客人体面地走出了酒店,又避免了酒店损失。这位大堂副经理用心之良苦,态度之真诚,处理问题技巧之高超,令人折服,他的服务真正体现了"客人永远是对的"的服务意识。

　　像这样的例子在日常服务中是经常发生的,只要服务人员用心去思考、去钻研、去改进,那么在"客人永远是对的"前提下,我们的服务也会变得越来越正确。

【案例四】学会忍耐,能够化解矛盾

【典型案例】

　　某日晚上六时许,某知名酒店的大堂灯光辉煌,宾客如云。总服务台的接待员小马正忙着为团队客人办理入住手续。这时两位香港客人走到柜台前向小马说:"我们要一间双人客房。"小马说:"请您稍等一下,我马上为这个团队办好手续,就替你们找空房。"其中一位姓张的港客说:"今晚七点半我们约好朋友在外面吃饭,希望你先替我们办一下。"

　　小马为了尽可能照顾这两位客人,于是一边继续为团队办手续,一边用电脑查找空房。经过核查,所余空房的房间都218元。他如实告诉了客人。此时那位先生突然大发脾气:"今天早上我曾打电话给你们酒店,问询房价,回答说双人标准间是每间186元,为什么忽然调成218元呢? 真是漫天要价!"

　　小马刚要回话,这位姓张的客人突然挥掌向小马的脸上打去,小马没有防备,结果吃了一记耳光! 他趔趄了一下,面孔变得煞白,真想回敬对方一下,但他马上想到了自己的身份,决不能意气用事,于是尽量克制,使自己镇定下来,接着用正常的语气向客人解释说:"186元的房间已经住满,218元的还有几间空着,由于楼层不同,房金也就不一样,我建议你们住下,尽快把入住手续办好,也好及时外出赴宴。"

　　这时另一位香港客人李先生见他的朋友张先生理亏,想找个台阶下,于是就劝张先生说:"这位接待员还算有耐心,既然如此劝说,我们就答应住下吧。"张先生见势也就软了下来。小马立刻招手要行李员把客人的行李送到房间。

　　然而当时从小马紧握着的那只微微颤抖的手上,可以看出他正在极力压抑着内心的委屈。周围的其他客人都纷纷对那位先生的粗鲁行为表示不满,那位张先生一声不响地和李先生办好手续便匆匆去客房了。那位张先生事后深感自己的不是,终于在离店时到总台向小马表示歉意,对自己的冒失行为深感内疚。

【案例分析】

　　客人张先生的所作所为肯定是不对的,而小马的表现是无可非议的。他既不还手,也不用恶语回敬,他懂得作为酒店的从业人员就是得理也应该让人,这样才会多留住两位客人,并让他们拥有一次愉快的住店经历,当然小马在客人突然袭击之际，自然感到委屈，这就需要克制自己，不与客人发生冲突。小马的宽容举止很典型地体现了"客人总是对的"这句话的真谛，如果酒店员工都能从这个高度来要求自己，酒店的服务质量就可以产生质的飞跃。

【案例五】针对顾客心情提供相应服务

【典型案例】

一直以来，酒店行业都把微笑当成是最好的服务，无论是前台服务员，还是后勤部门，负责招待顾客的岗位更不用说。服务员见到顾客要微笑，要主动向顾客问好；顾客对你不满时也要微笑；顾客骂你时，更要微笑。

5月的一天，一对夫妻拎着行李缓缓走入某知名酒店，脸上挂着沉重的表情："服务员，麻烦你订一个双人房，我们住四天就走。""好的，您请稍等。您需要中档还是高档的客房？"服务员一如以往的微笑和热情。"中档的就可以，麻烦你们快点，我们很累。"顾客一脸的不耐烦。"好的，我们这就去办。在1007房，两位请走这边。"服务员仍是微笑着。当这一对夫妻回到房间后不久，服务员就端着点心敲门了。

"先生，太太，你们旅途劳累，先吃些点心吧。"服务员微笑着说。"好的，你放在这里，没事你可以出去了。如果我们没有叫你，请不要再来打扰我们。"顾客好像有点生气了。"砰"的一声，房门被重重地关上了。

当这对夫妻第二天下来客厅用早餐时，服务员立即走上前，用愉悦的声音打着招呼："两位早上好，能为你们效劳吗？""我们吃早餐时想清静一下，请不要打扰我们。""哦，真不好意思。"

接下来一连串酒店的例行服务都被这对顾客拒绝了，弄得服务员很尴尬：不按服务规程做的话，经理会说你没尽到职责；按服务规程做的话，又怕被顾客嫌烦，甚至挨骂，真是左右为难。顾客对我们的意见究竟在哪里呢？我都是时刻用微笑去服务呀！当服务员再一次为这对夫妻收拾房间时，尽量小心翼翼，而且脸上的微笑比以前看起来更有亲和力。

但那位先生终于受不住了："你们酒店的服务怎么这样子？只会对顾客笑，也没看到顾客心情不好，你就不能不笑，也算是安慰我们吧！你们的服务真是太差劲了，我要到消委会投诉你们酒店！"服务员一听到投诉，满脸委屈。这时闻讯赶来的人事部经理解了围："先生，请您先冷静一下，有什么事好好商量。"

原来，这位先生刚刚参加完母亲的丧礼从国外回来，住酒店就是为了换一个环境，缓解一下痛苦。但每次看到服务员的笑，心里就很不好受：自己还在承受丧母之痛,人家却老是对着你笑,如果换成是你,你心里会怎么样?而且这位先生一想起母亲的时候,就看到服务员的微笑,你说烦不烦?

在服务员的赔礼道歉下,终于平息了这位先生的怒气。可这也给酒店提了个醒:对所有的顾客都是标准化、规范化服务是不行的,要想让顾客满意,还要对不同的顾客进行不同的服务。即:提高顾客的满意度,进而留住顾客还要靠酒店的个性化服务。

【案例分析】

针对不同的顾客情境心理需求的特点,提供不同的服务。微笑是服务的宗旨,是酒店服务质量的重要标准之一,也是酒店对每个员工的基本要求。但是,案例中酒店的顾客却没有因为服务员的微笑而满意。一连串酒店的例行服务都被这对顾客拒绝了,还遭到投诉,服务员也不知道应该怎么才好。

问题是服务员当时没有了解顾客心理,原来顾客刚参加完母亲的丧礼从国外回来,住酒店就是为了换一个环境,缓解一下痛苦。但每次看到服务员的笑脸,心里就很不好受:自己还在承受丧母之痛,别人却老是对着你笑,好像一点儿同情心都没有,这能不叫人生气吗?顾客不同的心理,要求不同的服务。服务员应学会"察言观色",看顾客是开心还是悲伤,根据具体的情况提供适当的服务,而不是完全按酒店的标准去提供完全一样的服务,只有这样,顾客才能感到酒店服务正合自己的意。

顾客的心理除了受环境和个性的影响外,还会受到情境的影响。即同样的事物在不同的情境下,顾客的反应不同。认识和了解情境的影响就显得非常重要,因为情境影响人们的知觉,情境因时间、环境的不同而不同,同样的服务顾客就会有不同的反应。在一般的情况下,微笑是顾客需要的服务态度,也是衡量服务质量的标准之一,但是,案例中的情境发生了变化。因为顾客刚刚失去了亲人,心情悲痛。无法接受微笑服务。于是,原来受一般顾客欢迎的服务,现在却成了令顾客心烦的劣质服务了。

顾客不同的心理,要求不同的服务,服务员应根据具体的情况提供具体的服务而不是标准化的服务。

【案例六】认真对待投诉,尽量使顾客满意

【典型案例】

一天,某知名酒店总台接待了一位荷兰籍华人张先生,进房以后张先生打电话给客房中心要求加快洗一条裤子,下午他要外出办事,楼层对客服务员很快就到了客人房间收取张先生的裤子,张先生特意关照服务员裤子需要干洗不

要熨烫。

在规定时间内服务员将裤子送到房间,张先生一看非常恼火,裤子的面绒被烫倒且发亮,而且还烫了2条笔直的裤缝,客人要求投诉。客房的服务员将此事告诉了值班的大堂副经理,大堂副经理将情况了解清楚以后就直接到客人房间,当面向客人道歉。

张先生非常气愤地说:"本来想你们是星级酒店服务水准很高,所以我事先与服务员讲过,这条裤子是从国外带回来的新面料,只要洗干净就可以了,根本不需熨烫,而且裤子用根很粗的线缝着一个小布条,要是没有备用剪刀根本就无法取下,只用牙去咬断,没想到会是这样。"

大堂副经理向张先生再次道歉,并感谢他给酒店提出了宝贵的意见,请张先生放心地外出办事,将裤子交给大堂副经理,他回来能看到一条完好如初的裤子。这样张先生才稍微地露出一点笑容,持着怀疑的目光看着大堂副经理说:"真的可以吗?"大堂副经理微笑着对张先生说:"您就放心吧。"

大堂副经理将裤子很快地送到客房中心告诉服务员:"裤子洗好后将订在裤子上的编号剪下以后再给张先生送去。"又与洗衣房负责人联系将裤子重新洗一遍,再用软毛刷将裤面绒倒着刷一遍即可,还准备了一盆鲜花、水果给客人送去。请前厅做客史存档。张先生回房后打电话给大堂副经理表示非常满意,并表示感谢。在此以后张先生经常入住这家酒店,并提出一些良好的建议,酒店也将张先生作为VIP客人来接待。

【案例分析】

处理客户的投诉问题是最考验服务人员能力的事情,同时也是最能够体现一家酒店服务素质的事情。因为在这种情形之下客人的情绪往往十分的激动,并且对于服务人员的话会表现出听不进去、不耐烦等。这个时候,一定要尽量让顾客的情绪首先平复下来,然后再用实际行动使得顾客满意,切不可因为一些小的利益而使得顾客对酒店留下不好印象,使得酒店的声誉受损。要知道,一家酒店的长足发展要靠口碑,也许平息客人的怒火会造成酒店一些付出,但是只要能够赢回好的声誉,对酒店就是有百利而无一害的。

【案例七】不将自己的态度和情绪强加给客人

【典型案例】

傍晚,华灯初上,一片辉煌景象,市中心一家大酒店的五楼餐厅里,有一位已近半醉的客人在同员工纠缠不清。"这瓶五粮液肯定是伪劣商品,我喝了几十年酒,连五粮液的真假味都辨别不清吗?"他口齿含糊,满脸通红。"我告诉你们,这瓶酒真不要喝了,马上给我封口,明天送到市质量检验室去鉴定! 今天这顿饭钱我不会付的。我断定这是假酒,明天检验结果出来,看你们还有话说吗? 我还要你们赔偿经济损失!"

服务员见状,知道在此种情况下很难用道理去说服这位客人,便悄悄让人去给总经理汇报。过了一会儿,酒店总经理赶到,好言相劝客人冷静下来,接着便说道:"谢谢您对我们酒店服务质量提出宝贵的意见。尽管我们的饮料和酒都是从市烟糖公司直接进的货,这几年来还未发生过伪劣商品的事件。然而我们还是愿意重视您的意见,以维护酒店声誉。我同意您把酒送去检验的建议。明天一早我们将派人把这瓶酒送去检验,检验结果一定及时送到您手里。我也同意您提出的今天晚餐不收费的建议,等鉴定结果出来再说。"总经理的话充满诚意,说得客人连连点头称是。客人准备转身离开时,总经理请他留下了地址和电话,以便把鉴定结果通知他。

第 2 天刚上班,酒店先从酒的包装、造型与印刷等外部形象进行检查,初步断定酒是真品。又与市烟糖公司联系,了解这批五粮液的进货状况,证明酒也是可靠的。再到公司仓库取出同批进货的五粮液进行比较,一模一样,认定是真正的五粮液。

下午,总经理与客人联系上了,介绍了鉴定情况,并且告诉对方,如认为这个结果没有说服力,可以送到全国公认的权威机构酒类检测中心去化验。如果检测中心的鉴定结果表明五粮液是冒牌货,酒店不仅免收昨天晚上的费用,还将在晚报上登载道歉声明。然而,如果检验结果是真货,一切费用将由客人来承担,要请客人体谅和担待。

客人听到此话,知道昨天喝酒过多有失理智,此刻听到酒店总经理对他昨天的取闹竟如此郑重,且效率如此之高,内心深为感动。他答应马上到大酒店来付款,并为给大酒店增添麻烦连声道歉。

【案例分析】

酒店对自己销售的酒是深信不疑的,但是没有将自己的态度强加于客人身上。总经理当时的处理决定是非常正确的,在当时的情况下,等待客人酒醒再处理无疑是最好的方法,否则可能导致情况的恶化或者伤害到客人的尊严。从另一方面分析,酒店认真对待了每一位客人的意见,认真地进行了鉴定,在掌握了可信的结果之后仍再到进货单位复查。这样严肃郑重的态度,即使是挑剔的客人也会无话可说。客人的道歉,实际上是对酒店服务质量的最好的肯定。

【案例八】对客人的关心要真诚而长久

【典型案例】

新年的钟声把人们带入充满希望的新年。四星级的大酒店里处处洋溢着节日的欢快气氛。大多数下榻在这儿的外国客人已于圣诞之前陆续返回家乡与亲人共度佳节了,但还有十余位长住的日本客人,因工作需要仍留在此地。另外,元旦早上又有一支有 161 位成员的大型日本团队将抵达酒店。

大酒店瞄准圣诞、新年两大节日,大做推销文章,但他们并没有忘记那些不得不与家人分离的酒店客人。

1 月 1 日,晨光熹微,东方才露出鱼肚白,那十余位长住客人已经聚集在二楼的日本餐厅里了。是他们自发组织来餐厅共同享用新年的第一顿早饭吗?不,他们是应大酒店邀请而来的,大酒店想让那些远离故土的日本客人在这儿过年,跟在家里一样乐融融,便为他们安排了一个别出心裁的节目。

客人中有刚来才半个月的,也有在这里已经好几个年头的,今天受到大酒店如此珍奇而且隆重的款待,他们的心情岂止是兴奋? 大酒店为他们安排了一顿正宗的日本风味的新年早餐,他们在周围放置了日本人喜爱的门松、盆栽,这种深情厚谊是金钱无法买到的,难怪客人中有好几位激动得热泪盈眶。

十余客人凭窗而坐,一齐注视着渐渐转红的远方,太阳正冉冉升起,客人坐不住了,仿佛一群顽皮的孩子,欢呼雀跃起来。服务员此时正好送上日本著名的清酒,而且按日本人的习惯把清酒热了一下,把节日的气氛推向高潮。接着,服务员给他们送来一道道日本式的菜肴和点心,有他们爱吃的年糕、鱼糕,有大酒店最近创新的软豆腐等日本名菜。在热闹的谈笑中,十余位长住的客人在大酒店迎来了一个不同寻常的新年。

上午才入店的团队也受到一次特殊的礼遇,他们全部被邀请到茶廊品尝温热的日本清酒,大酒店还派人向他们致上新年贺词。

酒店的总经理在新年之际召开员工大会上曾有过这样一番话:酒店因受到硬件的制约,难以跻身五星级酒店,但提供五星级服务是完全可能的。为此他希望全店员工从根本上审视每人迄今为止对酒店服务的理解,并对每个人的服务意识进行改革。

【案例分析】

对客人的关心必须是真诚而且长久的,酒店搞这次活动无疑是要赔钱的,但它产生的社会效益却是不可估量的。酒店提供的不仅仅是一顿饭,而是对客人的真情,让客人得到的是用钱买不到的温暖。

第六部分
酒店管理相关法律法规

内容提要

- 《中国旅游饭店行业规范》(2009 年修订版)
- 《娱乐场所管理条例》(2016 年修订版)
- 《旅馆业治安管理办法》(2011 年修订版)

《中国旅游饭店行业规范》
（2009 年修订版）

第一章　总则

第一条　为了倡导履行诚信准则，保障客人和旅游饭店的合法权益，维护旅游饭店业经营管理的正常秩序，促进中国旅游饭店业的健康发展，中国旅游饭店业协会依据国家有关法律、法规，特制定《中国旅游饭店行业规范》（以下简称为《规范》）。

第二条　旅游饭店包括在中国境内开办的各种经济性质的饭店，含宾馆、酒店、度假村等（以下简称为饭店）。

第三条　饭店应当遵守国家有关法律、法规和规章，遵守社会道德规范，诚信经营，维护中国旅游饭店行业的声誉。

第二章　预订、登记、入住

第四条　饭店应当与客人共同履行住宿合同，因不可抗力不能履行双方住宿合同的，任何一方均应当及时通知对方。双方另有约定的，按约定处理。

第五条　饭店由于出现超额预订而使预订客人不能入住的，饭店应当主动替客人安排本地同档次或高于本饭店档次的饭店入住，所产生的有关费用由饭店承担。

第六条　饭店应当同团队、会议、长住客人签订住房合同。合同内容应当包括客人入住和离店的时间、房间等级与价格、餐饮价格、付款方式、违约责任等款项。

第七条　饭店在办理客人入住手续时，应当按照国家的有关规定，要求客人出示有效证件，并如实登记。

第八条　以下情况饭店可以不予接待：

（一）携带危害饭店安全的物品入店者；

（二）从事违法活动者；

（三）影响饭店形象者（如携带动物者）；

（四）无支付能力或曾有过逃账记录者；

(五)饭店客满;

(六)法律、法规规定的其他情况。

第三章　饭店收费

第九条　饭店应当将房价表置于总服务台显著位置,供客人参考。饭店如给予客人房价折扣,应当书面约定。

第十条　饭店应在前厅显著位置明示客房价格和住宿时间结算方法,或者确认已将上述信息用适当方式告知客人。

第十一条　根据国家规定,饭店如果对客房、餐饮、洗衣、电话等服务项目加收服务费,应当在房价表或有关服务价目单上明码标价。

第四章　保护客人人身和财产安全

第十二条　为了保护客人的人身和财产安全,饭店客房房门应当装置防盗链、门镜、应急疏散图,卫生间内应当采取有效的防滑措施。客房内应当放置服务指南、住宿须知和防火指南。有条件的饭店应当安装客房电子门锁和公共区域安全监控系统。

第十三条　饭店应当确保健身、娱乐等场所设施、设备的完好和安全。

第十四条　对可能损害客人人身和财产安全的场所,饭店应当采取防护、警示措施。警示牌应当中外文对照。

第十五条　饭店应当采取措施,防止客人放置在客房内的财物灭失、毁损。由于饭店的原因造成客人财物灭失、毁损的,饭店应当承担责任。

第十六条　饭店应当保护客人的隐私权。除日常清扫卫生、维修保养设施设备或者发生火灾等紧急情况外,饭店员工未经客人许可不得随意进入客人下榻的房间。

第五章　保管客人贵重物品

第十七条　饭店应当在前厅处设置有双锁的客人贵重物品保险箱。贵重物品保险箱的位置应当安全、方便、隐蔽,能够保护客人的隐私。饭店应当按照规定的时限,免费提供住店客人贵重物品的保管服务。

第十八条　饭店应当对住店客人贵重物品的保管服务做出书面规定,并在客人办理入住登记时予以提示。违反第十七条和本条规定,造成客人贵重物品灭失的,饭店应当承担赔偿责任。

　　第十九条 客人寄存贵重物品时,饭店应当要求客人填写贵重物品寄存单,并办理有关手续。

　　第二十条 饭店客房内设置的保险箱仅为住店客人提供存放一般物品之用。对没有按规定将贵重物品存放在饭店前厅贵重物品保险箱内,而造成客房里客人的贵重物品灭失、毁损的,如果责任在饭店一方,可视为一般物品予以赔偿。

　　第二十一条 如无事先约定,在客人结账退房离开饭店以后,饭店可以将客人寄存在贵重物品保险箱内的物品取出,并按照有关规定处理。饭店应当将此条规定在客人贵重物品寄存单上明示。

　　第二十二条 客人如果遗失饭店贵重物品保险箱的钥匙,除赔偿锁匙成本费用外,饭店还可以要求客人承担维修保险箱的费用。

第六章　保管客人一般物品

　　第二十三条 饭店保管客人寄存在前厅行李寄存处的行李物品时,应当检查其包装是否完好、安全,询问有无违禁物品,并经双方当面确认后,给客人签发行李寄存牌。

　　第二十四条 客人在餐饮、康乐、前厅行李寄存处等场所寄存物品时,饭店应当当面询问客人寄存物品中有无贵重物品。客人寄存的物品中如有贵重物品的,应当向饭店声明,由饭店员工验收并交饭店贵重物品保管处免费保管;客人事先未声明或不同意核实而造成物品灭失、毁损的,如果责任在饭店一方,饭店按照一般物品予以赔偿;客人对寄存物品没有提出需要采取特殊保管措施的,因为物品自身的原因造成毁损或损耗的,饭店不承担赔偿责任;由于客人没有事先说明寄存物品的情况,造成饭店损失的,除饭店知道或者应当知道而没有采取补救措施的以外,饭店可以要求客人承担相应的赔偿责任。

第七章　洗衣服务

　　第二十五条 客人送洗衣物,饭店应当要求客人在洗衣单上注明洗涤种类及要求,并应当检查衣物状况有无破损。客人如有特殊要求或者饭店员工发现衣物破损的,双方应当事先确认并在洗衣单上注明。客人事先没有提出特殊要求,饭店按照常规进行洗涤,造成衣物损坏的,饭店不承担赔偿责任。客人送洗衣物在洗涤后即时发现破损等问题,而饭店无法证明该衣物是在洗涤以前破损的,饭店承担相应责任。

第二十六条　饭店应当在洗衣单上注明,要求客人将送洗衣物内的物品取出。对洗涤后客人衣物内物品的灭失,饭店不承担责任。

第八章　停车场管理

第二十七条　饭店应当保护停车场内饭店客人的车辆安全。由于保管不善,造成车辆灭失或者毁损的,饭店承担相应责任,但因为客人自身的原因造成车辆灭失或者毁损的除外。双方均有过错的,应当各自承担相应的责任。

第二十八条　饭店应当提示客人保管好放置在汽车内的物品。对汽车内放置的物品的灭失,饭店不承担责任。

第九章　其他

第二十九条　饭店如果谢绝客人自带酒水和食品进入餐厅、酒吧、舞厅等场所享用,应当将谢绝的告示设置于经营场所的显著位置,或者确认已将上述信息用适当方式告知客人。

第三十条　饭店有义务提醒客人在客房内遵守国家有关规定,不得私留他人住宿或者擅自将客房转让给他人使用及改变使用用途。对违反规定造成饭店损失的,饭店可以要求入住该房间的客人承担相应的赔偿责任。

第三十一条　饭店可以口头提示或书面通知客人不得自行对客房进行改造、装饰。未经饭店同意进行改造、装饰而造成损失的,饭店可以要求客人承担相应的赔偿责任。

第三十二条　饭店有义务提示客人爱护饭店的财物。由于客人的原因造成损坏的,饭店可以要求客人承担赔偿责任。由于客人原因,饭店维修受损设施、设备期间导致客房不能出租、场所不能开放而发生的营业损失,饭店可视其情况要求客人承担责任。

第三十三条　对饮酒过量的客人,饭店应恰当、及时地劝阻,防止客人在饭店内醉酒。客人醉酒后在饭店内肇事造成损失的,饭店可以要求肇事者承担相应的赔偿责任。

第三十四条　客人结账离店后,如有物品遗留在客房内,饭店应当设法同客人取得联系,将物品归还或寄还给客人,或替客人保管,所产生的费用由客人承担。三个月后仍无人认领的,饭店可登记造册,按拾遗物品处理。

第三十五条　饭店应当提供与本饭店档次相符的产品与服务。饭店所提供的产品与服务如果存在瑕疵,饭店应当采取措施及时加以改进。由于饭店的原因而给客人造成损失的,饭店应当根据损失程度向客人赔礼道歉,或给予相应的赔偿。

第十章　处理

第三十六条　中国旅游饭店业协会会员饭店违反本《规范》,造成不良后果和影响的,除按照有关规定进行处理外,中国旅游饭店业协会将对该会员饭店给予协会内部通报批评。

第三十七条　中国旅游饭店业协会会员饭店违反本《规范》,给客人的人身造成较大伤害或者给客人的财产造成严重损失且情节严重的,除按规定进行赔偿外,中国旅游饭店业协会将对该会员饭店给予公开批评。

第三十八条　中国旅游饭店业协会会员饭店违反本《规范》,给客人人身造成重大伤害或者给客人的财产造成重大损失且情节特别严重的,除按规定进行赔偿外,经中国旅游饭店业协会常务理事会通过后,将对该会员饭店予以除名。

第十一章　附则

第三十九条　饭店公共场所的安全疏散标志等,应当符合国家的规定。饭店的图形符号,应当符合中华人民共和国旅游行业标准 LB/T001—1995 旅游饭店公共信息图形符号。

第四十条　中国旅游饭店业协会会员饭店如果同客人发生纠纷,应当参照本《规范》的有关条款协商解决;协商不成的,双方按照国家有关法律、法规和规定处理。

第四十一条　本《规范》适用于中国旅游饭店业协会会员饭店。

第四十二条　本《规范》自 2002 年 5 月 1 日起施行。

第四十三条　本《规范》由中国旅游饭店业协会常务理事会通过并负责解释。

《娱乐场所管理条例》
（2016 年修订版）

（2006 年 1 月 18 日国务院第 122 次常务会议通过，2006 年 1 月 29 日中华人民共和国国务院令第 458 号发布。根据 2016 年 2 月 6 日中华人民共和国国务院令第 666 号《国务院关于修改部分行政法规的决定》第一次修订）

第一章　总则

第一条　为了加强对娱乐场所的管理，保障娱乐场所的健康发展，制定本条例。

第二条　本条例所称娱乐场所，是指以营利为目的，并向公众开放、消费者自娱自乐的歌舞、游艺等场所。

第三条　县级以上人民政府文化主管部门负责对娱乐场所日常经营活动的监督管理；县级以上公安部门负责对娱乐场所消防、治安状况的监督管理。

第四条　国家机关及其工作人员不得开办娱乐场所，不得参与或者变相参与娱乐场所的经营活动。

与文化主管部门、公安部门的工作人员有夫妻关系、直系血亲关系、三代以内旁系血亲关系以及近姻亲关系的亲属，不得开办娱乐场所，不得参与或者变相参与娱乐场所的经营活动。

第二章　设立

第五条　有下列情形之一的人员，不得开办娱乐场所或者在娱乐场所内从业：

（一）曾犯有组织、强迫、引诱、容留、介绍卖淫罪，制作、贩卖、传播淫秽物品罪，走私、贩卖、运输、制造毒品罪，强奸罪，强制猥亵、侮辱妇女罪，赌博罪，洗钱罪，组织、领导、参加黑社会性质组织罪的；

（二）因犯罪曾被剥夺政治权利的；

（三）因吸食、注射毒品曾被强制戒毒的；

（四）因卖淫、嫖娼曾被处以行政拘留的。

第六条 外国投资者可以与中国投资者依法设立中外合资经营、中外合作经营的娱乐场所,不得设立外商独资经营的娱乐场所。

第七条 娱乐场所不得设在下列地点:

(一)居民楼、博物馆、图书馆和被核定为文物保护单位的建筑物内;

(二)居民住宅区和学校、医院、机关周围;

(三)车站、机场等人群密集的场所;

(四)建筑物地下一层以下;

(五)与危险化学品仓库毗连的区域。

娱乐场所的边界噪声,应当符合国家规定的环境噪声标准。

第八条 娱乐场所的使用面积,不得低于国务院文化主管部门规定的最低标准;设立含有电子游戏机的游艺娱乐场所,应当符合国务院文化主管部门关于总量和布局的要求。

第九条 娱乐场所申请从事娱乐场所经营活动,应当向所在地县级人民政府文化主管部门提出申请;中外合资经营、中外合作经营的娱乐场所申请从事娱乐场所经营活动,应当向所在地省、自治区、直辖市人民政府文化主管部门提出申请。

娱乐场所申请从事娱乐场所经营活动,应当提交投资人员、拟任的法定代表人和其他负责人没有本条例第五条规定情形的书面声明。申请人应当对书面声明内容的真实性负责。

受理申请的文化主管部门应当就书面声明向公安部门或者其他有关单位核查,公安部门或者其他有关单位应当予以配合;经核查属实的,文化主管部门应当依据本条例第七条、第八条的规定进行实地检查,作出决定。予以批准的,颁发娱乐经营许可证,并根据国务院文化主管部门的规定核定娱乐场所容纳的消费者数量;不予批准的,应当书面通知申请人并说明理由。

有关法律、行政法规规定需要办理消防、卫生、环境保护等审批手续的,从其规定。

第十条 文化主管部门审批娱乐场所应当举行听证。有关听证的程序,依照《中华人民共和国行政许可法》的规定执行。

第十一条 娱乐场所依法取得营业执照和相关批准文件、许可证后,应当在15日内向所在地县级公安部门备案。

第十二条 娱乐场所改建、扩建营业场所或者变更场地、主要设施设备、投资人员,或者变更娱乐经营许可证载明的事项的,应当向原发证机关申请重新核发娱乐经营许可证,并向公安部门备案;需要办理变更登记的,应当依法向工商行政管理部门办理变更登记。

第三章　经营

第十三条　国家倡导弘扬民族优秀文化，禁止娱乐场所内的娱乐活动含有下列内容：

（一）违反宪法确定的基本原则的；

（二）危害国家统一、主权或者领土完整的；

（三）危害国家安全，或者损害国家荣誉、利益的；

（四）煽动民族仇恨、民族歧视，伤害民族感情或者侵害民族风俗、习惯，破坏民族团结的；

（五）违反国家宗教政策，宣扬邪教、迷信的；

（六）宣扬淫秽、赌博、暴力以及与毒品有关的违法犯罪活动，或者教唆犯罪的；

（七）违背社会公德或者民族优秀文化传统的；

（八）侮辱、诽谤他人，侵害他人合法权益的；

（九）法律、行政法规禁止的其他内容。

第十四条　娱乐场所及其从业人员不得实施下列行为，不得为进入娱乐场所的人员实施下列行为提供条件：

（一）贩卖、提供毒品，或者组织、强迫、教唆、引诱、欺骗、容留他人吸食、注射毒品；

（二）组织、强迫、引诱、容留、介绍他人卖淫、嫖娼；

（三）制作、贩卖、传播淫秽物品；

（四）提供或者从事以营利为目的的陪侍；

（五）赌博；

（六）从事邪教、迷信活动；

（七）其他违法犯罪行为。

娱乐场所的从业人员不得吸食、注射毒品，不得卖淫、嫖娼；娱乐场所及其从业人员不得为进入娱乐场所的人员实施上述行为提供条件。

第十五条　歌舞娱乐场所应当按照国务院公安部门的规定在营业场所的出入口、主要通道安装闭路电视监控设备，并应当保证闭路电视监控设备在营业期间正常运行，不得中断。

歌舞娱乐场所应当将闭路电视监控录像资料留存 30 日备查，不得删改或者挪作他用。

第十六条　歌舞娱乐场所的包厢、包间内不得设置隔断，并应当安装展现室内整体环境的透明门窗。包厢、包间的门不得有内锁装置。

第十七条 营业期间,歌舞娱乐场所内亮度不得低于国家规定的标准。

第十八条 娱乐场所使用的音像制品或者电子游戏应当是依法出版、生产或者进口的产品。

歌舞娱乐场所播放的曲目和屏幕画面以及游艺娱乐场所的电子游戏机内的游戏项目,不得含有本条例第十三条禁止的内容;歌舞娱乐场所使用的歌曲点播系统不得与境外的曲库联接。

第十九条 游艺娱乐场所不得设置具有赌博功能的电子游戏机机型、机种、电路板等游戏设施设备,不得以现金或者有价证券作为奖品,不得回购奖品。

第二十条 娱乐场所的法定代表人或者主要负责人应当对娱乐场所的消防安全和其他安全负责。

娱乐场所应当确保其建筑、设施符合国家安全标准和消防技术规范,定期检查消防设施状况,并及时维护、更新。

娱乐场所应当制定安全工作方案和应急疏散预案。

第二十一条 营业期间,娱乐场所应当保证疏散通道和安全出口畅通,不得封堵、锁闭疏散通道和安全出口,不得在疏散通道和安全出口设置栅栏等影响疏散的障碍物。

娱乐场所应当在疏散通道和安全出口设置明显指示标志,不得遮挡、覆盖指示标志。

第二十二条 任何人不得非法携带枪支、弹药、管制器具或者携带爆炸性、易燃性、毒害性、放射性、腐蚀性等危险物品和传染病病原体进入娱乐场所。

迪斯科舞厅应当配备安全检查设备,对进入营业场所的人员进行安全检查。

第二十三条 歌舞娱乐场所不得接纳未成年人。除国家法定节假日外,游艺娱乐场所设置的电子游戏机不得向未成年人提供。

第二十四条 娱乐场所不得招用未成年人;招用外国人的,应当按照国家有关规定为其办理外国人就业许可证。

第二十五条 娱乐场所应当与从业人员签订文明服务责任书,并建立从业人员名簿;从业人员名簿应当包括从业人员的真实姓名、居民身份证复印件、外国人就业许可证复印件等内容。

娱乐场所应当建立营业日志,记载营业期间从业人员的工作职责、工作时间、工作地点;营业日志不得删改,并应当留存 60 日备查。

第二十六条 娱乐场所应当与保安服务企业签订保安服务合同,配备专业保安人员;不得聘用其他人员从事保安工作。

第二十七条 营业期间,娱乐场所的从业人员应当统一着工作服,佩带工作标志并携带居民身份证或者外国人就业许可证。

从业人员应当遵守职业道德和卫生规范,诚实守信,礼貌待人,不得侵害消费者的人身和财产权利。

第二十八条 每日凌晨2时至上午8时,娱乐场所不得营业。

第二十九条 娱乐场所提供娱乐服务项目和出售商品,应当明码标价,并向消费者出示价目表;不得强迫、欺骗消费者接受服务、购买商品。

第三十条 娱乐场所应当在营业场所的大厅、包厢、包间内的显著位置悬挂含有禁毒、禁赌、禁止卖淫嫖娼等内容的警示标志、未成年人禁入或者限入标志。标志应当注明公安部门、文化主管部门的举报电话。

第三十一条 娱乐场所应当建立巡查制度,发现娱乐场所内有违法犯罪活动的,应当立即向所在地县级公安部门、县级人民政府文化主管部门报告。

第四章　监督管理

第三十二条 文化主管部门、公安部门和其他有关部门的工作人员依法履行监督检查职责时,有权进入娱乐场所。娱乐场所应当予以配合,不得拒绝、阻挠。

文化主管部门、公安部门和其他有关部门的工作人员依法履行监督检查职责时,需要查阅闭路电视监控录像资料、从业人员名簿、营业日志等资料的,娱乐场所应当及时提供。

第三十三条 文化主管部门、公安部门和其他有关部门应当记录监督检查的情况和处理结果。监督检查记录由监督检查人员签字归档。公众有权查阅监督检查记录。

第三十四条 文化主管部门、公安部门和其他有关部门应当建立娱乐场所违法行为警示记录系统;对列入警示记录的娱乐场所,应当及时向社会公布,并加大监督检查力度。

第三十五条 文化主管部门应当建立娱乐场所的经营活动信用监管制度,建立健全信用约束机制,并及时公布行政处罚信息。

第三十六条 文化主管部门、公安部门和其他有关部门应当建立相互间的信息通报制度,及时通报监督检查情况和处理结果。

第三十七条 任何单位或者个人发现娱乐场所内有违反本条例行为的,有权向文化主管部门、公安部门等有关部门举报。

文化主管部门、公安部门等有关部门接到举报,应当记录,并及时依法调查、处理;对不属于本部门职责范围的,应当及时移送有关部门。

第三十八条 上级人民政府文化主管部门、公安部门在必要时,可以依照本条例的规定调查、处理由下级人民政府文化主管部门、公安部门调查、处理的案件。

下级人民政府文化主管部门、公安部门认为案件重大、复杂的,可以请求移送上级人民政府文化主管部门、公安部门调查、处理。

第三十九条 文化主管部门、公安部门和其他有关部门及其工作人员违反本条例规定的,任何单位或者个人可以向依法有权处理的本级或者上一级机关举报。接到举报的机关应当依法及时调查、处理。

第四十条 娱乐场所行业协会应当依照章程的规定,制定行业自律规范,加强对会员经营活动的指导、监督。

第五章　法律责任

第四十一条 违反本条例规定,擅自从事娱乐场所经营活动的,由文化主管部门依法予以取缔;公安部门在查处治安、刑事案件时,发现擅自从事娱乐场所经营活动的,应当依法予以取缔。

第四十二条 违反本条例规定,以欺骗等不正当手段取得娱乐经营许可证的,由原发证机关撤销娱乐经营许可证。

第四十三条 娱乐场所实施本条例第十四条禁止行为的,由县级公安部门没收违法所得和非法财物,责令停业整顿3个月至6个月;情节严重的,由原发证机关吊销娱乐经营许可证,对直接负责的主管人员和其他直接责任人员处1万元以上2万元以下的罚款。

第四十四条 娱乐场所违反本条例规定,有下列情形之一的,由县级公安部门责令改正,给予警告;情节严重的,责令停业整顿1个月至3个月:

(一)照明设施、包厢、包间的设置以及门窗的使用不符合本条例规定的;

(二)未按照本条例规定安装闭路电视监控设备或者中断使用的;

(三)未按照本条例规定留存监控录像资料或者删改监控录像资料的;

(四)未按照本条例规定配备安全检查设备或者未对进入营业场所的人员进行安全检查的;

(五)未按照本条例规定配备保安人员的。

第四十五条 娱乐场所违反本条例规定,有下列情形之一的,由县级公安部门没收违法所得和非法财物,并处违法所得2倍以上5倍以下的罚款;没有违法所得或者违法所得不足1万元的,并处2万元以上5万元以下的罚款;情节严重的,责令停业整顿1个月至3个月:

(一)设置具有赌博功能的电子游戏机机型、机种、电路板等游戏设施设备的;

（二）以现金、有价证券作为奖品，或者回购奖品的。

第四十六条　娱乐场所指使、纵容从业人员侵害消费者人身权利的，应当依法承担民事责任，并由县级公安部门责令停业整顿1个月至3个月；造成严重后果的，由原发证机关吊销娱乐经营许可证。

第四十七条　娱乐场所取得营业执照后，未按照本条例规定向公安部门备案的，由县级公安部门责令改正，给予警告。

第四十八条　违反本条例规定，有下列情形之一的，由县级人民政府文化主管部门没收违法所得和非法财物，并处违法所得1倍以上3倍以下的罚款；没收违法所得或者违法所得不足1万元的，并处1万元以上3万元以下的罚款；情节严重的，责令停业整顿1个月至6个月：

（一）歌舞娱乐场所的歌曲点播系统与境外的曲库联接的；

（二）歌舞娱乐场所播放的曲目、屏幕画面或者游艺娱乐场所电子游戏机内的游戏项目含有本条例第十三条禁止内容的；

（三）歌舞娱乐场所接纳未成年人的；

（四）游艺娱乐场所设置的电子游戏机在国家法定节假日外向未成年人提供的；

（五）娱乐场所容纳的消费者超过核定人数的。

第四十九条　娱乐场所违反本条例规定，有下列情形之一的，由县级人民政府文化主管部门责令改正，给予警告；情节严重的，责令停业整顿1个月至3个月：

（一）变更有关事项，未按照本条例规定申请重新核发娱乐经营许可证的；

（二）在本条例规定的禁止营业时间内营业的；

（三）从业人员在营业期间未统一着装并佩带工作标志的。

第五十条　娱乐场所未按照本条例规定建立从业人员名簿、营业日志，或者发现违法犯罪行为未按照本条例规定报告的，由县级人民政府文化主管部门、县级公安部门依据法定职权责令改正，给予警告；情节严重的，责令停业整顿1个月至3个月。

第五十一条　娱乐场所未按照本条例规定悬挂警示标志、未成年人禁入或者限入标志的，由县级人民政府文化主管部门、县级公安部门依据法定职权责令改正，给予警告。

第五十二条　娱乐场所招用未成年人的，由劳动保障行政部门责令改正，并按照每招用一名未成年人每月处5 000元罚款的标准给予处罚。

第五十三条　因擅自从事娱乐场所经营活动被依法取缔的，其投资人员和负责人终身不得投资开办娱乐场所或者担任娱乐场所的法定代表人、负责人。

娱乐场所因违反本条例规定，被吊销或者撤销娱乐经营许可证的，自被吊销或者撤销之日起，其法定代表人、负责人5年内不得担任娱乐场所的法定代表人、负责人。

娱乐场所因违反本条例规定,2 年内被处以 3 次警告或者罚款又有违反本条例的行为应受行政处罚的,由县级人民政府文化主管部门、县级公安部门依据法定职权责令停业整顿 3 个月至 6 个月;2 年内被 2 次责令停业整顿又有违反本条例的行为应受行政处罚的,由原发证机关吊销娱乐经营许可证。

第五十四条　娱乐场所违反有关治安管理或者消防管理法律、行政法规规定的,由公安部门依法予以处罚;构成犯罪的,依法追究刑事责任。

娱乐场所违反有关卫生、环境保护、价格、劳动等法律、行政法规规定的,由有关部门依法予以处罚;构成犯罪的,依法追究刑事责任。

娱乐场所及其从业人员与消费者发生争议的,应当依照消费者权益保护的法律规定解决;造成消费者人身、财产损害的,由娱乐场所依法予以赔偿。

第五十五条　国家机关及其工作人员开办娱乐场所,参与或者变相参与娱乐场所经营活动的,对直接负责的主管人员和其他直接责任人员依法给予撤职或者开除的行政处分。

文化主管部门、公安部门的工作人员明知其亲属开办娱乐场所或者发现其亲属参与、变相参与娱乐场所的经营活动,不予制止或者制止不力的,依法给予行政处分;情节严重的,依法给予撤职或者开除的行政处分。

第五十六条　文化主管部门、公安部门、工商行政管理部门和其他有关部门的工作人员有下列行为之一的,对直接负责的主管人员和其他直接责任人员依法给予行政处分;构成犯罪的,依法追究刑事责任:

(一)向不符合法定设立条件的单位颁发许可证、批准文件、营业执照的;

(二)不履行监督管理职责,或者发现擅自从事娱乐场所经营活动不依法取缔,或者发现违法行为不依法查处的;

(三)接到对违法行为的举报、通报后不依法查处的;

(四)利用职务之便,索取、收受他人财物或者谋取其他利益的;

(五)利用职务之便,参与、包庇违法行为,或者向有关单位、个人通风报信的;

(六)有其他滥用职权、玩忽职守、徇私舞弊行为的。

第六章　附则

第五十七条　本条例所称从业人员,包括娱乐场所的管理人员、服务人员、保安人员和在娱乐场所工作的其他人员。

第五十八条　本条例自 2006 年 3 月 1 日起施行。1999 年 3 月 26 日国务院发布的《娱乐场所管理条例》同时废止。

《旅馆业治安管理办法》
（2011年修订版）

（1987年9月23日国务院批准，1987年11月10日公安部发布，根据2011年1月8日《国务院关于废止和修改部分行政法规的决定》修订）

第一条 为了保障旅馆业的正常经营和旅客的生命财物安全，维护社会治安，制定本办法。

第二条 凡经营接待旅客住宿的旅馆、饭店、宾馆、招待所、客货栈、车马店、浴池等（以下统称旅馆），不论是国营、集体经营，还是合伙经营、个体经营、中外合资、中外合作经营，不论是专营还是兼营，不论是常年经营，还是季节性经营，都必须遵守本办法。

第三条 开办旅馆，其房屋建筑、消防设备、出入口和通道等，必须符合《中华人民共和国消防法》等有关规定，并且要具备必要的防盗安全设施。

第四条 申请开办旅馆，应经主管部门审查批准，经当地公安机关签署意见，向工商行政管理部门申请登记，领取营业执照后，方准开业。

经批准开业的旅馆，如有歇业、转业、合并、迁移、改变名称等情况，应当在工商行政管理部门办理变更登记后3日内，向当地的县、市公安局、公安分局备案。

第五条 经营旅馆，必须遵守国家的法律，建立各项安全管理制度，设置治安保卫组织或者指定安全保卫人员。

第六条 旅馆接待旅客住宿必须登记。登记时，应当查验旅客的身份证件，按规定的项目如实登记。

接待境外旅客住宿，还应当在24小时内向当地公安机关报送住宿登记表。

第七条 旅馆应当设置旅客财物保管箱、柜或者保管室、保险柜，指定专人负责保管工作。对旅客寄存的财物，要建立登记、领取和交接制度。

第八条 旅馆对旅客遗留的物品，应当妥为保管，设法归还原主或揭示招领；经招领3个月后无人认领的，要登记造册，送当地公安机关按拾遗物品处理。对违禁物品和可疑物品，应当及时报告公安机关处理。

第九条 旅馆工作人员发现违法犯罪分子、行迹可疑的人员和被公安机关通缉的罪犯，应当立即向当地公安机关报告，不得知情不报或隐瞒包庇。

第十条 在旅馆内开办舞厅、音乐茶座等娱乐、服务场所的，除执行本办法有关规定外，还应当按照国家和当地政府的有关规定管理。

第十一条 严禁旅客将易燃、易爆、剧毒、腐蚀性和放射性等危险物品带入旅馆。

第十二条 旅馆内，严禁卖淫、嫖宿、赌博、吸毒、传播淫秽物品等违法犯罪活动。

第十三条 旅馆内，不得酗酒滋事、大声喧哗，影响他人休息，旅客不得私自留客住宿或者转让床位。

第十四条 公安机关对旅馆治安管理的职责是，指导、监督旅馆建立各项安全管理制度和落实安全防范措施，协助旅馆对工作人员进行安全业务知识的培训，依法惩办侵犯旅馆和旅客合法权益的违法犯罪分子。

公安人员到旅馆执行公务时，应当出示证件，严格依法办事，要文明礼貌待人，维护旅馆的正常经营和旅客的合法权益。旅馆工作人员和旅客应当予以协助。

第十五条 违反本办法第四条规定开办旅馆的，公安机关可以酌情给予警告或者处以 200 元以下罚款；未经登记，私自开业的，公安机关应当协助工商行政管理部门依法处理。

第十六条 旅馆工作人员违反本办法第九条规定的，公安机关可以酌情给予警告或者处以 200 元以下罚款；情节严重构成犯罪的，依法追究刑事责任。

旅馆负责人参与违法犯罪活动，其所经营的旅馆已成为犯罪活动场所的，公安机关除依法追究其责任外，对该旅馆还应当会同工商行政管理部门依法处理。

第十七条 违反本办法第六、十一、十二条规定的，依照《中华人民共和国治安管理处罚法》有关条款的规定，处罚有关人员；发生重大事故、造成严重后果构成犯罪的，依法追究刑事责任。

第十八条 当事人对公安机关的行政处罚决定不服的，按照《中华人民共和国治安管理处罚法》第一百零二条的规定办理。

第十九条 省、自治区、直辖市公安厅（局）可根据本办法制定实施细则，报请当地人民政府批准后施行，并报公安部备案。

第二十条 本办法自公布之日起施行。1951 年 8 月 15 日公布的《城市旅栈业暂行管理规则》同时废止。

扫码下载文件
酒店管理表单与合同范本
PC 端下载网址：
http://upload. m. crphdm. com/
2018/1220/1545264826879. doc

扫码下载文件
酒店管理制度与规范
PC 端下载网址：
http://upload. m. crphdm. com/
2018/1220/1545264828256. doc